U0947101

食品工业发展报告

（2019 年度）

工业和信息化部消费品工业司 组织编写

2020 · 6 中国 · 北京

中国轻工业出版社

图书在版编目（CIP）数据

食品工业发展报告．2019年度/工业和信息化部消费品工业司组织编写．—北京：中国轻工业出版社，2020．6

ISBN 978-7-5184-3112-0

Ⅰ．①食…　Ⅱ．①工…　Ⅲ．①食品工业-工业发展-研究报告-中国-2019　Ⅳ．①F426．82

中国版本图书馆CIP数据核字（2020）第134893号

责任编辑：伊双双　　责任终审：劳国强　　封面设计：锋尚设计
版式设计：王超男　　责任监印：张　可

出版发行：中国轻工业出版社（北京东长安街6号，邮编：100740）
印　　刷：三河市国英印务有限公司
经　　销：各地新华书店
版　　次：2020年6月第1版第1次印刷
开　　本：889×1194　1/16　印张：15．25
字　　数：350千字
书　　号：ISBN 978-7-5184-3112-0　定价：100．00元
邮购电话：010-65241695
发行电话：010-85119835　传真：85113293
网　　址：http://www.chlip.com.cn
Email：club@chlip.com.cn
如发现图书残缺请与我社邮购联系调换
200818K1X101ZBW

编委会

参 加 单 位

组织单位

工业和信息化部消费品工业司

主要牵头单位

中国食品科学技术学会

中轻食品工业管理中心

中国食品工业协会

中国食品发酵工业研究院

中国电子信息产业发展研究院

参与单位

中国肉类协会

中国乳制品工业协会

中国水产流通与加工协会

中国饮料工业协会

中国糖业协会

中国生物发酵产业协会

中国酒业协会

中国食品添加剂和配料协会

中国保健协会

中国罐头工业协会

中国焙烤食品糖制品工业协会

中国调味品协会

中国茶叶流通协会

中国淀粉工业协会

中国植物油行业协会

中国食品和包装机械工业协会

中国轻工机械协会

前　言

食品工业是民生产业、健康产业、高技术产业，是国民经济的支柱产业，更是永恒的朝阳产业，已进入价值提升和高质量发展阶段，成为我国经济中高速增长的重要驱动力，在实施制造强国战略和推进健康中国建设中具有重要地位。

2019年，面对国内外风险挑战明显上升的复杂环境，食品工业全面深入贯彻落实党中央国务院各项决策部署，坚持新发展理念，推动高质量发展，扎实推进供给侧结构性改革，行业质量效益持续改善，在保障民生、拉动内需、促进社会和谐稳定等方面做出了巨大贡献。

工业和信息化部作为食品工业行业主管部门，始终坚持以“安全为先”，把保障食品质量安全作为促发展、惠民生的重点工作。通过制定和实施发展规划、产业政策和行业标准，推动食品工业优化结构和转型升级，不断提升产业发展质量；通过引导和支持食品生产企业实施技术改造，加快提升食品企业质量安全保障能力和智能化水平；通过推进食品工业企业诚信体系建设，督促企业树立诚信理念，完善诚信管理制度，落实主体责任，推动建立质量安全长效机制，促进食品工业持续健康发展。

为全面总结、客观评价食品工业2019年发展状况，展示发展成果，探寻发展方向，我司组织有关单位编写了《食品工业发展报告（2019年度）》。本报告由综合篇、行业篇和附录三部分组成。综合篇对我国2019年食品工业发展的总体状况、基本特征等进行分析；行业篇本年度新增植物油行业，对我国2019年食品工业的17个重点行业进行分析；附录汇总了2019年我国有关食品行业重大法律法规和管理文件、标准技术规范，以及参加编写单位简介等。

本报告的完成，得益于各参与单位的高度重视和精心准备，得益于行业专家的热心支持，在此一并致谢。

由于编写时间仓促和经验有限，本报告难免有不足之处，欢迎读者批评指正。

工业和信息化部消费品工业司

2019年6月

目　　录

综合篇

行业篇

附录

综　合　篇

2019年食品工业发展回顾与2020年形势分析

2019年，面对国内外风险挑战明显上升的复杂环境，食品工业全面深入贯彻落实党中央国务院各项决策部署，坚持新发展理念，推动高质量发展，扎实推进供给侧结构性改革，行业质量效益持续改善，在保障民生、拉动内需、促进社会和谐稳定等方面做出了巨大贡献。全年食品工业以占全国工业5.3%的资产，创造了7.7%的营业收入，完成了9.3%利润总额。2019年食品工业主要指标完成情况见表1①。

表1　2019年食品工业经济效益指标和投资情况

行业	营业收入/亿元	同比增长/%	利润总额/亿元	同比增长/%	营业收入利润率/%	成本费用利润率/%	投资同比增长/%
食品工业总计	81186.8	4.2	5774.5	7.8	7.1	8.6	—
农副食品加工业	46810.0	4.0	1887.6	3.9	4.0	4.5	-8.7
食品制造业	19074.1	4.2	1670.4	9.1	8.8	11.3	-3.7
酒、饮料和精制茶制造业	15302.7	5.0	2216.6	10.2	14.5	21.5	6.3

一、发展状况

（一）生产平稳增长，增速继续回落

2019年，规模以上食品工业增加值按可比价格计算同比增长4.1%，低于全国工业增速1.6个百分点，比2018年同期收窄2.6个百分点。三大行业中，农副食品加工业增长1.9%，食品制造业增长5.3%，酒、饮料和精制茶制造业增长6.2%，分别比2018年同期收窄4.6、1.0、1.1个百分点，农副食品加工业回落较大。

（二）经济效益继续改善，行业利润率缓慢回升

2019年，全国食品工业经济效益保持了平稳较快增长，36775家规模以上食品工业企业实现营业收入8.1万亿元，同比增长4.2%（表2），比全部工业高出0.4个百分点；实现利润总额5774.5亿元，同比增长7.8%，高于全部工业11个百分点，增幅比2018年收窄3.0个百分点。每百元营业收入的成本为82.9元，比2018年降低0.06元；营业收入利润率为7.1%（表3），比2018年提高0.2个百分点。

① 除特别说明外，本报告所有数据均来源于国家统计局，涉及食品工业的数据均不含烟草制品业。

表 2　2019 年食品工业经济效益指标

行业	营业收入/亿元	同比增长/%	利润总额/亿元	同比增长/%
食品工业总计	81186.8	4.2	5774.5	7.8
农副食品加工业	46810.0	4.0	1887.6	3.9
食品制造业	19074.1	4.2	1670.4	9.1
酒、饮料和精制茶制造业	15302.7	5.0	2216.6	10.2

表 3　2019 年食品工业盈利能力变化情况　　单位:%

行业	2018 年		2019 年	
	营业收入利润率	成本费用利润率	营业收入利润率	成本费用利润率
全部工业平均水平	6.3	7.5	5.9	7.0
食品工业总计	6.9	8.3	7.1	8.6
农副食品加工业	4.0	4.5	4.0	4.5
食品制造业	8.4	10.9	8.8	11.3
酒、饮料和精制茶制造业	13.8	20.1	14.5	21.5

（三）食品消费平稳增长，产销衔接稳定

2019 年，我国居民收入继续较快增长，恩格尔系数进一步降低，达 28.2%，比上年下降 0.2 个百分点，消费转型升级态势逐步扩大。2019 年，社会消费品零售总额比上年增长 8.0%，在限额以上单位①商品零售额中，粮油、食品类零售额比上年增长 10.2%，饮料类增长 10.4%，烟酒类增长 7.4%。

2019 年，食品工业产销率 98.0%，同比微降 0.4 个百分点。产销平衡，衔接水平较高。其中，农副食品加工业、食品制造业及酒、饮料和精制茶制造业产销率分别为 98.5%、97.8%和 96.9%。

从全国主要食品产量来看，大部分食品产量增长，小部分食品产量下降。产量增长较快的是成品糖、酱油、包装饮用水，保持 2 位数增长；葡萄酒、罐头、方便面、发酵酒精、白酒、速冻米面食品产量有不同程度的下降（表 4）。

表 4　2019 年食品工业主要产品产量

产品名称	产量/万 t	同比增长/%
小麦粉	8606.9	1.1
大米	10787.1	5.4
精制食用植物油	5421.8	1.0
成品糖	1356.5	14.8
鲜、冷藏肉	2817.5	0.9
冷冻水产品	739.2	3.7
糖果	329.8	4.1
速冻米面食品	302.0	-0.2
方便面	573.3	-6.7
乳制品	2719.4	5.6
液体乳	2537.7	5.8
乳粉	105.2	2.4
罐头	919.1	-9.0
酱油	680.6	11.6
冷冻饮品	246.3	0.5

① 限额以上单位指主营业务收入 2000 万元及以上批发企业，500 万元及以上零售业企业，200 万元及以上住宿及餐饮业企业。

续表

产品名称	产量/万t	同比增长/%
发酵酒精（折96度，商品量）/万kL	691.6	−2.5
白酒（折65度，商品量）/万kL	785.9	−0.8
啤酒/万kL	3765.3	1.1
葡萄酒/万kL	45.1	−10.1
碳酸型饮料（汽水）	1845.3	6.6
包装饮用水	9698.5	10.6
果汁和蔬菜汁类饮料	1643.8	0.3
精制茶	237.4	2.5

（四）价格总体稳定，食品价格涨幅扩大

2019年，居民消费价格指数（CPI）比上年上涨2.9%，符合年初预期目标，涨幅比上年扩大0.8个百分点，延续了2012年以来的温和上涨态势。食品价格全年上涨9.2%，涨幅比上年扩大。其中，全年粮食价格上涨0.5%，鲜菜价格上涨4.1%，猪肉价格上涨42.5%，蛋类价格上涨5.1%，水产品价格上涨0.3%，鲜果价格上涨12.3%。

（五）固定资产投资缩减，增速处较低水平

2019年，全国固定资产投资（不含农户）551478亿元，比上年增长5.4%，制造业投资增长3.1%。食品工业固定资产投资增速与上年相比1增2降，处于较低水平。其中，酒、饮料和精制茶制造业投资保持增长，增速为6.3%，农副食品加工业增速为−8.7%，食品制造业增速为−3.7%（表5）。

表5 2019年食品工业固定资产投资情况

行业	同比增长/%
规模以上食品工业	—
农副食品加工业	−8.7
食品制造业	−3.7
酒、饮料和精制茶制造业	6.3

（六）进出口运行态势良好，进口增速高于出口增速

据海关统计，2019年我国食品进出口1.4万亿元人民币，同比增长11.7%。其中，出口4740.7亿元，同比增长3.4%；进口9226.6亿元，同比增长16.5%；逆差4485.9亿元，扩大34.6%。

2019年我国食品进口较快增长的主要原因有：强大国内市场和消费升级拉动食品进口增长；非洲猪瘟等因素影响国内部分产品产能，进口替代需求强烈；进口关税下调和营商环境持续优化促进食品进口增长。

就进出口产品种类看，水海产品、蔬菜、水果和坚果为主要出口产品，粮食、肉类、乳品为主要进口产品。2019年，我国出口水海产品1401.3亿元，同比下降3.6%，占同期我国食品出口值的29.6%；出口蔬菜866.7亿元，同比增长4.1%，占18.3%；出口鲜、干水果及坚果414.1亿元，同比增长24.2%，占8.7%。此外，出口茶叶139.2亿元，同比增长18.6%。同期，我国进口粮食2906亿元（其中，大豆占8成），同比下降3.6%，占同期我国食品进口值的31.5%；进口肉及杂碎1330.2亿元，同比增长77.3%，占14.4%；进口水海产品1092.8亿元，同比增长37.6%；进口乳品809亿元，同比增长15%，占8.8%；进口酒类343亿元（其中，葡萄酒占近7成），同比下降7.2%

就进出口市场分布看，东盟、巴西和欧盟为前三大贸易伙伴。2019年，我国对东盟进出口食品2528.6亿元，同比增长17.4%，占同期我国食品进出口值的18.1%，主要出口蔬菜，鲜、干水果及坚果和水海产品，主要进口鲜、干水果及坚果和食用植物油；我国对巴西进出口食品1985.7亿元，同比下降8.6%，占14.2%，对巴西主要出口产品为蔬菜、水海产品，自巴西进口产品主要为大豆；对欧盟进出口食品1613.4亿元，同比增长

18.6%，占11.6%，主要出口水海产品，主要进口乳品和肉类。

（七）质量安全水平稳中向好，保障能力建设持续加强

2019年，完成国家食品安全监督抽检24.4万批次，覆盖33大类食品，检验微生物、农兽药残留、食品添加剂、生物毒素、重金属等食品安全国家标准指标558项，监督抽检的总体合格率为97.6%，与2018年持平，较2014年上升2.9个百分点，监督抽检的总体不合格率为2.4%。显示我国食品安全状况总体保持稳中向好的态势，一些食品安全突出问题治理取得积极成效。

2019年，食品质量国家标准清理工作启动，食品和食品相关产品领域的877项标准和207项计划已全部完成复审，将针对不同清理结论的标准和计划分类研究、讨论处理意见。

2019年，审批公告“三新食品”71种，其中，新食品原料3种，食品添加剂新品种28种，食品相关产品新品种40种。改进食药物质管理，将当归等6种物质纳入“按照传统既是食品又是中药材的物质目录”管理，对党参等9种物质开展按照传统既是食品又是中药材的物质管理试点。

工业和信息化部积极提升食品质量安全保障能力。一是加快食品诚信体系建设。在2019年全国食品安全宣传周工业和信息化部主题日举办《食品工业企业诚信管理体系》国家标准宣贯培训班；推动开展诚信管理体系评价，新增134家食品企业通过评价。二是推进婴幼儿配方乳粉、食盐追溯体系建设。扩大婴幼儿配方乳粉追溯试点覆盖范围，已向平台数据库累计上传8亿条产品数据；开发上线“婴配乳粉追溯”微信小程序；支持全国食盐电子防伪追溯平台建设，指导各地加强定点企业食盐电子防伪追溯体系建设。

（八）研发投入持续加大，科技创新成果突出

食品产业是高技术产业，食品已作为独立的科技领域纳入国家创新体系，科技创新受到各方重视。2019年，科技部继续部署“食品安全关键技术研发”重点专项，公示立项23项，国拨经费共计37063万元。

2019年，国家自然科学基金食品科学学科资助费用继续保持增长，共批准项目526项，资助直接费用23827万元。其中，资助面上项目、青年科学基金项目和地区科学基金项目504项，资助直接费用20476万元；资助重点项目、国家杰出青年科学基金项目和优秀青年科学基金项目9项，资助经费2138万元。具体分类情况为，资助面上项目218项12646万元，直接费用平均资助强度为58.01万元/项；青年科学基金项目224项5374万元，直接费用平均资助强度为23.99万元/项；地区科学基金项目62项2456万元，直接费用平均资助强度为39.61万元/项；重点项目4项1218万元，直接费用平均资助强度为304.50万元/项；国家杰出青年科学基金项目1项400万元，资助强度400万元/项；优秀青年科学基金项目4项520万元，直接费用资助强度130万元/项。从2019年度项目申请情况来看，聚焦我国食品生产实际凝练科学问题的项目有所增加，围绕我国食品产业重大需求开展基础研究的趋势明显。

食品工业企业研发投入持续提升。2018年①规模以上食品工业企业研发经费523.9亿元，较上年增长1.4亿元，研发投入强度0.65%，较上年提高0.15个百分点。其中，农副食品加工业，食品制造业，酒、饮料和精制茶制造业分别为261.1亿元、161.0亿元、101.8亿元，研发经费投入强度分别为0.55%、0.88%、0.67%。

一批食品科技项目切实服务经济发展和

① 2019年数据尚未公布。

民生亟须，实现关键技术产业化的重大突破，获得国家科技奖励。“淀粉加工关键酶制剂的创制及工业化应用技术”“特色食品加工多维智能感知技术及应用”等项目获国家技术发明奖二等奖；“玉米精深加工关键技术创新与应用”“传统特色肉制品现代化加工关键技术及产业化”“柑橘绿色加工与副产物高值利用产业化关键技术”“功能性乳酸菌靶向筛选及产业化应用关键技术”“肉品风味与凝胶品质控制关键技术研发及产业化应用”“茶叶中农药残留和污染物管控技术体系创建及应用”等项目获国家科学技术进步奖二等奖。

（九）持续深入推进“三品”行动，推动行业高质量发展

2019年是食品工业持续推进“三品”行动的第四年。食品工业坚持稳中求进的工作总基调，将增品种、提品质、创品牌与促进行业高质量发展相结合，积极推进“三品”专项行动，促进企业转型升级。

增品种方面，食品工业各领域积极适应消费升级和消费结构变化，努力满足消费者的多样化需求。以市场需求为导向继续创新产品品类，进一步优化产品结构、丰富产品消费形式，开发生产了一批营养与健康食品、传统特色食品以及其他高附加值新产品，产品花色品种更加丰富；第六批轻工《升级和创新消费品指南》发布，其中推出涉及乳制品、饮料、冷冻饮品等领域的4种升级和创新产品。

提品质方面，持续推进科技创新，通过技术、装备、工艺改造以及质量管理手段的提升促进产品质量的提升。部分行业龙头企业实现从原料采购到产品销售全流程的信息技术应用，保证食品品质可追溯；通过实施工业和信息化部智能制造试点示范项目，助推传统食品制造业向智能化转型；以标准引领质量提升，24家食品企业质量安全检测技术示范中心为3000余家中小食品生产企业提供培训和检测等服务。

创品牌方面，行业多措并举，多方位多角度提高品牌知名度和竞争力。通过新媒体、新方式传播品牌信息，探索品牌在新兴市场的发展；通过行业和地方举办不同形式、包括食品在内的消费品重点品牌活动，提升品牌影响力；与主流媒体合作，积极宣传新中国成立70年以来食品工业取得的成就；工业和信息化部加强消费品工业“三品”战略专题网站和微信建设，多渠道宣传、塑造“中国制造”品牌形象，提振消费信心；第四批6个消费品工业“三品”战略示范城市成功入选；发布的中国轻工业百强企业榜单中，食品行业有44家入榜。

二、产业地位与构成

（一）产业地位

2019年，规模以上食品工业企业资产占全国规模以上工业企业的5.3%，营业收入占7.7%（表6），利润总额占9.3%。经行业协会测算，2019年，食品工业完成工业增加值占全国工业增加值的比重达到7.3%，对全国工业增长贡献率4.9%，拉动全国工业增长0.3个百分点。

表6　2019年食品工业营业收入及其地位与其他行业的比较

行业	营业收入/亿元	占比/%
总计	1057824.9	100
煤炭开采和洗选业	24789	2.3
石油和天然气开采业	8675.6	0.8

续表

行业	营业收入/亿元	占比/%
黑色金属矿采选业	3481.1	0.3
有色金属矿采选业	3351	0.3
非金属矿采选业	3444.7	0.3
开采辅助活动	2389.3	0.2
其他采矿业	31.5	0.0
食品工业	81186.8	7.7
烟草制品业	11092.4	1.0
纺织业	24038.1	2.3
纺织服装、服饰业	16010.3	1.5
皮革、毛皮、羽毛及其制品和制鞋业	11672.7	1.1
木材加工和木、竹、藤、棕、草制品业	8485.4	0.8
家具制造业	7117.2	0.7
造纸和纸制品业	13370.1	1.3
印刷和记录媒介复制业	6649.4	0.6
文教、工美、体育和娱乐用品制造业	12783.7	1.2
石油加工、炼焦和核燃料加工业	48378.3	4.6
化学原料和化学制品制造业	65776.2	6.2
医药制造业	23908.6	2.3
化学纤维制造业	8571.2	0.8
橡胶和塑料制品业	25426.1	2.4
非金属矿物制品业	53826.3	5.1
黑色金属冶炼和压延加工业	70724.8	6.7
有色金属冶炼和压延加工业	56299.5	5.3
金属制品业	34322.9	3.2
通用设备制造业	38264.7	3.6
专用设备制造业	29473.3	2.8
汽车制造业	80846.7	7.6
铁路、船舶、航空航天和其他运输设备制造业	11275.3	1.1
电气机械和器材制造业	65438.4	6.2
计算机、通信和其他电子设备制造业	113717.6	10.4
仪器仪表制造业	7242.6	0.8
其他制造业	1633.8	0.2
废弃资源综合利用业	4576.7	0.4
金属制品、机械和设备修理业	1336.1	0.1
电力、热力生产和供应业	66393.6	6.0
燃气生产和供应业	8831.2	0.7
水的生产和供应业	2992.7	0.2

（二）基本构成

从大类行业看，2019 年，农副食品加工业的营业收入在食品工业占比超过一半以上，达 57.7%（图 1）。酒、饮料和精制茶制造业的利润占比达 38.4%，超过农副食品加工业，占据第一位置（图 2）。食品制造业营业收入和利润分别占整个食品工业的 23.5%、28.9%，与 2018 年比较，酒、饮料和精制茶制造业利润份额继续增长。

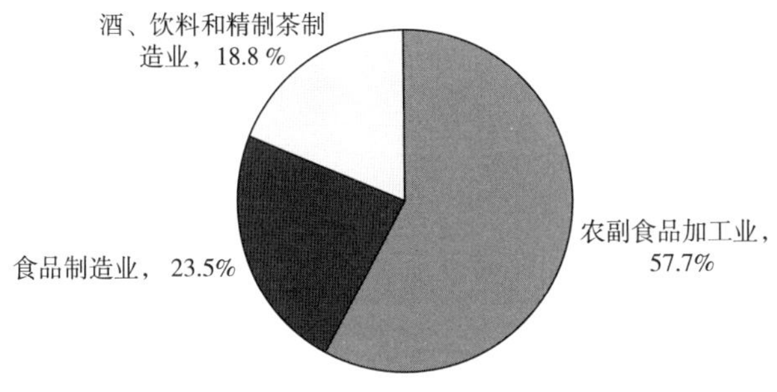

图 1　2019 年食品工业营业收入构成

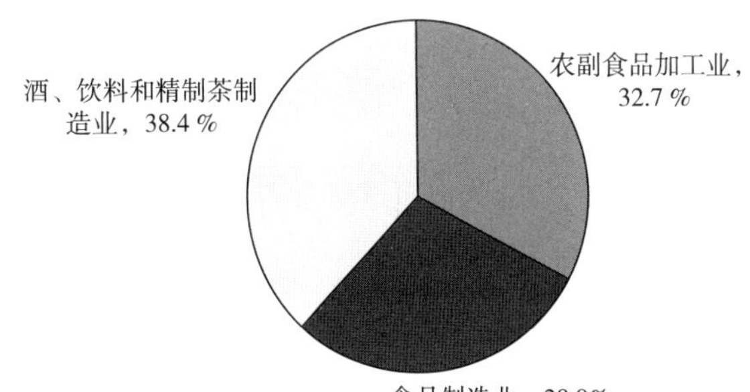

图 2　2019 年食品工业利润构成

从小类行业看，2019 年，营业收入排名前六位的食品行业分别为其他饲料加工、食用植物油加工、白酒制造、稻谷加工、肉制品及畜产品加工、牲畜屠宰，这六个小类行业营业收入分别占整个食品工业营业收入的 10.6%、9.0%、6.9%、6.6%、5.0%、4.3%（表 7）。

2019 年食品工业各行业构成情况见表 7。

表 7　2019 年食品工业各行业构成情况

行业	营业收入/亿元	同比增长/%	占比/%	利润总额/亿元	同比增长/%	占比/%
食品工业总计	81186.8	4.2	100.0	5774.5	7.8	100.0
农副食品加工业	46810.0	4.0	57.7	1887.6	3.9	32.7
稻谷加工	5393.0	2.0	6.6	206.5	-10.8	3.6
小麦加工	2599.0	-2.2	3.2	107.6	-8.7	1.9
玉米加工	37.2	-26.6	0.0	1.1	-46.2	0.0
杂粮加工	117.4	-7.9	0.1	4.7	-22.9	0.1
其他谷物磨制	260.6	-0.5	0.3	8.7	14.8	0.2
宠物饲料加工	407.4	2.4	0.5	23.7	-8.2	0.4
其他饲料加工	8601.7	-1.1	10.6	353.3	0.8	6.1
食用植物油加工	7291.0	2.1	9.0	199.9	-4.4	3.5
非食用植物油加工	155.0	5.9	0.2	3.9	12.3	0.1
制糖业	1101.6	12.4	1.4	-0.8	-95.5	0.0
牲畜屠宰	3475.8	13.8	4.3	132.3	11.5	2.3
禽类屠宰	2632.6	25.8	3.2	129.9	142.0	2.2
肉制品及副产品加工	4060.8	12.4	5.0	244.4	19.7	4.2
水产品冷冻加工	2487.7	6.0	3.1	103.7	0.1	1.8

续表

行业	营业收入/亿元	同比增长/%	占比/%	利润总额/亿元	同比增长/%	占比/%
鱼糜制品及水产品干腌制加工	528.1	-0.5	0.7	26.0	4.4	0.4
鱼油提取及制品制造	35.1	7.3	0.0	1.4	16.7	0.0
其他水产品加工	143.8	-6.6	0.2	8.1	-17.7	0.1
蔬菜加工	1913.8	-4.9	2.4	102.0	-11.2	1.8
食用菌加工	507.1	9.0	0.6	27.7	10.2	0.5
水果和坚果加工	1196.5	5.5	1.5	62.7	-1.1	1.1
淀粉及淀粉制品制造	1939.6	-2.2	2.4	31.9	-40.9	0.6
豆制品制造	774.9	8.3	1.0	44.0	3.9	0.8
蛋品加工	260.4	9.7	0.3	11.6	2.9	0.2
其他未列明农副食品加工	889.8	-0.2	1.1	53.2	-1.9	0.9
食品制造业	19074.1	4.2	23.5	1670.4	9.1	28.9
糕点、面包制造	1120.6	6.3	1.4	114.6	-0.2	2.0
饼干及其他焙烤食品制造	1317.3	3.4	1.6	112.9	4.1	2.0
糖果、巧克力制造	1180.6	0.4	1.5	90.2	-5.5	1.6
蜜饯制作	387.4	8.2	0.5	30.3	1.1	0.5
米、面制品制造	862.2	5.1	1.1	44.5	3.9	0.8
速冻食品制造	773.5	4.5	1.0	44.3	-5.8	0.8
方便面制造	790.9	2.1	1.0	71.2	7.8	1.2
其他方便食品制造	474.6	5.6	0.6	26.3	-4.0	0.5
液体乳制造	3042.2	8.6	3.7	292.9	59.5	5.1
乳粉制造	718.0	15.5	0.9	73.1	76.3	1.3
其他乳制品制造	186.8	16.3	0.2	13.4	33.9	0.2
肉、禽类罐头制造	216.7	-8.9	0.3	12.0	-3.7	0.2
水产品罐头制造	84.9	-8.3	0.1	7.8	11.7	0.1
蔬菜、水果罐头制造	861.0	-1.2	1.1	50.2	19.6	0.9
其他罐头食品制造	119.5	-1.0	0.1	8.8	-10.5	0.2
味精制造	358.6	2.6	0.4	44.5	52.0	0.8
酱油、食醋及类似制品制造	761.5	10.5	0.9	104.2	8.2	1.8
其他调味品、发酵制品制造	1406.3	10.4	1.7	108.6	-0.3	1.9
营养食品制造	561.9	-11.5	0.7	52.4	-24.8	0.9
保健食品制造	708.6	-23.0	0.9	109.4	-40.3	1.9
冷冻饮品及食用冰制造	297.1	9.4	0.4	19.6	25.7	0.3
盐加工	123.0	-9.6	0.2	9.6	8.7	0.2
食品及饲料添加剂制造	1757.3	7.8	2.2	144.8	34.2	2.5
其他未列明食品制造	963.5	14.4	1.2	84.9	17.1	1.5

续表

行业	营业收入/亿元	同比增长/%	占比/%	利润总额/亿元	同比增长/%	占比/%
酒、饮料和精制茶制造业	15302.7	5.0	18.8	2216.6	10.2	38.4
酒精制造	525.7	12.5	0.6	-4.1	-151.9	-0.1
白酒制造	5617.8	8.2	6.9	1404.1	14.5	24.3
啤酒制造	1581.3	4.8	1.9	133.9	10.0	2.3
黄酒制造	173.3	2.7	0.2	19.3	11.4	0.3
葡萄酒制造	145.1	-17.5	0.2	10.6	-16.7	0.2
其他酒制造	307.4	-0.2	0.4	48.0	11.7	0.8
碳酸饮料制造	752.5	5.9	0.9	50.9	33.6	0.9
瓶（罐）装饮用水制造	993.4	2.9	1.2	88.1	16.5	1.5
果菜汁及果菜汁饮料制造	771.8	1.8	1.0	49.5	0.6	0.9
含乳饮料和植物蛋白饮料制造	972.8	0.3	1.2	95.0	-17.7	1.6
固体饮料制造	230.7	7.6	0.3	20.3	7.6	0.4
茶饮料及其他饮料制造	1093.1	3.7	1.3	130.7	10.5	2.3
精制茶加工	2137.6	2.3	2.6	170.4	1.9	3.0

三、面临形势

（一）部分行业对外依存度较高，全球疫情蔓延需警惕贸易风险

当前及未来一段时期，新冠肺炎疫情持续成为全球面临的共同挑战，食品工业原材料供给、生产、物流均受影响。我国部分食品行业的产业结构不尽合理，在原料、关键配料、产成品进出口方面，对以美国为代表的西方国家依存度较高，产业链安全风险亟须警惕。原料方面，高油大豆、食糖等呈现结构性短缺，重点产品进口市场高度集中，我国企业缺乏定价权，受国际贸易和价格波动影响大。食品配料方面，我国在功能油脂、益生菌株、发酵剂、酶制剂等方面缺乏自主产权，主要产品进口率在 70% 以上，影响下游产业较多，存在一定供给风险。特别是婴儿配方乳粉行业，由于乳清粉、结构油脂（1，3-二油酸-2-棕榈酸甘油三酯）、乳铁蛋白等配料基本依靠进口，面对主产国开工不足、货运能力受限、质量降低等问题，一旦出现阶段性短缺或禁售惜售现象，可能造成国内企业较大面积减产、停产。产品出口方面，我国食品工业出口产品和区域普遍中低端化，大部分产品无法进入高壁垒的发达国家，随着国际疫情发展，水产加工等主要产品出口普遍面临查验和管控加强、订单减少或取消、渠道受阻等问题，出口贸易不确定性风险加剧。

（二）绿色转型仍需全面深入推进，中小企业面临生存压力加大

近年来，我国食品工业集团化发展趋势明显，带动了以骨干企业为中心的产业集中度提升和产业集群快速发展，技术装备升级加快推进，信息化、智能化水平不断提升，推动资源综合利用水平进一步提高，节能减排取得积极成效，循环经济模式加快发展；另一方面，由于我国食品工业生产体系庞大，企业数量众多，小微企业占比达 90% 以上，在环境、资源约束日益加剧的情况下，这些企业的装备水平还比较落后，资源消耗和环

境污染较为严重，副产物综合利用水平不高，清洁生产相对滞后。整体来看，绿色转型仍是我国食品工业“十四五”时期需要发力的重点方向。另一方面，近年来，随着节能减排压力增加，原材料、人工、水电等生产成本上升，中小企业利润空间明显压缩，加之疫情带来生产消费变化、出口受限等问题，预计今后一到两年，中小企业将面临较大经营压力。

（三）行业提品质创品牌步伐加快，部分食品安全短板问题尚存

近年来，在国内经济下行压力加大、增速放缓的形势下，我国食品工业主动适应经济发展新常态，加快结构调整和转型升级的步伐，进入高质量发展的新阶段。随着食品安全国家标准的制修订和《电子商务法》等法规的实施，行业发展的规范性得到增强。工业和信息化部推动婴儿配方乳粉等行业质量安全追溯体系试点加快建设，《食品工业企业诚信管理体系》深入贯彻实施，促进我国食品安全状况持续稳中向好；在互联网、自媒体推动作用下，行业加快优胜劣汰速度，一批优秀品牌脱颖而出，市场影响力不断提高，新业态不断丰富。另一方面，源头污染、农兽药不合理使用、食品冷链物流建设滞后等影响我国食品质量安全的短板依旧存在。2019 年，我国粮、肉、蛋、乳、食用油等大宗加工食品的样品合格率均处于较高水平，其中，从抽检发现的不合格样品看，因农兽药残留超标、微生物污染、超范围超限量使用食品添加剂造成的不合格产品占不合格项次总数的比例合计超过 70%。

（四）多元化产品需求旺盛，疫情反映我国居民对部分产品青睐

居民年龄结构和消费需求变化持续推动产业供给侧改革，要求提供与之相适应的更加安全、健康、营养的高品质、多元化产品。当前及未来一段时期，随着我国人口老龄化进一步加剧，老年食品、保健食品、特殊医学用途配方食品及专业化配餐的市场需求旺盛；城镇化进程持续推进、居民收入水平提高，带动绿色食品、有机食品、嗜好食品、休闲食品等消费；此外，随着“二孩”政策全面实施，高品质的婴幼儿食品需求保持刚性增长。另一方面，疫情发生以来，社区（村镇）居家封闭式管理模式下的食品消费模式也发生较大变化，带来一些新的发展机遇。除增加对粮油等耐贮食品的需求外，预包装餐食、速冻食品、方便面等快捷、方便的工业化膳食产品普遍受到消费者青睐。疫情也引发了消费者对提高免疫力、补充维生素矿物质等保健食品的重点关注，互联网搜索量和部分产品销量得到明显提升。

四、政策建议

（一）建立新冠肺炎疫情长效应对机制，防范化解产业链安全风险

原料方面，针对大宗进口项目，统筹主要企业梳理库存情况和进口预期，密切关注海外生产供应情况，及时制订和更新贸易计划。配料方面，建立疫情期间食品工业领域国家重点进口配料名单，由工业主管部门牵头，对进口依存度高、供应链长、较为关键的原配料，实行监测管理和名单动态更新制度，特别是婴儿配方乳粉领域。对关键具体品类，及时会同有关部门出台财政支持和关税调整等政策，鼓励企业以提前采购、战略合作、定向生产等方式加大采购力度，同时，打通物流商贸渠道，保障重要物资的海运、空运环节通畅，以保障用料充足，防范产业链断供风险。产品出口方面，针对疫情期间出现的产品出口难、风险大等问题，从国家层面对重点品类出台指导性收储政策，同时积极扩大内需消费。另一方面，在“十四五”规划期间，瞄准新一代产业发展前沿，推动婴儿配方乳粉关键配料、益生菌株、保健食品、特殊医学用途配方食品、新食品资源等领域前瞻性研

发和及时得到注册审批与产业化，改变“被动革新、依存进口”的不利地位。

（二）推动产品创新开发，满足居民日益增长的消费需求

推动食品工业企业聚集智力、科技、装备等要素，以消费需求变化为核心，以创新研发为抓手，以满足我国居民健康状况、疾病谱、基因组学、母乳成分等特征为目标，面对新一轮发展窗口期，针对老年人群、婴幼儿、特殊人群等不同群体，开展多系列的产品研发工作。树立行业一盘棋意识，鼓励行业组织或产业联盟牵头，积极进行消费引导，推动干酪、发酵食品、功能食品等重点产品的营养知识普及和消费培育工作，推动产品结构持续优化。鼓励企业与国内外先进标准进行对标，主导或参与国家标准、行业标准制定，提升优质产品供给能力，结合“一带一路”倡议，支持企业在境外建立生产体系，同时，把握“一带一路”沿线国家和全球其他地区的食品需求动态，拓展出口“市场圈”，在与国际品牌竞争中发展和提升品牌竞争力。针对疫情所体现的消费者对速食产品、保健食品等的旺盛需求，支持具有我国特色的中央厨房工厂及冷冻食品、预包装餐食、中医药保健食品等产品发展。

（三）推进产业结构转型升级，推动一二三产业融合发展

深入实施消费品工业“三品”战略，将增品种、提品质、创品牌与加快产业转型升级紧密结合，加快淘汰技术装备、质量安全、生产能耗等不达标的产能，推进食品智能制造和绿色制造试点示范，提升工厂智能化水平，建立和推广清洁生产模式，实施重点行业节能减排降耗改造工程，支持食品园区循环化改造。针对源头污染、农兽药不合理使用等问题，加强地方工业、农业、市场监管等部门有效沟通协作，完善全产业链监管机制。在生产成本提高、盈利能力下降的背景下，鼓励企业兼并重组和产能合作，提高行业集中度。加快推进一二三产业融合发展，一方面，以食品工业企业为龙头，加强食品工业专用原料基地建设，藏料于地、藏料于技，带动种质资源有效开发利用、种养殖效率提升，促进产业体系绿色化、标准化、集约化发展，提升我国食品工业原料保障能力；另一方面，带动现代农业、农产品加工业发展，提高农民收入水平和促进县域经济发展，推动实现乡村振兴。

（四）完善政策法规制修订，促进行业信息交流与科学消费

结合科学研究最新成果、行业发展最新特点，及时梳理现有标准与生产实际和发展方向不相适应的部分，加强与食品生产加工、安全、流通相关的标准制修订工作，推动生鲜乳等原料的质量标准及价格分级制度建立健全。加大对失信、违法行为的惩治力度，特别是在疫情防控期间，加强电商平台、生鲜物流等环节监管，确保产品质量。完善信用评级、动态预警和奖励机制，引导行业正向良性发展。针对消费者“主观食品安全”获得感不强的问题，构建高效的信息披露和风险交流体系，建立行业主管部门、行业协会、科研机构信息研判的权威发布渠道，鼓励和规范第三方民间风险交流平台建设，形成社会监督共治和“正本清源”的良好局面，让消费者在切实透明的信息中维护健康权益，提振消费信心。在疫情防控期间，充分发挥行业组织在品牌宣传、科学传播等方面的作用，不失时机地通过科普培训等手段向消费者传递营养标签、产品货架期、特殊医学用途配方食品、保健食品等相关知识，帮助消费者更加科学、有针对性地选购商品。

行　业　篇

肉类及蛋品加工行业

2019年，我国肉类产量下降，蛋品产量上升。肉类市场供应不足，价格大幅上涨，进口明显增加。全国肉类及蛋品加工行业规模以上企业数量减少，工业资产、营业收入和利润增加，供给侧结构性改革力度加大。

一、行业概况

2019年全国肉类及蛋品加工行业规模以上企业3703家，比上年减少402家。其中，规模以上屠宰及肉类加工企业3503家，比上年减少381家，降幅9.8%；规模以上蛋品加工企业200家，比上年减少21家，降幅9.5%。

（一）主要经济指标

1. 营业收入

2019年全国肉类及蛋品加工行业规模以上企业营业收入稳步增长。其中，规模以上屠宰及肉类加工企业营业收入10169.2亿元，比上年增长16.1%；规模以上蛋品加工企业营业收入260.4亿元，比上年增长9.8%。

2. 利润

2019年全国肉类及蛋品加工行业规模以上企业利润显著增长。其中，规模以上屠宰及肉类加工企业实现利润506.6亿元，比上年增长34.5%；规模以上蛋品加工企业实现利润11.6亿元，比上年增长2.7%。

（二）行业发展分析

1. 价格

据商务部网站发布的2019年食用农产品批发价格，2019年我国肉禽蛋市场价格同比升幅明显（表1）。

表1　2019年12月36个大中城市主要肉禽蛋产品平均批发价

单位：元/kg

主要产品	2019年12月	2018年12月	同比增长%
猪肉	43.87	20.92	109.7
牛肉	67.75	56.33	20.3
羊肉	63.16	56.12	12.5
白条鸡	18.14	16.26	11.6
鸡蛋	9.95	9.40	5.8

资料来源：商务部。

2. 市场

2019年我国肉禽蛋类市场供应总体上比较紧张，其主要原因是猪肉产量下降幅度较大。虽然牛羊禽肉产量有不同程度增长，肉类进口量也有大幅度增长，但仍无法弥补猪肉减产造成的供求缺口。

（1）肉禽蛋生产总量　据国家统计局公报，2019年全年猪牛羊禽肉产量7649万t，同比下降10.2%。其中，猪肉产量4255万t，同比下降21.3%；牛肉产量667万t，同比增长3.6%；羊肉产量488万t，同比增长2.6%；禽肉产量2239万t，同比增长12.3%。加上120万t杂畜肉，肉类总产量达7769万t。禽蛋产量3309万t，同比增长5.8%。

（2）肉类产品结构　2019年猪肉、牛肉、羊肉、禽肉、杂畜肉在肉类总产量中所占比重分别为54.8%、28.8%、8.6%、

6.3%和1.5%（图1）。和2018年相比，产品大类结构发生显著变化：猪肉下降7.2个百分点；禽肉上升6.8个百分点。

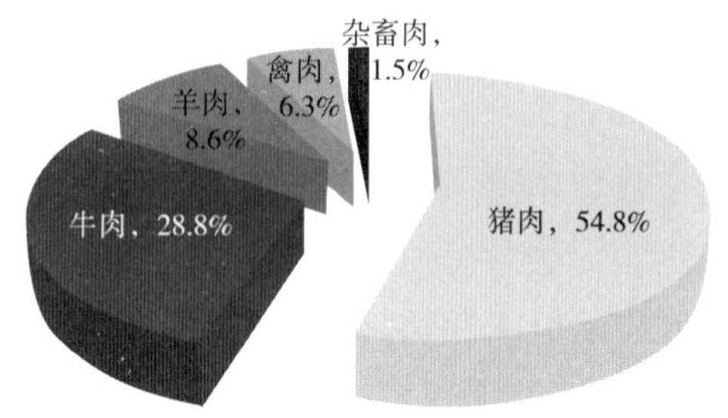

图1　2019年我国肉类产品结构

（3）肉类进口　2019年肉及杂碎进口总量618万t，同比增加217.21万t，增幅54.2%。分大类看，2019年进口猪肉210.8万t，同比增长75%，占进口总量的34.1%；进口禽肉77.9万t，同比增长55.2%，占进口总量的12.6%；进口牛肉165.9万t，同比增长59.7%，占进口总量的26.8%；进口羊肉39.2万t，同比增长23%，占进口总量的6.3%（表2）。此外，进口杂碎124.2万t，约占进口总量的20%。

表2　2019年肉类进口情况

项目	进口量/万t	同比增长/%	进口额/亿元	同比增长/%
肉及杂碎	618	54.2	1330	77.3
其中：牛肉	165.9	59.7	568.6	79.1
猪肉	210.8	75	323.7	136.2
羊肉	39.2	23	128.2	49.1
禽肉	77.9	55.2	136.2	82

数据来源：海关总署。

（4）肉类出口　2019年我国肉类出口总量12.33万t，同比减少12.63万t，降幅50.6%。其中，猪肉出口2.68万t，同比下降43%；牛肉出口218.72t，同比下降47.4%；羊肉出口1954.28t，同比下降12.3%；冻鸡肉出口9.4万t，同比下降53.9%。由于国内肉类减产，市场供不应求，肉类出口全面大幅下降（表3）。

表3　2015年以来肉类进出口贸易逆差概览

年份	肉类出口/万t	肉类进口万t	进出口贸易逆差/万t	逆差同比增长/%
2019年	12.33	618	605.67	61.15
2018年	24.96	400.79	375.83	26.48
2017年	92.53	409.90	297.14	-24.76
2016年	72.25	467.16	394.91	90.54
2015年	78.65	285.90	207.25	—

数据来源：国家海关总署。

（5）肉禽蛋市场供应总量　以肉类总产量+肉类净进口量（即肉类进口减去肉类出口后的数量）得到肉类的市场供应总量，也就是表观消费量。2019年，我国肉类市场供应总量为8374万t，比上年的9006万t减少632万t，下降7.1%；禽蛋市场供应总量因产量增长、出口平稳而保持稳中有增。2019年我国人均肉类消费量59.8kg，比上年的61.8kg减少2kg；人均蛋品消费23.6kg，比上年的22.4kg增加1.2kg。

3. 投资

2019年全国屠宰及肉类加工业投资继续增加。据国家统计局数据显示，2019年全国规模以上屠宰及肉类加工企业资产总计5894.8亿元，比2018年的5640.6亿元增加254.2亿元，增幅4.5%。规模以上蛋品加工企业资产178.2亿元，比上年下降1.5%。

从投资增幅看，屠宰业增速较慢，肉制品加工业增速较快。2019年，牲畜屠宰企业资产2004.5亿元，比上年的1970.3亿元增加了34.2亿元，增幅1.7%；禽类屠宰企业资产1292.7亿元，比上年的1239.4亿元增加了52.6亿元，增幅4.3%。肉制品及副产品加工企业资产2597.6亿元，比上年的2430.9亿元增加了166.7亿元，增幅6.9%。

从投资结构看，牲畜屠宰资产比重下降，

禽类屠宰资产比重基本持平，肉制品加工资产比重上升。2019 年牲畜屠宰企业资产在肉类行业的占比，由上年的 35% 降至 34%，下降 1 个百分点；禽类屠宰企业资产占比 21.9%，与上年基本持平；肉制品及副产品加工企业资产占比 44%，比上年的 43% 上升 1 个百分点（图 2）。

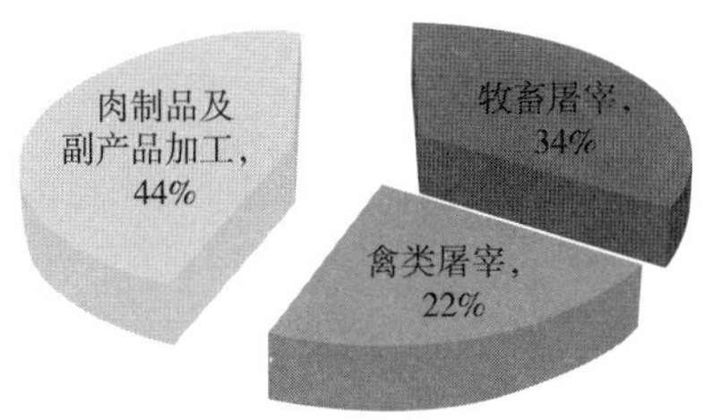

图 2　2019 年全国肉类重点行业资产分布结构

4. 区域分布与行业集中度

（1）区域分布　从各地规模以上屠宰企业鲜肉、冷藏肉产量占当地肉类总产量的比重看，肉类生产大省中，山东、河南规模以上企业鲜肉、冷藏肉产量占肉类总产量比重高，占主导地位；四川、湖南、广东、广西等地规模以上企业产量占比低，小规模畜禽屠宰企业占据主流。

（2）行业集中度　从规模以上企业产量看，2019 年鲜肉、冷藏肉产量排名前 10 位的地区依次是山东、河南、辽宁、河北、福建、四川、湖北、黑龙江、安徽和湖南，合计占全国产量的近 80%。其中，排名前 5 位地区产量占据全国总产量近 55%，排名第 1 位的山东占 25%（表 4）。

表 4　2019 年各地规模以上畜禽屠宰企业鲜肉、冷藏肉生产情况

省（自治区、直辖市）	规模以上企业鲜肉、冷藏肉产量/万 t	同比增长/%	占全国规模以上企业鲜肉、冷藏肉产量的比重/%	占当地肉类总产量的比重/%
全国	2817.46	0.87	100.0	36.4
山东	710.37	-4.3	25.2	88.2
河南	324.56	20.1	11.5	58.6
辽宁	287.97	21.0	10.2	78.7
河北	199.26	55.2	7.1	46.3
福建	133.53	-0.9	4.7	52.8
四川	122.42	-16.0	4.3	—
湖北	121.03	-4.3	4.3	—
黑龙江	108.98	-1.3	3.9	—
安徽	105.83	8.8	3.8	26.4
湖南	80.34	-12.4	2.9	17.6
陕西	76.99	-15.9	2.7	70.0
吉林	76.13	10.4	2.7	—
江苏	70.46	-7.4	2.5	26.0
山西	61.59	12.9	2.2	86.3
广东	51.95	-30.8	1.8	12.9
北京	49.89	-28.3	1.8	—
重庆	44.58	-20.9	1.6	39.8

续表

省（自治区、直辖市）	规模以上企业鲜肉、冷藏肉产量/万 t	同比增长/%	占全国规模以上企业鲜肉、冷藏肉产量的比重/%	占当地肉类总产量的比重/%
浙江	39.85	-15.5	1.4	42.4
广西	29.02	-23.9	1.0	7.8
内蒙古	27.18	-10.1	1.0	10.3
云南	22.48	41.8	0.8	—
江西	19.08	-36.3	0.7	6.4
甘肃	12.73	24.3	0.5	12.5
新疆	11.00	3.3	0.4	—
贵州	10.92	4.7	0.4	—
天津	7.69	-24.2	0.3	25.4
青海	4.62	-34.4	0.2	12.5
上海	3.87	-9.8	0.1	—
海南	1.71	662.4	0.1	2.6
宁夏	1.42	-17.4	0.1	—
西藏	0.00	0.0	0.0	—

数据来源：国家统计局。

5. 重点行业

按照国家标准规定，屠宰及肉类加工业共分为三个重点行业。

一是牲畜屠宰业。2019年全国有规模以上牲畜屠宰企业1175家，比上年的1299家减少124家，降幅9.5%，占肉类企业总数的33.5%。其营业收入3475.8亿元，比上年的3054.3亿元增加421.5亿元，增幅13.8%；占肉类行业营业收入总额10169.2亿元的34.2%，比上年的36.6%下降2.4个百分点。

二是禽类屠宰业。2019年全国有规模以上禽类屠宰企业603家，比上年的722家减少119家，降幅16.5%；占肉类企业总数的17.2%，比上年的18.5%下降1.3个百分点。其营业收入2632.6亿元，比上年的2092.6亿元增加540亿元，增幅25.8%；占肉类行业营业收入总额的25.9%，比上年的23.8%增加2.1个百分点。

三是肉制品及副产品加工业。2019年全国规模以上肉制品及副产品加工企业1725家，比上年的1863家减少138家，降幅7.4%；占肉类企业总数的49.2%，比上年的48%增加1.2个百分点。其营业收入4060.8亿元，比上年的3611.4亿元增加449.4亿元，增幅12.4%；占肉类行业营业收入总额的39.9%，比上年的39.6%增加0.3个百分点。

2019年全国规模以上蛋品加工企业200家，其营业收入260.4亿元，比上年的237.2亿元增加23.2亿元，增幅9.8%。

6. 包装与装备

（1）包装　2019年非洲猪瘟造成我国生猪养殖业损失巨大，导致肉类供给严重不足，甚至对国民经济造成重大影响，在保供过程中深刻反映了我国肉类食品生产供给和食品安全方面的问题。2019年年初，中国肉类协会按照国家改“运猪”为“调肉”的要求，通过为肉类企业提供科学经济的热收缩包装、气调包装或真空贴体包装解决方案，减少活猪长距离调运，实现就近屠宰，就地分割包装，在保障冷鲜肉高营养价值的同时，也避免了冷鲜肉在运输过程中出现病毒或细菌污染的情况。

2019 年生鲜肉类食品的包装升级比较明显，热收缩包装、气调包装和真空贴体包装三种代表性的包装方式得到大面积推广使用，在各大中型肉类企业中应用较多，所包装的鲜肉也通过电商、商超或农贸市场走进千家万户。

热收缩包装：采用高阻隔型热收缩袋包装冷却肉，保质期可达 60d 以上；在冷冻条件下可以实现 18 个月以上的保质期。2019 年以中国肉类协会包装分会为主体制定的《肉类食品用热收缩包装膜、袋》团体标准完成评审，进入公示阶段，为我国热收缩包装制定了团体标准，引领和指导冷却肉、冷冻肉的包装升级。

气调包装：以气调方式保持产品的新鲜和风味，特别适合高端冷却肉和卤制品领域。气调包装一般适用于冷链物流产品，对全过程温度和卫生要求较高，保质期在 15d 以内。2019 年高端冷却肉采用气调包装的越来越多，精细分割的鲜肉、肉糜、肉馅等广泛应用。在肉制品行业，也有越来越多的厂家采用气调锁鲜包装，并在包装方式上不断创新发展。2019 年以中国肉类协会包装分会为主体制定的《肉与肉制品气调包装技术规范》团体标准完成制定，进入评审阶段。

真空贴体包装：真空贴体包装以几乎完美的“3D”展示效果，迅速在高端冷却肉和加工肉制品领域受到青睐。以高档牛排、高档火腿肉、海鲜食品等为代表的产品在“盒马鲜生”线下超市和各大电商快速推广开来，真空贴体包装在各类高附加值肉类食品领域获得高速发展。2019 年国内贴体包装膜的用量相比 2018 年增长超过 300%。

2019 年进口肉增加迅速，进而带来重新分割、包装的增加。除了在包装方式上采用更科学、更有利于保质保鲜的包装方式外，也更注重包装的设计和消费者体验，在包装中增加更强的便利性功能，如更便于打开、更便于重复封口、更便于加热调理、更便于回收等。

2019 年，虽然中美贸易摩擦对国内包装行业造成一些影响，但总体而言国内肉类食品领域的包装产业链仍继续保持良好的发展态势。国内包装材料企业基本可以供应全部类型的包装材料，对进口的依赖度进一步降低，国内企业包装材料的出口量继续增加。国内肉类食品企业不断提高生产效率，延长产品保质期，扩展产品销售渠道，对自动化、智能化包装设备及工艺的需求快速增长，相当一部分肉类企业引进了德国、美国、日本等国际品牌的包装设备。同时，国内的包装设备企业也持续加大研发投入，陆续开发出功能优良、性价比高的包装设备。2019 年国产贴体包装、气调包装和收缩包装设备得到大量推广，部分企业还实现了产品出口，将中国制造的设备销售到发达国家和地区。包装设备与前道生产设备的集成化也得到提高，包装设备正更多地参与到智能制造中来。

（2）装备　2019 年受非洲猪瘟疫情持续影响，“危”“机”并存。生猪产量下降 21.3%；牛羊肉产量略有增长，增幅分别为 3.6% 和 2.6%；禽肉产量增长 12.3%。畜禽屠宰分割机械装备市场此消彼长。由于肉制品企业的生产原料肉出现供应短缺、成本上升，众多企业大幅压缩肉制品产量，出现大量设备产能闲置，导致肉制品加工机械装备需求疲软，国内肉制品加工机械企业的研发创新条件受到制约。

牲畜屠宰分割机械装备：自 2018 年非洲猪瘟爆发以来，全国各地各类生猪屠宰建设项目开始处于暂停、观望状态，生猪屠宰机械装备销售受到严重影响。设备用户支付了比例很低的定金，因项目停滞宁可违反合同也不提货，导致生猪屠宰设备企业场地、运营资金被占用，科研开发费用被迫压缩甚至断档，国内生猪屠宰设备销售、研发和生产受到冲击。但在疫情影响下，改运猪为调肉政策的实施推动了解冻、分割、精细切割等初加工设备的应用需求加大，以及车间消毒杀菌设备和工装清洗卫生设备的需求进一步提升。

随着国外肉牛屠宰技术的进步，国内牛肉产能和消费的提升，我国肉牛屠宰生产线关键设备技术不断提升。我国自主研发的牛自动旋转击晕箱技术不断优化，可完全满足不同用户（普通、阿訇等）的需求，产能达20头/h以上；安全、高效、卫生的牛剥皮系统装备应用已非常成熟；肉牛屠宰生产线气动传送轨道的开发应用，降低了生产能耗，提高了工位操作精准度和生产效率。牛自动机器人封肛、机器人劈半等关键设备技术的逐步开发，将进一步提升肉牛屠宰生产线的自动化程度，降低生产劳动强度，保障肉品卫生安全。

禽类屠宰分割机械装备：禽肉消费的增长，推动了家禽养殖、屠宰加工的扩能，作为禽肉主产区的山东、河北、河南、辽宁、江苏等地，在2019年出现了众多家禽屠宰新建、扩建项目的加速建设和投产；家禽成套屠宰线设备需求的增长，为禽类成套屠宰加工生产线的自动化、智能化科研开发注入了动力。目前，国内自主开发的肉鸡自动掏膛屠宰生产线已达到13500只/h的能力，并已经广泛应用，肉鸡自动分割生产线和在线分级系统已在加速自主研制开发；肉鸭自动掏膛屠宰生产线的自主研制开发工作也在启动。

高、低温肉制品加工机械装备：我国肉制品加工机械制造能力和产品品类已能满足国内95%以上的肉制品生产需求。但我国肉类膳食文化及模式的传统性和多样性，营养化、功能化肉制品开发不足，以及消费品质的提高和流通模式的变化等因素，影响着我国不同规模肉类制品企业的生产模式、品类量化和工艺特性等要求，更直接影响着对技术装备水平的需求。

长期以来，国内灌制类的肉制品加工机械一直以单机设计制造为主；绝大多数设备用户都是“品多量小”，只能依据产品具体情况来选择相应型号的单机，匹配成能满足工艺需要的生产线，最多是局部自动化或半自动化。目前国内只有少数大型企业进口了为数不多的几条成套自动化肉制品生产线，但因工艺的多样性和差异性等因素，这些自动化程度很高的生产线开工率并不高。2019年以来，中西式灌制类肉制品加工机械，从原料解冻设备到绞肉、搅拌、斩拌、乳化、灌装、蒸煮（熏蒸）、杀菌、冷却，一直到包装、储运设备，都在与科研院校及用户合作，通过深入理解不同肉制品的理化指标、物理特性和工艺区别，从设备材料、卫生安全、构件精度、节能降耗等各个方面提高性能，提升单机数字化、信息化技术融合性和上下游联机通用性，进一步提高成套自动化能力和标准化水平。

传统中式肉制品工业化生产机械装备技术取得了一定的突破。酱卤肉制品是最具中国特色的传统肉制品，其感官、风味、形态等特性直接关联消费忠诚度，因此这类肉制品对批量化、连续化、自动化生产设备的开发要求更为特殊。卤煮汤池中各种配料浓度的实时监测、数据采集和精确传递，要确保配料自动投料系统及时精准地实施补充，保障产品风味、感官等一致性，是连续自动化酱卤肉制品成套生产线研发创新的关键。同时，基于自动化、连续性和酱卤特点，加强了对其机械设备的材料特性与安全性研究，应用节能降耗技术和新材料，嵌入智能感知与仿真新技术，以进一步提高传统肉制品安全、智能、绿色化生产。

二、产业政策与科技创新

（一）产业政策

1. 中央相关总体政策方针

2019 年中央一号文件《关于坚持农业农村优先发展做好“三农”工作的若干意见》明确了与肉类加工业密切相关的两大政策。

一是“实施重要农产品保障战略。”加强顶层设计和系统规划，立足国内保障粮食等重要农产品供给，统筹用好国际国内两个市场、两种资源，科学确定国内重要农产品保障水平，健全保障体系，提高国内安全保障能力。

二是“大力发展现代农产品加工业。”以“粮头食尾”“农头工尾”为抓手，支持主产区依托县域形成农产品加工产业集群，尽可能将产业链留在县域，改变农村卖原料、城市搞加工的格局。支持发展适合家庭农场和农民合作社经营的农产品初加工，支持县域发展农产品精深加工，建成一批农产品专业村镇和加工强县。统筹农产品产地、集散地、销地批发市场建设，加强农产品物流骨干网络和冷链物流体系建设。培育农业产业化龙头企业和联合体，推进现代农业产业园、农村产业融合发展示范园、农业产业强镇建设。健全农村一二三产业融合发展利益联结机制，让农民更多分享产业增值收益。

2. 市场运行中的主要问题

从 2019 年产业运行的实际情况看，肉类及蛋品加工业面临的突出问题是市场供应不足，肉类价格大幅上涨。由于猪肉减产 20%以上造成的肉类短缺，不仅拉高了国内肉价，而且拉高了全球肉价。2019 年 12 月，与上年同期相比，全国 36 个大中城市平均批发价格：猪肉上涨了 109.7%，牛肉上涨了 20.3%，羊肉上涨了 12.5%，白条鸡上涨了 11.6%，鸡蛋上涨了 5.8%。2019 年全国肉及杂碎进口总量增长了 54.2%，进口总额增长了 77.3%。

原料价格上涨造成屠宰及肉类加工业的成本大幅上升。2019 年，规模以上屠宰及肉类加工企业营业收入 10169.2 亿元，比上年增长 16.1%；营业成本 9147 亿元，比上年增长 15.7%——成本占收入的比例高达 90%。

3. 国务院办公厅相关政策措施

为了解决生猪生产下降的问题，2019 年 6 月 22 日，国务院办公厅下发《关于加强非洲猪瘟防控工作的意见》（国办发〔2019〕31 号），指出：生猪产业链监管中还存在不少薄弱环节，生猪调运管理不够严格，屠宰加工流通环节非洲猪瘟检测能力不足，防控形势依然复杂严峻。为加强非洲猪瘟防控工作，必须全面提升动物疫病防控能力。

2019 年 9 月，国务院办公厅又下发《关于稳定生猪生产促进转型升级的意见》（国办发〔2019〕44 号），确定了总的指导思想，即：以保障猪肉基本自给为目标，立足当前恢复生产保供给，着眼长远转变方式促转型，强化责任落实，加大政策扶持，加强科技支撑，推动构建生产高效、资源节约、环境友好、布局合理、产销协调的生猪产业高质量发展新格局，更好满足居民猪肉消费需求，促进经济社会平稳健康发展。从加工业方面看，强调了三个政策要点：①加快屠宰行业提档升级。引导生猪屠宰加工向养殖集中区域转移，鼓励生猪就地就近屠宰，实现养殖屠宰匹配、产销顺畅衔接。开展生猪屠宰标准化创建，加快小型生猪屠宰厂（场）点撤停并转。严格执行生猪屠宰环节非洲猪瘟自检和驻场官方兽医制度，对不符合检疫检测要求的屠宰厂（场），要依法限期整改，整改不到位的责令关停。鼓励生猪调出大县建设屠宰加工企业和洗消中心，在用地、信贷等方面给予政策倾斜。②变革传统生猪调运方式。顺应猪肉消费升级和生猪疫病防控的客观要求，实现“运猪”向“运肉”转变，逐步减少活猪长距离跨省（区、市）调运。加强大区域内生猪产销衔接，生猪主销省份要主动与主产省份建立长期稳定的供销关系，实现大区域内供需大体平衡，除种猪和仔猪外，原则上活猪不跨大区域调运。推行猪肉产品冷链调运，加快建立冷鲜肉品流通和配送体系，实现“集中屠宰、品牌经营、冷链流通、冷鲜上市”。冷链物流企业用水、用电、用气价格与工业同价，降低物流成本。加强猪肉消费宣传引导，提高冷鲜肉消费比重。③加强冷链物流基础设施建设。逐步构建生猪主产区和主销区有效对接的冷链物流基础设施网络。鼓励屠宰企业建设标准化预冷集配中心、低温分割加工车间、冷库等设施，提高生猪产品加工贮藏能力。鼓励屠宰企业配备必要的冷藏车等设备，提高长距离运输能力。鼓励生猪产品主销区建设标准化流通型冷库、低温加工处理中心、冷链配送设施和冷鲜肉配送点，提高终端配送能力。

国办发〔2019〕44号文件强调，要强化法治保障。加快修订《中华人民共和国动物防疫法》《生猪屠宰管理条例》，研究修订《兽药管理条例》等法律法规，健全生猪产业法律制度体系。严格落实《中华人民共和国畜牧法》《中华人民共和国动物防疫法》《中华人民共和国农产品质量安全法》《中华人民共和国食品安全法》等法律法规，加大执法监管力度，督促养猪场（户）、屠宰加工企业等市场主体依法依规开展生产经营活动。加强对畜牧兽医行政执法工作的指导，依法查处生猪养殖、运输、屠宰、无害化处理等环节的违法违规行为。

2019年11月，国务院又召开常务会议，针对部分“菜篮子”产品价格上涨较快，给群众生活带来影响的问题，要求落实好省负总责和“菜篮子”市长负责制，继续多措并举恢复生猪生产，深入清理各地不合理禁养规定，利用北方玉米丰收等条件更好保障南方养猪大省饲料供应，发挥好储备调节作用，促进禽肉、牛羊肉等生产，确保市场供应，规范市场秩序，遏制部分产品价格过快上涨势头。同时，要求各地全面启动社会救助和保障标准与物价上涨挂钩联动机制，确保困难群众基本生活。

（二）科技创新

2019年，肉类行业科研工作获得两项国家科学技术进步奖。

一是中国肉类食品综合研究中心牵头申报的“传统特色肉制品现代化加工关键技术及产业化”获得国家科学技术进步奖二等奖。该项目经过12年的联合攻关，建立了特色肉制品安全控制技术及标准、质量控制技术及标准、现代化加工装备三大核心技术体系，技术达到国际领先水平，进一步提升了传统特色肉制品品质与安全性，有效解决了传统特色肉制品在工业化过程中的技术瓶颈问题和标准羁绊问题，创制传统特色肉制品现代化加工设备，提高效率，实现节能减排，为社会提供了更安全、更健康、更优质的产品，实现了传统肉制品加工的现代科技创新。取得的关键技术突破：一是中式香肠通过乳酸菌发酵等风味、质构定量调控技术形成独特风味物质，使香肠更营养更美味；二是集成先进的技术和工艺，有效去除传统腌腊肉制品加工过程中可能产生的苯并芘等多环芳烃类有害物质，使腊肉产品更安全、更放心；三是突破了现代加工技术，研制烘干成熟一体化、自然气候模拟等装备，用大规模生产替代传统的作坊式生产，为中国传统肉制品的规模化生产，为中华传统美食走出中国、走向世界提供了坚强的科技支撑。

二是南京农业大学牵头申报的“肉品风味与凝胶品质控制关键技术研发及产业化应用”获得国家科学技术进步奖二等奖。该项目经过20年的联合攻关，摸清中式肉品风味

“家底”，揭示了中式传统腌腊肉制品风味形成机制，首次阐明了传统腌腊肉制品的主体风味形成取决于“内源酶”的作用，否定了传统的“表面霉菌起主导作用”的传统认知；阐明西式低温肉制品凝胶形成新机制，摸索出了最为合适的温度区间、时间长度和环境条件，研发出基于内源酶活力调控的“低温腌制–中温风干–快速成熟”现代制作工艺，使产品盐分含量降低 50%，生产周期显著缩短，优级产品率由 75% 提高到 97% 以上，解决了传统腌腊肉制品生产周期长、脂肪氧化严重、产品盐分过高和风味品质难以控制的技术瓶颈，解决了西式肉制品“水土不服”、出水出油严重、货架期短的难题，并填补了国内肌肉凝胶乳化理论的空白。在此基础上，该项目还鉴定出导致低温肉制品腐败的主要菌种，阐明其消长规律，制定出生产加工过程的关键控制点。在 20 年来的科技攻关中，共上市新产品 75 种，授权发明专利 31 项。

2019 年，多项屠宰与肉类加工相关国家标准获得立项。其中包括《食用动物油脂　猪油》《冷却肉加工技术要求》《畜禽肉品质检测　水分、蛋白质、挥发性盐基氮含量的测定　近红外法》《畜禽屠宰加工设备　牛屠宰成套设备技术条件》等。

（三）智能制造

从 2019 年开始，特别体现为生鲜超市便捷购物形式的大力推广，对预包装产品数量和质量的需求有了新的提高，肉类企业对加工包装的智能化及功能集成化的需求随之提升，单一的包装已经无法满足企业的发展需求。很多肉类加工企业包括生鲜肉类、深加工肉类产品的加工企业希望能开发出更智能高效的包装生产流水线，其中最显著的有鲜肉预制盒气调包装生产线、热收缩包装生产线和肉制品全自动包装生产线。

（1）鲜肉预制盒气调包装生产线　集合了预制盒自动脱盒，可配套自动投料装置，减少人工投料环节，再经过自动输送装置，将预包装产品托盒输送至包装设备内，进行气调包装。智能化中控系统可集成成品自动输送、金属检测、称重检测、自动打印贴标等各功能模块，将不同的机型中和集成成一整条生产流水线。并且特殊的双通道及单线输送自动顶盒系统可针对鲜肉企业特殊的包装需求，如屠宰分割后，可能会在同一时间包装不同部位肉，而导致出现同一时间有高低不同盒型出现，设备自动规避以上问题，可帮客户减少经常调整设备的时间。随着客户提出对气调包装可监控的要求，包装设备企业不断开发研究，研发了气体检测芯片，在被包装产品内放入检测芯片，可实时观察包装内气体含量的变化，对观察货架期起到了最直观的作用。此种包装形式受到了国内各冷鲜肉企业的青睐。

（2）热收缩包装生产线　特殊的热收缩膜通过在线拉伸包装或自动封切包装设备，衔接自动热收缩装置，将包装后的产品自动输送至热收缩通道，完成包装过程，改变了原始的人工装收缩袋的过程，实现了自动化的包装过程。热收缩自动包装生产线被广泛用于分割前大块肉的包装，避免了大块肉裸装的运输卫生风险，也可减少肉类产品的血水流失，保持产品的原始风味。

（3）肉类产品全自动包装生产线　这是一套更智能化、更全面的包装生产线，可集成全自动软膜拉伸包装、气调包装、贴体包装等自动包装设备。从产品包装到后端的金属检测、质量检测的数据收集并且反馈到打印贴标系统，直接生成二维码或者条形码打印在标签上，并自动粘贴在包装盒（袋）上。并可通过自动扫码枪或视觉成像搜集系统实现在线数据收集，将产品信息自动收集并反馈至企业 ERP 系统，完成销售、生产、仓储、管理一体化，真正实现门店下单、自动形成生产需求计算、生产加工管控、数据收集、自动分配发料一体化管理，大大解决了肉类加工企业的一大难题，帮助肉类加工企业实现无人化生产实时监控的生产模式。

由于人力资源日渐紧缺，一线工人“招工难”成为越来越多肉类企业面临的难题，肉类生产加工企业这类劳动密集型企业对加工包装的自动化改革要求已经到了刻不容缓的地步。智能化、自动化设备已经成为2019年乃至今后几年的发展方向，国内外的加工包装机械生产企业都在朝着更智能化的方向努力，为国内肉类加工的发展进行积极的技术储备。

三、发展趋势

2020年肉类及蛋品加工业的发展趋势与生猪生产恢复情况密切相关。生猪在我国肉类总产量中占62%。2019年猪肉减产21.3%，减产数量高达1000万t以上，造成肉类加工业原料的严重短缺。这个缺口靠牛羊禽肉增产和增加进口都不能完全弥补。原料短缺不仅使肉类食品产量下降，而且使原料成本大幅上升，推高了产品价格，影响人民生活。

2020年中央一号文件把恢复生猪生产作为我国经济生活的一件大事，为恢复生猪生产出台了一系列扶持政策，其中包括支持牛羊禽业的产业政策。从目前情况看，预测2020年肉类及蛋品加工业的发展趋势，主要看以下三点。

一是非洲猪瘟疫情防控水平。非洲猪瘟病毒在我国已经形成了较大的污染面，呈点状散发态势，局部地区存在集中发生的情况，极大地影响了生猪养殖。据监测，2018年4月至2019年9月，能繁母猪存栏连续下滑18个月；2019年9月底，能繁母猪存栏同比下降39%。2019年10月起，能繁母猪存栏环比上涨，但同比降幅仍然较大。2018年11月至2019年10月，随着疫情的发展，生猪存栏连续12个月下滑；2019年10月底，生猪存栏同比下降41%。2019年11月起，生猪存栏环比上涨，但同比降幅仍较大。根据国家统计局统计，2019年年底全国生猪存栏31041万头，同比减少11776万头，下降27.5%。党中央、国务院高度重视生猪生产，2019年8月底以来，有关部门出台了17条扶持生产的政策措施，在财政、金融、用地、规范禁养区划定和管理、绿色通道、生猪生产的补奖等方面明确了一系列政策，各地狠抓政策落实，积极恢复生产。2019年9月开始生猪存栏出现止跌回升势头，12月生猪屠宰量实现止跌回升，屠宰量回升至1453万头，环比回升367万头，环比涨幅34%，同比跌幅缩窄至36%。随着扶持生猪生产各项利好政策的落地，加上市场行情看好，养殖户补栏增养的积极性明显提升，生产恢复向好的因素明显增多，生猪生产整体上进入止降回升的转折期，力争2020年年底前生猪产能恢复到正常水平。

二是新冠肺炎疫情防控水平。从农业农村部对全国400个定点监测县的数据汇总看，2020年1月生猪复产开局不错。但是，春节以来发生的新冠肺炎疫情又对刚刚有所恢复的生猪生产形成新的冲击。主要包括：餐饮及批发销售下降造成猪肉价格下行，生猪存栏时间被迫延长，猪肉流通效率降低，养殖环节饲料、兽药等投入品的运输供应受阻，新建猪场建设项目施工延期等。这些影响目前存在很大的不确定性。参考2002年12月开始至2003年6月结束的非典疫情，其间2003年4—5月疫情快速爆发期对猪价冲击最为明显，猪价降至低点，随后在当年6月疫情得到控制后猪价逐步反弹——希望本次疫情的影响大体与之类似。

应该看到，新冠肺炎疫情不仅对刚刚有所恢复的生猪生产形成新的冲击，而且对肉类及蛋品加工业及其他相关产业也造成了很大冲击，特别是目前已经影响到全球200多个国家和地区，影响到国际经济贸易的全局。这些变化使食品（包括肉类、蛋品）供应的重要性空前凸显。

三是产业政策的实施力度。发生新冠疫情后，从中央到地方，各级政府及有关部门对复工复产予以高度重视，为加快复工复产出台了一系列新的政策措施。抗击新冠疫情是一场总体战争，涉及各行各业、方方面面，国家为保障民生、稳定社会需统筹兼顾、全面安排，不可能在某一方面投入过多，需要更多地依靠产业界自身努力。除生猪养殖恢复生产外，肉类及蛋品加工业的结构调整、转型升级、提质增效等方面还有大量问题需要解决。在国家财力有限的情况下，如何在产业政策上做到统筹兼顾，适当安排，更多依靠广大人民群众的努力奋斗来共克时艰，确实是对国家现代化治理能力的一次严峻考验。

四、政策建议

2020 年是具有挑战性的艰难时刻，我们建议：

（一）从现在开始组织有关方面抓紧制定全国肉类及蛋品加工产业发展规划

2020 年是“十三五”规划实施的收官之年，鉴于目前我国肉类供不应求的现状，建议按照贯彻中央一号文件的要求，首先做好以下三项工作。

一是组织有关方面抓紧制定畜禽限养禁养区国家标准。鉴于前一阶段各地出现的随意扩大限养禁养区的问题，以及限养禁养的环保要求，建议通过制定强制性国家标准，明确划定限养禁养区的统一规范，为制定生猪产业规划和“省负总责”提供法定依据。

二是组织有关方面开展畜禽养殖集中区专题研究。这不仅关系到指导各地确定畜禽标准化规模养殖和中小散养户的布局，而且关系到屠宰加工业要向养殖集中区转移和逐步减少活猪长距离调运。没有科学的总体布局，国家和社会有限的财力就不能发挥有效的作用。

三是在养殖集中区专题研究和畜禽限养禁养区国家标准的基础上，尽快制定发布全国畜禽养殖“十四五”发展规划。依据养殖集中区的布局规划，制定屠宰加工产业布局的“十四五”规划，指导企业在布局结构调整中实现产业转型升级。

（二）加快推进“肉类工业+智能化”

新冠肺炎疫情给人民生命健康造成了危害，也给我国肉类工业现代化带来了契机。为了减少人群聚集带来的病毒感染，对于原来工人密集的屠宰加工生产线，建议运用人工智能技术进行改造，尽可能利用机器人部分取代人工。根据养殖业区域布局规划，对迁移到养殖集中区的新建屠宰加工厂，从工厂设计阶段起，就应按照工业智能化的要求进行整体规划和设计，实现产业创新升级，加快人工智能在肉类产业链上下游的应用，推进企业内部和企业之间的智能化运作。

（三）加强部门协调配合，采取切实措施贯彻落实国办发〔2019〕44 号文件精神，加快肉类工业布局调整优化

除引导屠宰加工向养殖集中区域转移、实现养殖屠宰匹配外，肉类工业布局调整的重要任务还包括：在逐步构建畜禽主产区和主销区有效对接的冷链物流基础设施网络的基础上，在主产区由屠宰企业建设标准化预冷集配中心、低温分割加工车间、冷库等设施，提高畜禽产品加工贮藏能力；由屠宰企业配备必要的冷藏车等设备，提高长距离运输能力；在肉类产品主销区建设标准化流通型冷库、低温加工处理中心、冷链配送设施和冷鲜肉配送点，提高终端配送能力。这些部署要求涉及农工商等多部门的协调配合，建议利用当前国务院联防联控机制的有利条件，以贯彻落实国办发〔2019〕44 号文件为契机，完成肉类工业整个产销体系的现代化改造。

中国肉类协会

乳制品工业

乳被誉为营养价值最接近完善的食物，人均乳制品消费量是衡量一个国家人民生活水平的主要指标之一。在我国，随着人民生活水平的提高，乳制品消费不断提高，乳制品已经成为许多人日常饮食的重要部分。但与世界平均水平相比，目前我国乳制品消费仍处于较低水平，不到世界平均水平的三分之一、亚洲平均水平的二分之一，发展潜力十分巨大。

一、行业概况

2019 年，我国乳制品行业生产稳定增长，生产经营状况稳定向好，国产乳制品产品质量、安全状况保持较好水平。

（一）主要经济指标

据国家统计局数据（月报），2019 年 1—12 月，全国规模以上乳制品企业 565 家（上年为 587 家），主营业务收入 3946.99 亿元，同比增长 10.17%（上年为 10.72%）；利润总额 379.35 亿元，同比增长 61.40%（上年为-1.41%）；销售收入利润率为 9.6%（上年为 6.8%）。乳制品产量 2719.40 万 t，同比增长 5.58%（上年为 4.43%）。其中，液体乳产量 2537.67 万 t，同比增长 5.81%（上年为 4.34%）；乳粉产量 105.24 万 t，同比增长 2.36%（上年为-0.74%）。

2019 年 12 月底，全行业产成品存货总额 93.35 亿元，同比增长 0.06%（上年同期为 14.36%）。产成品存货总额占销售总收入的 2.4%（上年同期为 2.8%），库存有所减少。2019 年 12 月底，亏损企业亏损额为 21.71 亿元，同比增长-67.17%（上年同期为 94.10%）。行业亏损额与利润总额的比值为 1∶17.5（上年同期为 1∶3.5）。企业经济效益大幅改善。

（二）行业发展分析

2019 年，行业原料乳价格进一步提高并维持高位运行，乳制品价格平稳增长。进口产品继续保持增长，国内乳制品生产和市场消费对国际市场的依赖程度进一步加大。行业投资在继续向上游养殖业和海外发展的同时，国内加工业投资明显增加。

1. 价格

（1）原料价格　2019 年，国内奶源供应基本稳定，价格与 2018 年同期相比有所提高，并维持高位运行，在产奶旺季价格出现小幅回落，旺季过后价格快速提高。

据农业农村部对内蒙古、河北等 10 个奶牛主产省（区）［河北、山西、内蒙古、辽宁、黑龙江、山东、河南、陕西、宁夏、新疆。2013 年 10 省（区）生乳产量占全国的 82.6%］生乳平均价格的调查数据，2019 年 1 月平均价格 3.61 元/kg，4 月为 3.54 元/kg，8 月为 3.65 元/kg，12 月为 3.84 元/kg。2019 年 12 月全国主产区生乳平均价格环比上涨 0.2%，同比上涨 7.2%（图 1）。

（2）乳制品零售价格　2019 年，乳制品消费价格继续随社会整体消费价格增长而小幅增长，保持了产品价格的相对稳定。根据国家统计局的调查数据，2019 年 12 月，乳制品价格环比上涨 0.4%，同比上涨 0.8%；全年乳制品平均价格上涨 1.6%，远低于同期食品全年平均价格 9.2% 的增长。

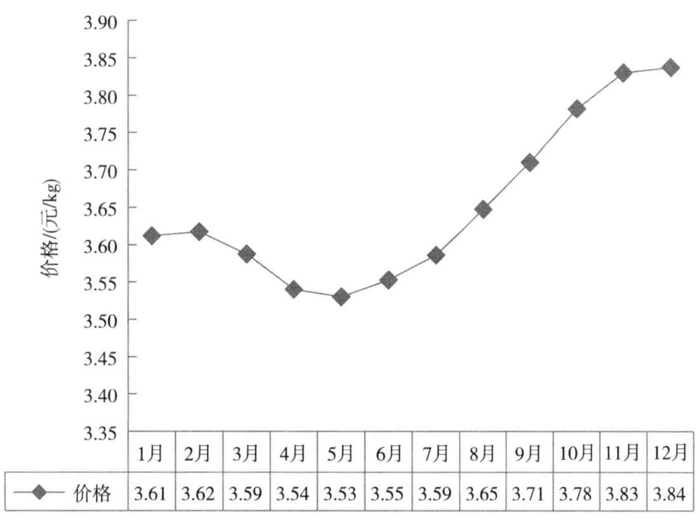

图 1　2019 年全国主产区生乳平均价格变化情况

资料来源：农业农村部监测数据。

2. 市场

2019 年，乳制品消费保持增长，国产乳制品市场规模有所增长，但进口产品市场占有率进一步增大。2019 年年底，国内乳制品行业应收账款为 400.20 亿元，同比增长 2.66%（上年同期为-2.43%）；产成品存货 93.35 亿元，同比增加 0.06%，产成品存货总额占销售总收入的 2.4%（上年同期为 2.8%）。

3. 投资

根据国家统计局月报数据，2019 年 12 月，行业资产总计为 3616.85 亿元，同比增长 13.52%，增速同比提高 5.94 个百分点。全年乳制品投资增长有所加速，投资除继续向上游养殖业和海外发展外，主要用于国内工厂的新建和升级改造工作。

4. 区域分布

分地区情况看，乳制品产量居前的省区为河北、内蒙古、山东、河南和黑龙江，五省区乳制品总产量为 1227.13 万 t，占全国的 45.12%，占比较上年下降 0.81 个百分点。五省区中山东、黑龙江、河北、内蒙古 4 个省区处于正增长，河南为负增长。全国乳制品产量处于负增长的省区有 5 个（上年为 11 个）；乳制品产量超过 100 万 t 的省区有 10 个，其中增长的有 8 个，最大的为安徽省，为 12.96%，下降的有 2 个，最大的为四川省，为-2.88%。液体乳产量居前的省区为河北、内蒙古、山东、河南和黑龙江，五省区液体乳总产量为 1155.54 万 t，占全国的 45.54%，占比较上年下降 2.29 个百分点。液体乳产量超过 100 万 t 的省区有 9 个，其中增长的有 7 个，最大的是安徽省，为 13.16%；下降的有 2 个，最大的是河南省，为-2.63%。乳粉产量前五位的省区为黑龙江、陕西、内蒙古、河北和江苏，五省区合计生产乳粉 81.28 万 t，占全国的 77.24%，占比较上年下降 2.52 个百分点。有 11 个省区乳粉产量超过 1 万 t，其中增长的有 7 个，吉林省同比增长幅度最大，为 77.74%；下降的有 4 个，广东下降幅度最大，为-12.92%。各产品及省区产量情况见表 1、表 2 和表 3。

表 1　2019 年 1—12 月全国乳制品产量前五位省区情况

地区	产量/万 t	同比增长/%	占全国比例/%
全国总计	2719.40	5.58	100.00
河北	356.83	5.77	13.12
内蒙古	289.34	3.65	10.64

续表

地区	产量/万 t	同比增长/%	占全国比例/%
山东	217.85	7.11	8.01
河南	198.94	-2.64	7.32
黑龙江	164.17	5.85	6.04

资料来源：国家统计局月度统计。

表 2　2019 年 1—12 月全国液体乳产量前五位省区情况

地区	产量/万 t	同比增长/%	占全国比例/%
全国总计	2537.67	5.81	100.00
河北	347.14	5.36	13.68
内蒙古	272.46	4.33	10.74
山东	208.02	5.94	8.20
河南	198.89	-2.63	7.84
黑龙江	129.03	9.46	5.08

资料来源：国家统计局月度统计。

表 3　2019 年 1—12 月全国乳粉产量前五位省区情况

地区	产量/万 t	同比增长/%	占全国比例/%
全国总计	105.24	2.36	100.00
黑龙江	35.10	-5.54	33.36
陕西	24.93	12.44	23.69
内蒙古	8.31	-6.14	7.90
河北	6.77	35.67	6.44
江苏	6.16	3.48	5.86

资料来源：国家统计局月度统计。

5. 行业集中度

根据中国乳制品工业协会统计，2019 年营业收入居前列的企业有：内蒙古伊利实业集团股份有限公司、蒙牛集团、光明乳业股份有限公司、黑龙江飞鹤乳业有限公司、君乐宝乳业集团、北京三元食品股份有限公司、雀巢（中国）有限公司、美赞臣营养品（中国）有限公司、新希望乳业股份有限公司和西安银桥乳业（集团）有限公司。2019 年，10 家企业营业收入合计 2485.5 亿元，同比增长 14.2%，比全行业增幅高 4.1 个百分点；10 家企业营业收入占全行业的 63.0%，占比较 2018 年提高 2.4 个百分点。

6. 进出口

据海关统计数据，2019 年 1—12 月，全国共进口各种乳制品 313.16 万 t，金额 118.61 亿美元，同比分别增长 11.19% 和 10.92%；进口乳制品总货值占国内乳制品工业销售总收入的 21.0%，占比较上年下降 0.4 个百分点。其中，乳粉、液体乳、乳清类产品、零售婴幼儿食品、干酪、乳糖、奶油进口量较大，其中除了乳糖和奶油其他产品都超过了 10 万 t。增速上看，液体乳进口量再次加速，原料类产品乳粉、白蛋白保持增长，奶油、乳糖、乳清类产品出现较大下降，具体进口情况见表 4。

表 4　2019 年全国乳制品进口情况

商品名称	数量/万 t	同比增长/%	金额/亿美元	同比增长/%
进口合计	313.16	11.19	118.61	10.92
液体乳[1]	89.06	32.26	11.01	20.65
乳粉[2]	101.48	26.62	31.24	28.63
炼乳	3.47	25.63	0.56	14.21
发酵乳	3.38	9.57	0.59	-3.13
乳清类产品	45.34	-18.63	6.07	-4.22
奶油	8.55	-24.55	4.66	-33.06

续表

商品名称	数量/万 t	同比增长/%	金额/亿美元	同比增长/%
干酪	11.49	5.98	5.22	1.73
乳糖	9.29	-20.80	1.02	3.66
零售婴幼儿食品	35.64	7.00	53.31	9.05
酪蛋白	2.44	-0.24	1.83	2.40
白蛋白	3.02	2.84	3.11	32.55

注：1. 液体乳数据不包括发酵乳。

2. 乳粉数据不包括婴幼儿配方乳粉。

数据来源：中国海关。

从进口来源看，新西兰仍然是我国最大的乳制品进口来源地，其次是德国、美国、澳大利亚和法国，我国分别从这些国家进口了 127.13 万 t、39.70 万 t、24.63 万 t、22.36 万 t 和 19.49 万 t 的乳制品，五国合计占乳制品总进口量的 74.50%，占比较上年下降 2.09 个百分点（图 2）。

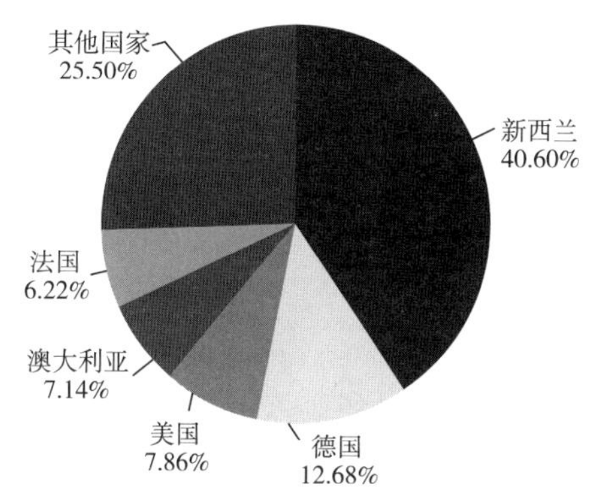

图 2 2019 年乳制品进口来源情况

资料来源：中国海关。

其中，液体乳主要来自新西兰、德国、澳大利亚、波兰和法国，进口量分别为 28.39 万 t、25.84 万 t、10.32 万 t、7.72 万 t 和 6.07 万 t，五国合计占液体乳总进口量的 87.96%，占比较上年提高 0.40 个百分点（图 3）。

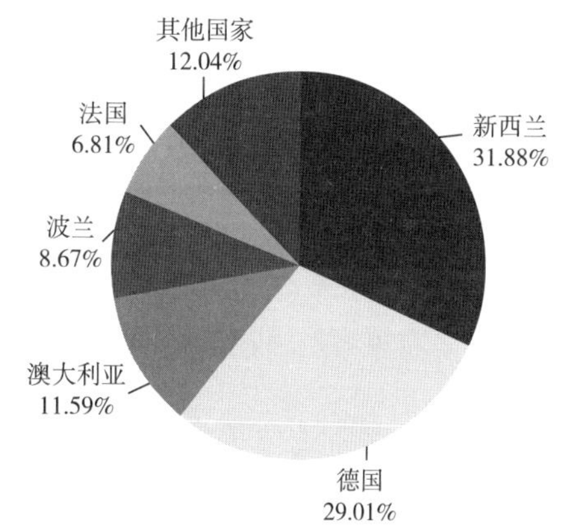

图 3 2019 年液体乳进口来源情况

资料来源：中国海关。

乳粉主要来自新西兰、澳大利亚、德国、法国和爱尔兰，进口量分别为 75.50 万 t、6.83 万 t、2.97 万 t、2.63 万 t 和 1.83 万 t，五国合计占乳粉总进口量的 88.44%，占比较上年提高 0.09 个百分点（图 4）。

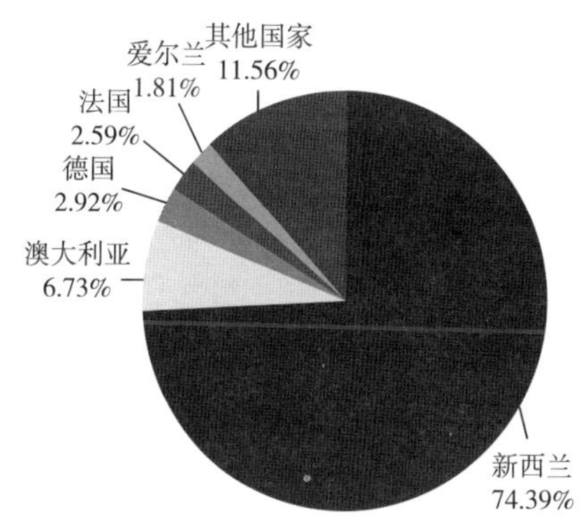

图 4 2019 年乳粉进口来源情况

资料来源：中国海关。

乳清类产品主要来自美国、法国、白俄罗斯、荷兰和德国，进口量分别为16.17万t、5.46万t、3.67万t、3.43万t和3.08万t，五国合计占乳清类产品总进口量的70.13%，占比较上年下降7.59个百分点（图5）。

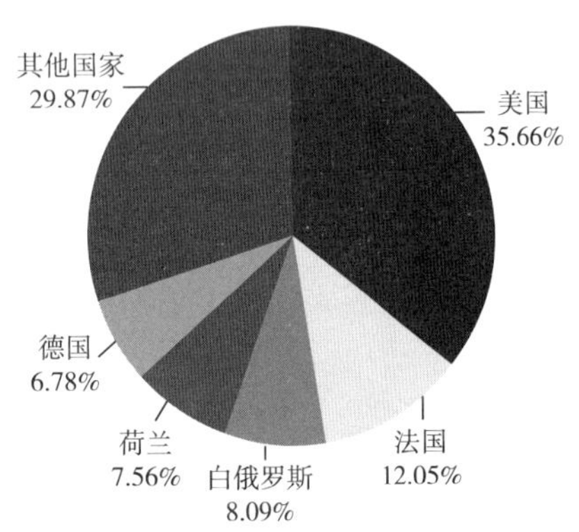

图5　2019年乳清类产品进口来源情况

资料来源：中国海关。

零售婴幼儿食品主要来自荷兰、新西兰、爱尔兰、法国和德国，分别进口11.10万t、6.96万t、4.75万t、4.01万t和2.58万t，五国合计占零售婴幼儿食品进口量的82.49%，占比较上年下降0.14个百分点（图6）。

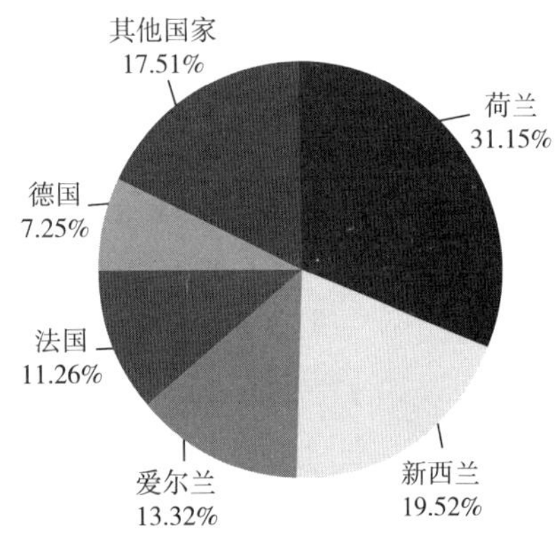

图6　2019年零售婴幼儿食品进口来源情况

资料来源：中国海关。

干酪主要来自新西兰、澳大利亚、美国、丹麦和意大利，进口量分别为6.68万t、1.71万t、0.75万t、0.47万t和0.38万t，五国合计占干酪总进口量的87.04%，占比较上年下降0.76个百分点（图7）。

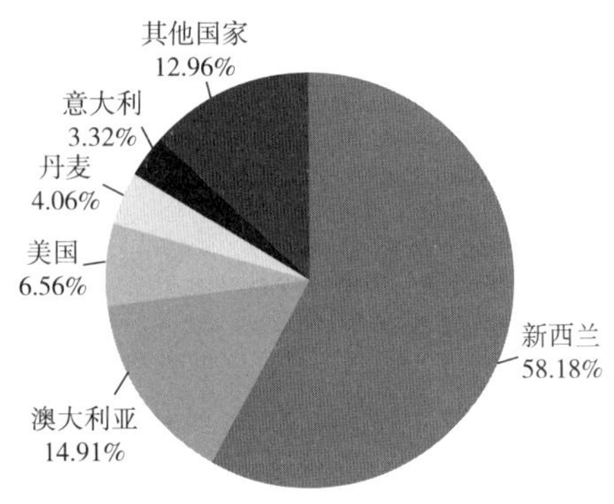

图7　2019年干酪制品进口来源情况

资料来源：中国海关。

乳糖主要来自美国、德国、荷兰、波兰和新西兰，进口量分别为6.32万t、1.06万t、0.55万t、0.37万t和0.34万t，五国合计占乳糖总进口量的93.16%，占比较上年下降1.98个百分点（图8）。

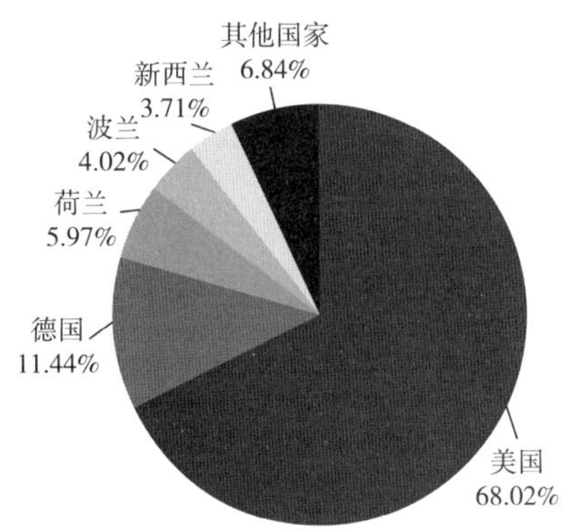

图8　2019年乳糖进口来源情况

资料来源：中国海关。

奶油主要来自新西兰、法国、比利时、荷兰和澳大利亚，进口量分别为7.09万t、0.51万t、0.21万t、0.20万t和0.17万t，五国合计占奶油总进口量的95.80%，占比较上年下降1.63个百分点（图9）。

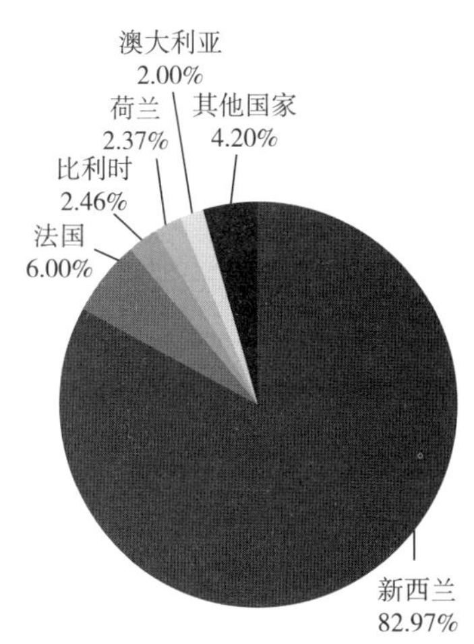

图 9　2019 年奶油进口来源情况

资料来源：中国海关。

酪蛋白主要来自新西兰、荷兰、法国、德国和爱尔兰，进口量分别为 1.61 万 t、0.45 万 t、0.18 万 t、0.05 万 t 和 0.04 万 t，五国合计占酪蛋白总进口量的 95.31%，占比较上年提高 0.15 个百分点（图 10）。

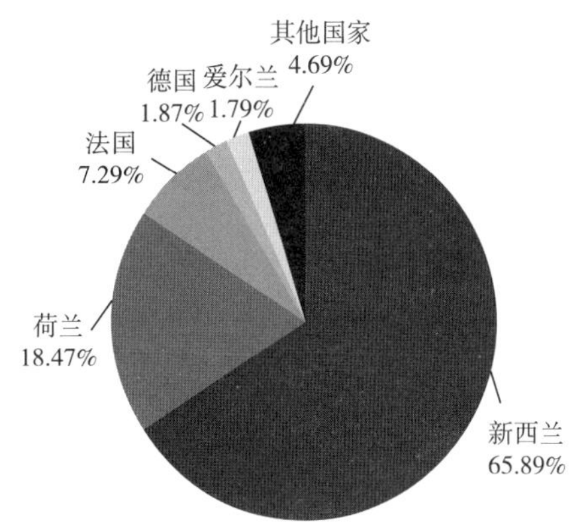

图 10　2019 年酪蛋白进口来源情况

资料来源：中国海关。

2019 年，具体产品进口价格情况见表 5。

表 5　2019 年乳制品进口价格情况

商品名称	12 月价格 /(美元/t)	同比增长 /%	1—12 月平均价格/(美元/t)	同比增长 /%
液体乳[1]	1186	-6.71	1236	-8.78
乳粉[2]	3342	14.50	3078	1.58
炼乳	1582	-9.64	1601	-9.56
发酵乳	1657	-9.06	1742	-11.59
乳清粉	1168	-3.10	1338	17.71
奶油	5267	-13.07	5455	-11.28
干酪	4575	-2.32	4545	-4.11
乳糖	975	-0.88	1100	30.88
婴幼儿零售食品	14229	-0.32	14956	1.92
酪蛋白	7591	8.15	7472	2.65
白蛋白	9537	1.57	10313	28.88

注：1. 液体乳数据不包括发酵乳。

2. 乳粉数据不包括婴幼儿配方乳粉。

数据来源：中国海关。

2019年，我国乳制品出口继续保持增长，但增幅大幅降低。全年乳制品出口5.75万t，货值4.58亿美元，同比分别增长4.58%和21.61%。其中，液体乳、婴幼儿零售食品、发酵乳、炼乳、奶油是出口的主要产品，具体出口情况见表6。

表6　2019年全国乳制品出口情况

商品名称	数量/万t	同比增长/%	金额/亿美元	同比增长/%
出口合计	5.75	1.61	4.58	21.61
液体乳[1]	2.48	-8.58	0.21	-15.02
乳粉[2]	0.18	-43.13	0.07	-29.46
炼乳	0.30	8.64	0.05	2.37
发酵乳	0.39	35.66	0.09	46.22
乳清粉	0.03	-50.47	0.01	-55.16
奶油	0.24	13.32	0.09	6.07
干酪	0.01	-38.23	0.01	-27.09
乳糖	0.14	28.59	0.04	12.29
婴幼儿零售食品	1.88	16.86	3.92	26.03
酪蛋白	0.09	71.27	0.05	61.29
白蛋白	0.00	8.05	0.05	94.94

注：1. 液体乳数据不包括发酵乳。

2. 乳粉数据不包括婴幼儿配方乳粉。

数据来源：中国海关。

我国乳制品出口主要是为中国香港和澳门地区提供产品，2019年共向中国香港和澳门地区出口乳制品4.79万t，同比增长2.70%，占总出口量的83.25%。

2019年，我国乳制品进出口数量逆差307.41万t，同比增长11.40%；金额逆差114.03亿美元，同比增长10.52%。

7. 质量安全

根据收集到的国家监督抽检结果，2019年，全国乳制品监督抽检共计72570批次，合格72398批次，合格率99.8%。2019年，国家市场监管总局抽检婴幼儿配方乳粉7958批次，合格7941批次，合格率99.8%。

2019年，国家监督抽检质量不合格的产品都是属于偶发性的质量问题，不具有系统性、普遍性或区域性的安全风险。

8. “三品”战略实施情况

2019年，乳制品企业继续践行增品种、提品质、创品牌的“三品”行动。

（1）增品种　乳制品企业在研发创新方面继续加大投入，通过自主研发、产学研联合等形式积极推出新品，并根据市场需求不断进行产品升级，满足人们对营养健康的需求和美好生活提升的需要。2019年，各大乳品企业都有新品陆续推出，如蒙牛“中华滋养暖妍”酸奶，伊利“金领冠悠滋小羊”婴幼儿配方奶粉、“金领冠塞纳牧”婴幼儿有机配方奶粉，光明“优倍减脂肪50%”鲜牛奶、“优倍浓醇”鲜牛奶、“致优娟姗”鲜牛奶等新品。根据三元食品的年报，三元食品2019年上市新产品24项，优化升级老产品7项，其中有6项产业化创新成果荣获北京市科技进步奖等科技奖励。

作为研发的成果，企业专利数量也不断增加。根据相关乳业上市公司年报信息，光明乳业研究院 2019 年申请国家专利 116 项，其中发明专利 108 项，实用新型专利 8 项；授权国家发明专利 62 项；申请国际专利 2 项，获得国际专利授权 2 项。截至 2019 年 12 月底，伊利集团累计获得专利授权 2703 件，其中，发明专利授权数量为 515 件，并有 4 件专利获得中国专利优秀奖。

新品的推出为企业拓展了新的市场空间，在企业销售收入中占比逐年提高。如伊利集团 2019 年新品销售收入占比 19.4%，较上年同期提高 4.6 个百分点。

（2）提品质　乳制品企业从奶源到终端，以高标准严格要求，建立全链条质量管理体系，将食品安全和质量保证工作延伸至产业链条上的所有合作伙伴、所有关键环节，确保从原料验收到成品出厂每个环节责任清晰，管理不留死角。

为提升原料乳质量和安全，企业大力建设和发展标准化、规模化、集约化牧场，目前，伊利、蒙牛、光明、三元、完达山、飞鹤等大多数骨干企业奶源来源中规模化、集约化的养殖场占比都达到或接近 100%。企业还将对奶牛的管理前伸到种植环节、用药环节、育种环节，如采取招标使用放心饲料，对兽药按药理成分进行归类并指导供方合规用药，实现统一准入、统一饲料、统一兽药、统一评估。企业积极进行乳业人才培养，提高合作养殖场牛乳质量，如伊利、蒙牛、雀巢、辉山等企业持续开展以奶牛养殖和牧场管理等内容为主的培训项目，其中蒙牛集团通过持续开展“牧场主大学”“奶牛金钥匙”技术示范专场等活动，累计进行 3000 余场培训，覆盖范围超过 50000 人次，使牛群结构、饲喂管理等得到显著提升，生乳成本明显下降。

乳制品企业不断加强生产过程的技术创新和信息化发展，通过智能信息系统建立产品追溯程序和智能工厂，对产品从源头到终端的各个环节进行严格管控。如通过技术对生产各个工序的关键点相关信息和检验数据进行自动获取或实时记录，利用实时数据形成数据库，实现实时监控与预警和产品的快速追溯。加大技术科研投入，改善产品工艺，提高产品品质。

乳制品企业在加强各环节过程管理水平的同时，在产品与物料的检测方面，不断引入先进的检测技术，通过企业管理软件与实验室信息管理系统（LIMS）的协同，利用实时数据形成数据库，通过数据监控平台实时监控与预警，有效杜绝了人为操作的失误。

企业产品逐渐得到国际认可，伊利、蒙牛、飞鹤等很多国内企业的产品获得国际产品、品质等相关奖项。

（3）创品牌　行业和企业通过各种方式不断提升企业品牌形象。如中国乳制品工业协会通过每年的“世界牛奶日”和“营养宣传周”活动、捐赠活动、相关展会等，推动乳制品营养知识普及和企业品牌度的提升；越来越多的企业开展乳制品企业工业游项目，敞开工厂大门，邀请媒体、普通消费者实地参观体验，打造网上智能交互平台，让消费者更直观地感受牛乳的生产过程，增强消费信心，提升消费体验；乳制品企业还积极开展公益活动，定期发布社会责任报告，提升企业形象。通过不同形式的品牌活动，目前我国乳制品品牌建设取得了很大的成绩，涌现出一大批知名品牌。

继续积极开拓海外市场。近几年“走出去”的雅士利、伊利、光明、圣元、澳优等企业已经分别在大洋洲、欧洲、东南亚、中东等地进行投资建厂或收购企业，利用国外的资源进行产品生产，回补国内市场的同时，以国外工厂为依托进军国际市场，企业的品牌知名度得到提升。在荷兰合作银行发布的

2019年度“全球乳业20强”榜单中，伊利、蒙牛分别排名第八、第十位，是全球乳业前十中仅有的两家亚洲企业。

随着企业品牌影响力的不断提升，企业品牌销售收入不断提高。如2019年伊利的“金典”“安慕希”“畅轻”“金领冠”“巧乐兹”“畅意100%”等重点产品销售收入同比增长22.3%。当前，行业中出现了不少年销售收入超过10亿元的品牌，一些品牌甚至超过了100亿元和200亿元。

9. 智能制造

乳制品企业引进智能化技术及设施设备，通过智能工厂的建设，提升企业智能化管理、自动化运营水平，实现原料管理、研发、加工、物流、销售等全链条的高效精细管理，优化外部供应链的协同，推动整个产业链向自动化和智能化的方向发展，使企业在资源配置、工艺优化、过程控制、产业链管理、节能减排及安全生产等方面的智能化水平得到显著提升，提高了产品质量与客户满意度，提升了企业整体智能化管理水平，增强了企业品牌影响力和核心竞争力，提高了企业质量安全保障能力和产品质量水平，降低了生产运营成本。

如有的企业通过将互联网及大数据分析技术贯通于养殖、研发、生产、流通、消费等全产业链，实现了与消费者的全方位互动，更好地满足了消费者的差异化需求。还有企业通过引入仓库管理系统（WMS）、运输管理系统（TMS）、电子标签拣货系统（DPS）、全球定位系统（GPS）及北斗卫星监控系统，对产品贮存、运输、交接等过程中的实时情况进行有效监控，确保了全过程冷链管控的有效性。

据企业测算，通过智能工厂项目，预期生产效率同比提高20%以上，运营成本同比降低20%以上，产品研制周期同比缩短30%以上，产品不良品率同比降低20%以上，能源利用率同比提高10%以上。

企业利用互联网和物联网技术，打造基于全产业链的智能化系统，通过对信息的采集、监控、分析，实现智能化控制和全程可追溯，为企业生产技术提升和产品研发提供依据，最终实现智慧化工厂运营模式。

10. 绿色制造

更多的乳品企业将可持续发展和绿色环保的发展理念融入企业管理过程，通过碳管理体系建设，统筹公司低碳发展，制定低碳指标体系、评价体系、专项行动计划和年度工作计划，强化能源、环保管理，不断降低单吨产品能耗、削减污染物产生量，逐年减少温室气体排放量，实现企业经济效益、社会效益、环境效益的和谐共赢。

确保企业污染防治设施与主体工程同时设计、同时施工、同时投入使用，且运行正常；通过持续进行污水处理设备提标扩容改造，加强污染物监测体系建设，对重点排污单位安装污染物排放自动监测系统，企业定期和不定期委托第三方检测机构进行检测，确保各项污染物达标排放。

持续进行设备的节能环保化改造，减少能源使用，如伊利2019年投入约1.7亿元用于环保设备改造，持续将燃煤锅炉升级为天然气锅炉或改为外购蒸汽的形式，降低温室气体排放量，为提高环境空气质量做出努力；企业大力发展中水循环使用，仅伊利、蒙牛公司通过中水二次回收利用和中水外供等方式，年节水量就超过150万t。

积极开展自主清洁生产审核，不断地改进完善。坚持绿色采购，努力降低资源能源消耗和污染物排放。通过提高车辆使用率、提高周转效率、减少冷库面积及车辆数量，要求运输车辆进行尾气达标处理，降低环境影响。大力发展可持续包装研发，减少材料用量。倡导固体废弃物的安全处置，将一般固体废弃物和危险废弃物进行分类收集，交由有处理资质的第三方处置。

二、行业面临的问题

2019年，乳制品行业面临的一些问题需要行业关注，主要有如下几方面。

（一）用于缓解生乳供需问题的浓缩乳使用仍然受限

2019年，为缓解我国生乳供需矛盾问题，工业和信息化部发布了QB/T 5395—2019《浓缩乳》行业标准，节约了生乳资源的远距离运输成本，但是因为浓缩乳是新增产品类别，目前受相关产品标准定义中原料种类的限制，其使用受限，甚至有些可以使用乳粉作为原料的产品都不能使用浓缩乳。

（二）我国生乳价格仍明显高于国际平均价格，高成本制约行业正常发展

2019年，我国与国际乳价都有较大幅度增长，我国生乳价格维持在3.50元/kg以上，随季节波动，价格仍然远高于同期国际平均价格。以2019年12月为例，据农业农村部对内蒙古、河北等10个奶牛主产省区生乳平均价格的调查数据，12月生乳平均价格为3.84元/kg，而同期世界生乳平均价格为2.70元/kg［国际牧场联盟（IFCN）数据，美元/人民币元汇率按照1/7.0计算得出］，我国价格比世界平均价格仍高出42%（图11）。

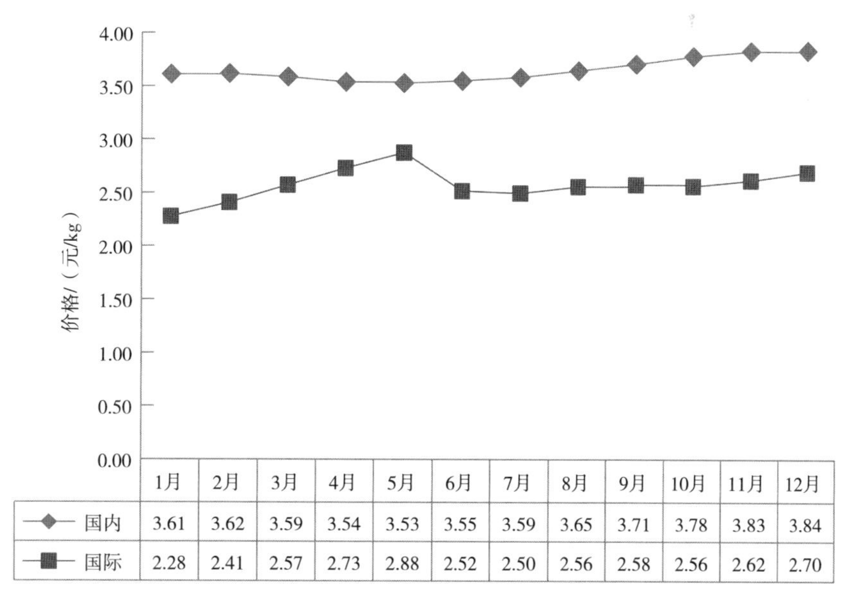

	1月	2月	3月	4月	5月	6月	7月	8月	9月	10月	11月	12月
国内	3.61	3.62	3.59	3.54	3.53	3.55	3.59	3.65	3.71	3.78	3.83	3.84
国际	2.28	2.41	2.57	2.73	2.88	2.52	2.50	2.56	2.58	2.56	2.62	2.70

图11　2019年我国与世界生乳平均收购价格比较

资料来源：农业农村部监测数据，国际牧场联盟（IFCN）。

高的原料价格造成我国乳制品生产成本高，市场竞争力不足，在与进口产品竞争中处于十分不利的地位，进口乳制品的价格普遍低于国产产品，制约了乳粉、干酪等产品国内生产的发展。2019年全国共进口各种乳制品313.16万t，金额118.61亿美元，同比分别增长11.19%和10.92%，其中，进口的乳粉、乳清粉产品、乳糖等均占据国内90%以上的市场。

（三）产品结构需进一步调整

我国是婴幼儿配方乳粉的生产和消费大国，婴幼儿配方乳粉的必需原料，如乳清粉、乳糖等，都是通过干酪生产的副产品乳清得到，但我国由于干酪产量很小，因而乳清粉、乳糖基本全部需借助于进口，产品主要来自美国，其次为法国、荷兰、德国等欧洲国家。2019年美国乳清制品占我国进口乳清制品的35.66%，乳糖占我国进口乳糖的68.02%。在当下国际贸易摩擦加剧的情况下，非常不利于婴幼儿配方乳粉产业的健康持续发展。

（四）海外代购、跨境电商婴幼儿配方乳粉产品存在安全隐患

随着近些年跨境电商的快速发展，加之通过海外代购途径，每年有大量执行国外标准的婴幼儿配方乳粉产品被我国婴幼儿食用。这些产品并不完全符合我国标准要求，也无须通过配方注册，属于我国监管盲区，产品安全状况存在非常大的不确定性，存在安全隐患，如存在假冒伪劣、问题产品不能及时召回和售后及维权困难等问题。

三、发展趋势

根据国内外形势以及乳业发展趋势，预计2020年及今后一段时期我国乳制品行业发展趋势如下。

（一）国内消费市场会得到进一步发展

目前我国人均乳类消费量仍处于世界比较低的水平，仅为亚洲人均消费量的1/2，不到世界人均消费量的1/3。当下，人们对健康和健康饮食越来越重视，直接食用的乳制品消费量会持续得到增长。另外，随着人们饮食结构和饮食多样化的发展，干酪、奶油等产品的消费量也会得到进一步增长。

（二）电商等线上新零售模式会得到较大发展

2020年发生的新型冠状病毒疫情，人们出行受限，相关门店关闭，使产品线下销售变得困难，线上销售获得了快速发展。据相关乳制品骨干企业的数据，2020年一季度，在整体产品产销量大幅下降的情况下，企业线上销售却普遍获得了较快增长，有的企业甚至成倍增长。按照目前的趋势，线上销售会成为2020年乳制品销售的主要增长方式。

四、政策建议

面对行业问题，我们亟须做好以下工作。

（一）尽快研究解决浓缩乳应用问题

应该尽快对浓缩乳的使用产品和标签标示等内容进行研究，解决浓缩乳应用的问题。

（二）继续抓好奶源基地建设，降低生乳成本

奶源是乳制品行业发展的根本所在，提高奶源质量，降低生乳成本，对乳制品行业至关重要。建议：

第一，鼓励小规模养殖户进行联合，推动养殖户提高饲养水平，降低饲养成本。建议国家及地方政府畜牧主管部门引导养殖户进行整合和技术设备升级，采取适度规模养殖和规范化管理，减少设备设施的重复投资，减少牛的患病率，降低单头奶牛使用设备设施的平均成本，提高牛乳的生产效益，降低国内生乳价格，提高竞争力。

第二，鼓励国内良种奶牛的培育和推广，降低奶牛购进成本，扩大良种牛群，提高单产。

第三，提高国产饲草料等的供应，降低饲养成本。

（三）推动产品结构调整

乳价高是困扰我国乳业发展的根本问题，短期内仍然很难彻底解决。建议减少全脂乳粉、脱脂乳粉等的生产；加强乳制品深加工产品的研发，提升产品技术含量和附加值，提升产品竞争力；利用好国际资源，研究利用进口原料发展干酪、乳清制品等产品的可能；要不断提升牛乳的品质，把发展高端牛乳作为企业利润增长的突破口和重要抓手，积极抢占高端市场。

（四）统一婴幼儿配方乳粉监管要求，拒绝不符合我国法规要求的婴幼儿配方乳粉进境消费，保护婴幼儿饮食安全

加强对海外代购和跨境电商的监管，统一所有进入我国的婴幼儿配方乳粉监管要求，如统一工厂注册、配方注册等要求，与国产产品执行相同的检测要求等。拒绝不符合我国法规要求的婴幼儿配方乳粉进境消费，保护婴幼儿饮食安全。

中国乳制品工业协会

水产品加工业

2019年是新中国成立70周年，是全面建成小康社会的关键之年，全国渔业高质量稳步发展，通过质量兴农、绿色兴农、品牌强农，水产品质量安全水平得到不断提升，切实保障了人民群众“舌尖上的安全”。水产品加工业保持了平稳运行态势，总体稳中有进、缓中向好，主营业务收入稳步提升，产业转型升级和重构步伐加速。受中美贸易摩擦及经济下行压力加大、生产成本提高等多种因素影响，水产品贸易出口下降，进口增长，贸易顺差大幅收窄，水产品加工企业盈利能力有所下降，利润总额小幅降低，水产品加工业面临转型升级的“关键期”。

一、行业概况

（一）主要经济指标

1. 渔业生产稳步增长，渔民人均收入增加

2019年全国水产品总产量预计为6480万t，同比增长0.35%，已经连续30年居世界首位。其中，养殖产量5079万t，同比增长1.76%；捕捞产量1401万t，同比下降4.45%；养殖产品与捕捞产品的产量比例为78：22。捕捞产量中，近海捕捞产量1184万t，同比增长13.39%；远洋捕捞产量217万t，同比减少3.87%。据对全国1万户渔民家庭当年收支情况调查，2019年全国渔民人均纯收入21108元，比上年增加1223元，增长6.15%。

2. 水产品加工结构进一步优化

2019年，我国水产加工品总量为2171万t，同比增长0.68%。其中，海水加工产品1776万t，同比增长0.06%；淡水加工产品395万t，同比增长3.53%。

2019年，用于加工水产品的原料总量为2650万t，同比下降0.13%，水产品加工率为40.89%。其中，用于加工的海水产品2092万t，同比下降0.34%，海水产品加工比例为63.73%；用于加工的淡水产品558万t，同比增加0.68%，淡水产品加工比例为17.45%。

（二）行业发展分析

1. 价格

据72家水产品批发市场统计，2019年累计成交水产品1069.37万t，成交额2255.01亿元。水产品综合平均价格为23.14元/kg，同比下降1.44%。海水产品平均价格42.67元/kg，同比增长0.32%；淡水产品平均价格15.55元/kg，同比下降3.92%。其中，虾姑、带鱼、大菱鲆、南美白对虾的价格同比上涨较大；扇贝、大黄鱼、小黄鱼、草鱼的价格同比下降较大（图1）。但与其他肉禽产品价格相比，水产品价格波动较为温和，对提供优质蛋白质、改善膳食结构做出了重要贡献。

2. 市场

中国是全球最大的水产品消费国，随着供给侧结构性改革深入推进，改革开放力度加大，国民收入增加，人民生活不断改善，支撑消费升级的社会基础不断提升，国内市场对水产品的消费需求持续上升。目前，我国水产品人均占有量46.45kg，同比增长0.37%，但城乡居民水产品人均消费差异较大，市场消费仍有较大提升空间。

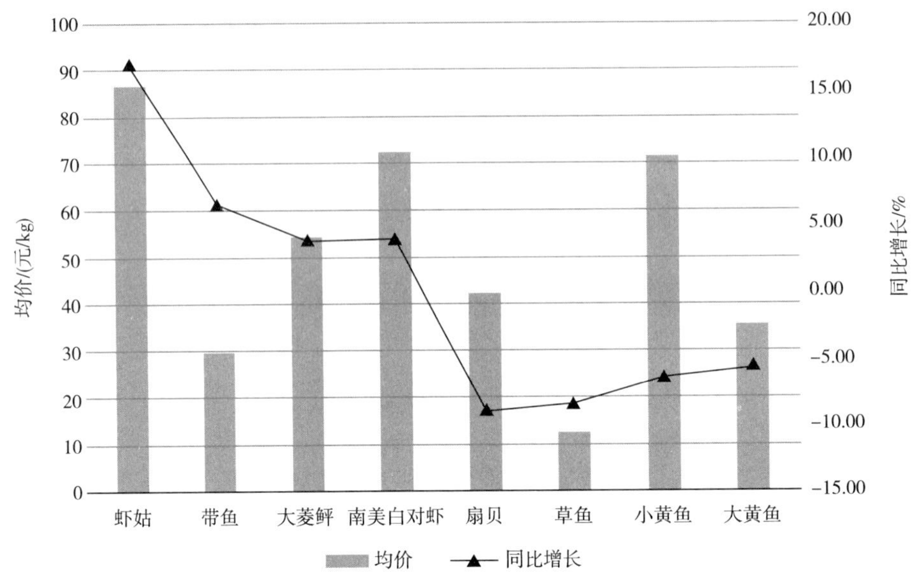

图 1 2019 年价格涨跌幅度较大的水产品种统计

同时，随着人民群众对高质量水产品的需求和购买力日益提升，我国水产品进口量额高速增长。除美国外，其他进口市场普增。自东盟进口量同比增长 39.02%。各进口国中，自越南进口量同比增长 59.78%，自印度进口量同比增长 144.39%，自俄罗斯和秘鲁进口量同比分别增长 6.91%和 5.58%。受贸易摩擦影响，自美国进口量同比下滑 11.82%（表 1）。

表 1 2019 年水产品主要进口市场统计

进口国家和地区	占进口总额比例/%	数量/万 t	同比增长/%	金额/亿美元	同比增长/%
东盟	16.35	117.15	39.02	30.57	38.95
俄罗斯	12.23	124.15	6.91	22.88	3.22
厄瓜多尔	10.31	37.46	247.17	19.28	261.09
秘鲁	8.11	93.53	5.58	15.17	2.46
印度	6.65	33.17	144.39	12.44	210.02
越南	6.12	50.88	59.78	11.45	56.53
加拿大	6.08	13.57	14.04	11.37	12.18
美国	5.65	39.04	-11.82	10.57	-25.72

资料来源：中国海关。

我国市场巨大的消费潜力吸引了一大批外贸企业积极转向国内市场，通过提高质量拓展营销渠道，完成出口转内销的转型升级，极大丰富了国内消费者的餐桌。从出口市场来看，主要出口市场增减互现。对日本、东盟、欧盟出口量同比小幅提升，对韩国出口微降；受贸易摩擦影响，对美国出口量同比下降 18.72%（表 2）。

表 2　2019 年水产品主要出口市场统计

出口国家和地区	数量/万 t	同比增长/%	金额/亿美元	同比增长/%
日本	64.37	5.41	39.34	-2.94
东盟	61.79	2.03	29.28	5.73
欧盟	60.64	9.13	26.68	5.38
美国	45.64	-18.72	25.03	-27.01
韩国	51.48	-4.69	17.41	-8.58
中国香港	17.56	-4.56	15.45	-12.39
中国台湾	11.96	-16.17	13.96	-28.20

资料来源：中国海关。

3. 投资

2019 年，我国推进自贸区、自贸港建设工作取得积极成效。一是试点布局进一步优化。增设上海自贸试验区临港新片区，新设山东、江苏、广西、河北、云南、黑龙江 6 个自贸试验区。目前，全国共设立 18 个自贸试验区，实现我国沿海省份全覆盖，并首次在沿海地区布局，有利于更好地主动服务和融入“一带一路”建设、京津冀协同发展、长江经济带发展、粤港澳大湾区建设、长三角区域一体化发展等重大国家战略。二是制度创新进一步深化，深入推进《关于支持自由贸易试验区深化改革创新的若干措施》。三是大型企业收购整合趋势明显。2019 年 7 月，佳沃农业开发股份有限公司通过境外子公司通过智利的中央证券存管处完成向智利上市公司 Australis Seafoods S. A. 的股份交割，所涉及的款项总计 8.8 亿美元。

4. 区域分布与行业集中度

据国家统计局统计，2019 年全国水产加工企业 9323 家，规模以上水产品加工企业 1776 家，比上年减少 208 家；完成主营业务收入 3279.6 亿元，同比增长 3.9%；实现利润总额 147.0 亿元，同比增长 0.33%。

水产加工区域集中在浙江、山东、福建、广东、辽宁、江苏、海南等沿海省份及内陆水域发达的湖北、江西和安徽等省份。通过我会对全国规模以上水产品加工业景气状况调查情况显示，2019 年江苏、湖南、浙江、辽宁、山东等省份总体形势较好，广东、海南、湖北、广西情况较不乐观。受贸易摩擦及连年丰产等条件影响，湖北、福建、山东、广东企业库存较大，海南、广西企业开工率下降。其中，作为罗非鱼和对虾主产区的广东省和海南省受中美贸易摩擦影响最大，出口贸易量不断下滑，给行业造成了不利影响；湖北小龙虾连年丰产导致加工库存不断加大，也给加工企业提出了新的挑战。

从出口情况看，福建、山东、辽宁、广东、浙江等沿海省份仍是我国水产品主要出口地区，福建和山东继续位居主要出口省份水产品出口额和出口量排名首位；内陆省份中，吉林、江西和湖北依旧位列前三（表 3）。

表 3　2019 年水产品主要出口省（自治区）统计

省（自治区）	出口量/万 t	占出口总量/%	出口额/亿美元	占出口总额/%
沿海				
福建	87.06	20.40	55.51	26.87
山东	114.29	26.78	51.27	24.82
广东	57.81	13.54	32.05	15.51
辽宁	83.94	19.67	29.31	14.19
浙江	48.49	11.36	18.93	9.17
海南	15.79	3.70	4.83	2.34
江苏	4.67	1.09	3.65	1.77
河北	2.85	0.67	2.40	1.16
广西	4.19	0.98	1.92	0.93
内陆				
吉林	3.13	0.17	1.38	0.91
江西	0.61	0.68	1.36	0.58
湖北	1.14	0.16	1.05	0.43

资料来源：中国海关。

5. 进出口

据海关数据统计，2019 年我国水产品进出口总量 1053.3 万 t，进出口总额 393.6 亿美元，同比分别增长 10.3% 和 5.4%，均创历史新高。2019 年水产品出口量 426.8 万 t，同比减少 13.8%；出口额 206.6 亿美元，同比下降 8.0%。一般贸易出口呈量额双增。2019 年我国水产品进口量 626.6 万 t，进口额 187.0 亿美元，同比分别增加 19.9% 和 25.6%。贸易顺差仅为 19.6 亿美元，同比下降 74.1%。

一般贸易主要出口品种包括头足类、对虾、罗非鱼、鳗鱼、贝类、鲭鱼。金枪鱼表现抢眼，出口量额同比分别增长 26.26% 和 14.24%，达 15.34 万 t 和 7.22 亿美元。鲭鱼出口量额双增，出口量额同比分别增长 6.49% 和 8.08%。受中美贸易摩擦影响，罗非鱼出口量额双降，出口量额同比分别降低 2.19% 和 7.08%（图 2）。2019 年，面对生产要素成本上涨、加工原料价格大幅波动、东南亚等国同构竞争加剧等因素影响，我国来进料加工贸易出口量额双降，出口量 104.83 万 t，出口额 54.97 亿美元，出口量额同比分别下降 1.07% 和 1.24%。

我国食用水产品进口大增，其中对虾、头足类、鲶鱼、蟹类、鲑鱼、贝类进口量较大（图 3）。

6. “三品”战略实施情况

在 2018 年的良好工作基础之上，水产行业继续认真落实“三品”行动，2019 年在“增品种、提品质、创品牌”方面取得较好的成效。

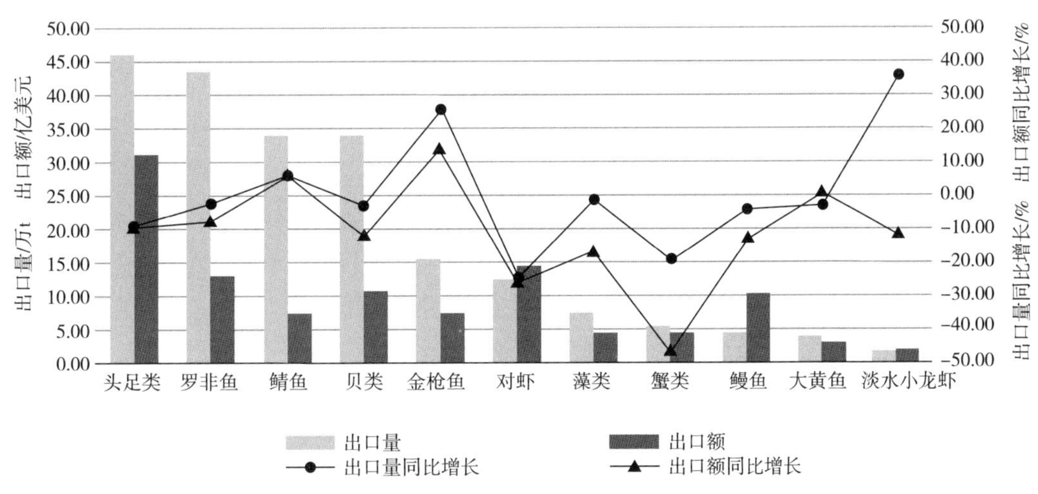

图 2　2019 年我国水产品一般贸易主要出口品种统计

资料来源：中国海关。

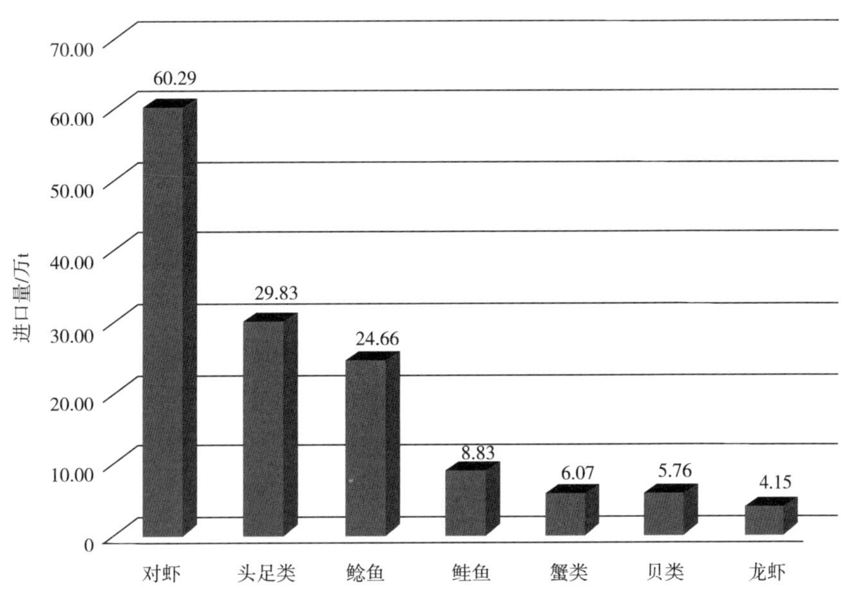

图 3　2019 年我国水产品主要进口品种统计

资料来源：中国海关。

（1）增品种　2019 年，继续创新产品品类，进一步丰富水产品消费形式，以提高消费者对产品的体验满意度。企业联合科研院所研发了一系列新产品，如水产功能性肽制品、即食海洋蔬菜、鱼糜制品锁鲜装等，通过改进加工工艺，增加了产品的多元化，提升了经济效益及市场竞争力。

（2）提品质　通过推进标准化生产，加强监测评估，健全应急处置机制，深入开展专线整治，加强追溯平台推广应用，推行食用农产品合格证制度，加强信用体系建设等措施，有效增加了绿色优质水产品供给，2019 年水产品质量安全水平总体稳定向好，全国产地水产品兽药残留监测合格率为 99.5%，连续 7 年保持在 99% 以上，养殖水产品质量安全仍保持在较高水平。另外，根据2019年国家市场监督管理总局的食品监督抽检情况来看（表4），2019年水产制品共抽检38592批次，合格率高达98.1%，较2018年水产品抽检合格率（97.7%）提高0.4%。

表4　2019年市场监管总局抽检水产制品情况

食品种类	时间	样品抽检数量/批次	合格样品数量/批次	不合格样品数量/批次	样品合格率/%
水产制品	上半年	10749	10521	228	97.9
	下半年	27843	27353	490	98.2
		总计	38592	37874	71898.1

资料来源：国家市场监督管理总局。

（3）创品牌　根据《国务院关于促进乡村产业振兴的指导意见》，行业进一步推动区域品牌建设，赋能产业发展，打造了一批叫得响、过得硬、有影响力、有国际竞争力的区域品牌，成为促进产业兴旺、助力父老乡亲增收致富、推进乡村振兴的重要牵引力。主要举措如下：一是打造中国农业品牌目录。2019年宝坻黄板泥鳅、大连海参、辽参、查干湖淡水鱼、连环湖鳙鱼、洪泽湖大闸蟹、盱眙龙虾等21个水产区域品牌荣登中国农业品牌目录2019农产品区域公用品牌榜单。二是组织系列节庆活动。为了更好地推广和销售当地的水产品，各地政府和行业协会带领当地水产企业和渔民开展一系列节庆活动，如河豚文化节、宝山湖小龙虾节等，打造休闲垂钓、旅游一体化体验，在造势的同时，提升当地水产品区域公用品牌的知名度，打造区域名片。三是组织品牌推介会。各地政府与行业协会还通过品牌推荐会宣传品牌影响力。2019青岛渔业品牌推介会在青岛国际会展中心拉开序幕，60余家渔业企业携上千种水产品登场亮相，由大黄鱼、金枪鱼、海参组成的水产“新三样”成为主角。从12月13日到12月15日，每天一个主题，开展“大黄鱼日”“金枪鱼日”“海参日”，每天由一家龙头企业主办现场烹饪试吃，再通过到场观众评出“2019最受消费者喜爱的水产品牌”，助推产业品牌化。四是申报世界吉尼斯世界纪录。湖北潜江以龙虾为材料，做出了118道精美的龙虾菜肴，上海大世界吉尼斯世界纪录总部官员现场认证，潜江龙虾菜品成功打破全球单次最多口味小龙虾菜品的大世界吉尼斯纪录，进一步提升了“潜江龙虾”品牌的知名度和影响力，让更多的美食爱好者认识并爱上潜江龙虾。五是企业品牌综艺植入。诸多行业企业都在发力进军“消费者品牌”，通过中央广播电视总台、抖音、网剧等植入在行业引发热烈关注。如安井冠名了抖音官方组织的“抖 in 厦门”晚会盛典，“明星+抖音网红”现场助阵，安井锁鲜装抢“鲜”亮相，活动有近2万人参与，为安井品牌注入了更多年轻力量；另外安井食品还作为CCTV-3《你好生活》的甄选品牌，通过场景化营销，生动化植入，进一步提升了安井品牌的美誉度与知名度。

7. 发展新亮点与新增长点

（1）全渠道模式丰富消费体验　随着电商的不断发展，商业模式不断衍变，线上线下结合，大大丰富了用户的消费体验，极大带动了水产品的国内消费市场。如京东的线下新型门店“七鲜超市”被定义为“购物超市+餐厅”，正在成为娱乐休闲的新去处，不仅比餐厅优惠，同时更具有“逛超市”的娱乐性。这种“线上购物+线下体验”的结合形式，不仅丰富了用户本身的购物场景，同时也补充了线上产品无法实际挑选和判断的环节，增加了消费者的体验度和满意度。

（2）产品结构继续调整优化　随着居民消费水平的提高和生活方式的变化，水产品在膳食结构中的比重不断增加，水产品加工业产品结构也发生了显著变化。2019 年，高品质、高附加值、高品牌化的水产品成为水产品加工行业发展的新趋势，各类调理预制产品（鱼片、裹浆裹粉产品、半熟制品等）、休闲即食产品在电商等多种营销活动带动下不断掀起新的消费热潮。中国消费者的餐桌上，美味的水产菜肴越来越多，水产加工品的形式也越来越丰富。其中，扇贝即食罐头、深海鱼肠、即食鱼丸、鳕鱼饼等海洋休闲食品颇受关注，年销售额已经超过百亿元，成为零食消费市场的新增长点。

（3）消费升级促进产品品质提升　80 后与 90 后已经成为消费领域的主力用户群体，其购物行为及消费习惯都发生了巨大变化，对于水产品的认知从“活”向“冷冻品”“预制品”等加工产品转变，同时消费升级使得现有用户对产品的品质有了更高的追求，一方面用户的经济能力可以支持更好品质的产品，另一方面用户也愿意花更多的钱，追求品质上的优化。在进口生鲜商品的消费上，人们购买进口水产品时主要集中在冷冻虾、冷冻海水鱼类，商品质量好、安全性更高是驱动消费者购买进口商品的主要因素。同时，越来越多的消费者有意识地选择“有机生鲜产品”，愿意接受比普通商品贵 40% 以内的有机产品。

（4）产业扶贫深入推进　2019 年产业扶贫活动纷呈。一是建立渔业扶贫典型模式。打造产业扶贫北方平原稻渔“盘锦模式”、南方丘陵稻渔“三江模式”、盐碱水养殖“景泰模式”、冷水鱼养殖“雅安模式”，渔业产业扶贫被媒体誉为获利最直接、见效最快、持续增收最稳定的扶贫方式。二是定点帮扶实现脱贫。积极帮助湖南永顺太坪村脱贫，改善村民服务中心条件，帮助建设加工车间，发展稻田养鱼，资助贫困家庭的孩子上学，为村民提供人身保险，目前太坪村已经达到脱贫标准。三是产销对接供需两旺。充分发挥渔业行业协会作用，在广东珠海举行全国渔业扶贫产销对接活动，来自 37 个贫困县（市）的 45 家渔业企业现场签约成交金额达 3000 余万元。

二、行业面临的问题

（一）贸易摩擦不断，出口下降

出口贸易是带动我国水产品加工产业发展的主要动力，而美国是我国重要的水产品贸易伙伴，我国对美水产品出口长期维持在 55 万 t 左右，占我国水产品出口总量的 13% 左右；进口量在 2011 年曾达到近 64 万 t 的最高峰，每年虽有波动，但也维持在 50 万 t 上下，水产品进口占比一直很高。中美贸易摩对我国水产品对美贸易带来了冲击，进出口贸易量和贸易额出现大幅下滑，对美出口量同比下降 18.7%，导致我国以出口为主的水产品加工企业面临挑战。

（二）经营成本上升，加工利润收窄

水产加工业属于劳动密集型行业，对原材料、人工、资本等外在要素投入依赖性较高，机械化、自动化程度较低。据中国水产流通与加工协会调查显示，当前及未来一段时间，用工成本增加、生产成本高、招工难、融资难等问题都将是困扰水产加工产业发展的关键因素，而且生产成本和用工成本的增高难以逆转，企业利润不断被摊薄，导致我国水产品的价格竞争力不断下降。

（三）水产加工品牌多，但缺乏竞争力

我国水产加工品牌多，企业规模小，竞争力低。新一轮经济下滑冲击下，大规模水

产品加工企业几乎没有增加。效益低下、开工率不足问题突出，一批竞争力弱的企业濒临破产。同时，我国水产加工业品牌较多，但是相互模仿、跟风现象频繁，无序竞争、内耗严重，专业、领导型、品牌化企业缺乏。另外，随着我国劳动力、资本等要素成本上升，印度尼西亚、越南、印度、马来西亚等国家水产品加工与我国有很大程度的同构性，但其生产成本比我国要低30%以上，我国水产加工品国际竞争力弱势明显呈现。

三、发展趋势

我国水产品加工业正处于转型升级的关键时期，综合目前水产行业的状况分析，2020年，水产品加工业的发展仍然处于机遇与挑战并存的局面。

（一）强化多边渔业合作，积极发展对外贸易

随着联合国《2030年可持续发展议程》目标的明确，将进一步推动加入港口国措施协定。通过开展双边渔业合作，继续推进与主要渔业国家对话机制，加强与南海、“一带一路”国家双边合作。深化与韩国、俄罗斯等周边国家渔业合作，实施联合增殖放流，维护行业利益和权益。积极参与世界贸易组织（WTO）渔业补贴谈判，争取公平合理的渔业发展政策。积极研究应对美国相关法案，妥善做好对美水产品贸易工作。加强水产品国际贸易监测和分析，积极开拓国际、国内市场，促进水产品国际贸易。

（二）发展“精深加工”，提高经济效益

水产品的精深加工和综合利用是渔业生产活动的延续，具有高附加值、高科技含量、高市场占有率、高出口创汇率等特点，发展前景十分广阔。通过精深加工，包括低值产品的综合利用、优质产品的精深加工、合成水产食品及保健美容水产食品等，加强对水产资源的充分利用，提高水产品的附加值，提高水产品加工的技术含量，多元化开发水产食品，由“初加工”向“精深加工”方向发展，是我国水产业发展的未来趋势。

（三）逐步完善冷链物流体系，带动水产品消费

水产品具有易腐烂变质的生物属性，因此水产品冷链控制非常重要。同时水产品生产具有明显的季节性、区域性、技术性等特点，但人们对水产品的需求具有经常性和随意性。冷冻冷藏设施可以提高水产品贮藏和吞吐能力，从而调剂旺淡季的市场供应。建立“从塘头到餐桌”的一体化冷链物流体系，不仅可以确保产品品质，还能提高水产行业效益。我国高度重视冷链物流发展，在近几年下发的中央一号文件中均强调要加快农产品冷链物流系统建设，促进农产品流通。我国水产品及其加工品的消费规模快速增长，居民对水产品及其加工品的多样化、新鲜度和营养性等方面提出了更高要求，特别是对食品安全的关注程度不断提高。为了提升水产品及其加工品消费品质，减少营养流失，保证食品安全，加快冷链物流体系的建设和完善势在必行。

四、政策建议

（一）加强国际合作，培育国内市场

一方面积极应对水产品进出口贸易形势变化，加强水产品市场贸易研究，深刻把握“一带一路”政策契机，不断推进出口市场多元化；另一方面我国不仅是全球最大的水产品生产国，还是全球最大的水产品进口国和消费国，应加快建立市场准入制度，建立中国消费者信赖的标准和认证，让国内消费者放心大胆地购买本国产品，释放消费潜能，降低以国际市场为单一市场可能带来的贸易风险，提升市场风险抵御能力。

（二）推动产业转型升级，培育跨国公司

一是加大对水产品加工业的扶持力度，精准施策，解决严重制约水产品加工企业健康发展的用工难、融资难等问题，强化对水

产加工企业整体产业自动化和智能化装备水平提升的财政和资金支持，助力产业升级；二是引导企业把握“一带一路”机遇，培育跨国公司，合理布局产能，加强研发投入，提升科学管理和品牌运营能力，加强对外投资，将生产转移到成本更具竞争力的国家和地区，分散风险，更好地利用两个市场两种资源。

（三）开展品牌示范建设，发挥示范引领作用

积极加强水产品加工品牌培育工作。通过水产加工品牌示范创建工作，发挥品牌引领示范作用，促进水产品加工业转型升级。加强水产品加工业品牌评价基础研究，开展品牌评价标准建设工作。参照品牌评价相关国家或国际标准，构建、完善品牌评价标准指标体系，制定操作规范，客观公正地开展品牌价值评价，并发布结果以及品牌发展指数。以提升水产加工企业核心竞争力为标准，推出一批水产品加工业精品，打造行业发展新标杆。优选一批水产品加工企业，支持开展产品开发、技术创新、工艺改良等战略措施，鼓励企业采用水产加工先进质量管理方法和向国际标杆企业与国际标准接轨，提高水产加工品在线监测控制和产品质量追溯能力。积极推进水产品加工企业品牌建设进程，塑造一批在行业内具有影响力、领导性的专业品牌，促进水产加工业转型升级。

中国水产流通与加工协会

饮料工业

2019 年是新中国成立 70 周年，国家经济由高速增长阶段转向高质量发展阶段，饮料行业也呈现了相同的转型升级发展。在历经了几年的低速调整期之后，2019 年全国饮料行业的走势出现了好的势头，特别是行业内龙头企业引领和确定了全行业的增长，支撑了行业向好的走势。产品创新的 2019 年，“健康中国”国家战略和“国民营养行动计划”的实施有力地促进了饮料行业产品质量转型升级，“提质+减糖”成为行业共识，更营养、更多元已成为全行业的产品创新思路和方向。

一、行业概况

（一）主要经济指标

全国饮料行业总产量为 17763.48 万 t，同比增长 13.29%。其中碳酸饮料产量 1845.33 万 t，同比增长 5.78%；果蔬汁类及其饮料产量 1643.84 万 t，同比增长 3.44%；包装饮用水产量 9698.54 万 t，同比增长 17.10%（图 1）。

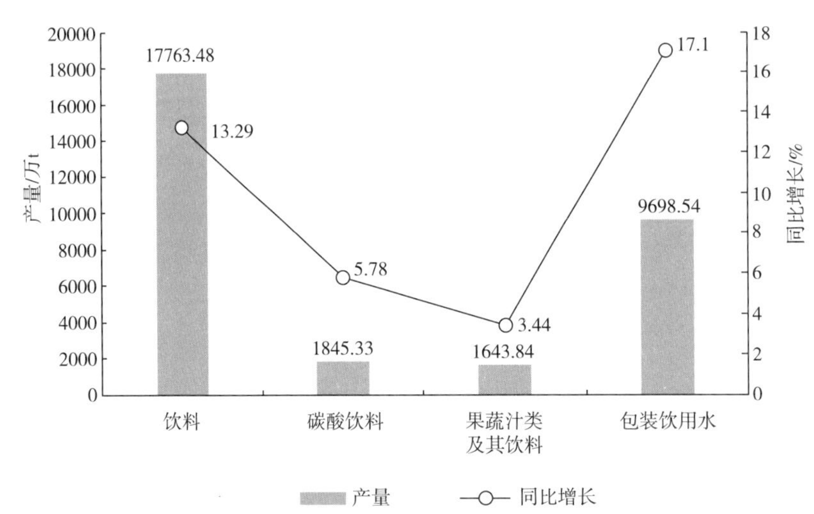

图 1　饮料分品种产量及同比增长

资料来源：中国饮料工业协会。

各饮料品种产量所占比重情况，包装饮用水占到 54.60%，比上年同期增加 1.78 个百分点；碳酸饮料比重为 10.39%，比上年同期减少 0.74 个百分点；果蔬汁类及其饮料比重为 9.25%，比上年同期减少 0.89 个百分点（图 2）。

（二）行业发展分析

1. 价格

饮料行业产品价格弹性较高，产品可替代性强，市场竞争充分，价格变化较为平稳。

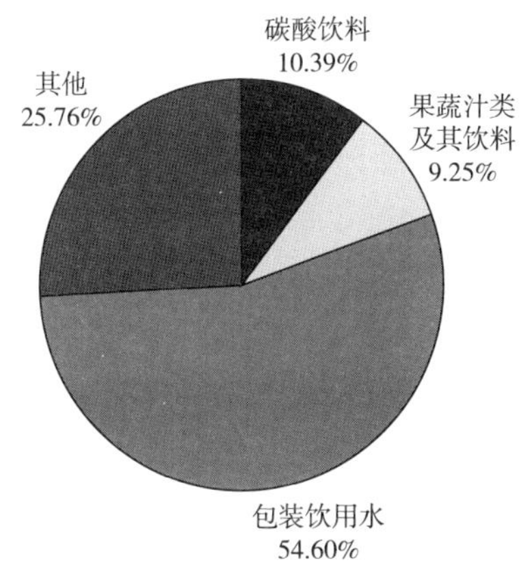

图 2　饮料分品类产量占比情况

但近年来白砂糖、水果、茶叶等原辅料及包装材料价格升高，劳动力成本上涨，给生产厂商带来不小的经营压力。

2. 市场

随着经济全球化的发展，各国企业经营活动日益同国际市场发生紧密的联系，2019 年，越来越多的中国饮料企业走出国门，尝试借力国外资源以期获得更加广阔的海外市场。如椰树集团成立椰树国际总公司，计划到盛产椰子的国家投资建厂，以求从根本上解决长期原料供应问题；华彬集团旗下品牌 VOSS 与在东南亚有着广阔的渠道资源与丰富的代理运作经验的奥德宝国际控股有限公司签订合作协议，正式进入东南亚市场；蒙牛宣布拟以 6 亿澳元现金对价收购澳洲品牌乳品及饮料公司 Lion - Dairy & Drinks Pty Ltd 100% 股份，以获得其优质资产，整合区域性市场，通过更多品牌和品类的组合“服务”亚太市场。

3. 投资

为进一步延伸食品饮料产业链条，拓展地方产业格局，2019 年部分饮料企业继续加大新增投资建厂项目。如香飘飘计划投资 6 亿元在成都温江区新建液体即饮奶茶生产基地，以满足公司经营发展需要；北冰洋将在重庆和长三角地区建设京外第二个和第三个生产基地，并对现有的北京和马鞍山生产基地进行智能化升级；今麦郎计划投资 17 亿元，在广东省河源高新区打造今麦郎华南旗舰基地，主要生产销售包装饮用水、茶饮料、果蔬饮料等，项目全面投产后预计产值超 20 亿元；“雀巢健康科学集团中国产品创新中心”落地江苏泰州，该中心将与雀巢健康科学旗下的美国、瑞士产品创新中心平行运营，共享全球核心研发技术，针对中国标准和消费者需求进行本土化创新，不断丰富雀巢特殊医学用途配方食品在中国的产品体系。

4. 区域分布

饮料行业主要集中在经济较发达的东部地区，2019 年产量占全国比重为 42.91%，中部和西部地区占比分别为 26.89% 和 30.20%。近几年随着中西部地区的发展，与东部地区的差距在逐年缩小，东部地区占比不断降低，西部地区占比不断上升（东部地区：北京、天津、河北、辽宁、上海、江苏、浙江、福建、山东、广东、海南；中部地区：山西、吉林、黑龙江、安徽、江西、河南、湖北、湖南；西部地区：内蒙古、广西、重庆、四川、贵州、云南、西藏、陕西、甘肃、青海、宁夏、新疆）。

5. 行业集中度

2019 年饮料行业规模以上企业数量 1871 家，比上年减少 227 家。中国饮料工业“二十强”企业产量占全行业比重近几年不断增加，2019 年占全国产量的比重约 40%。总体来讲，大企业在行业发展中占据了主导地位。

6. 质量安全与标准法规

2019 年，国家市场监督管理总局全年在全国范围内共抽检饮料 155307 批次，样品合格率为 98.06%，较 2018 年饮料产品合格率略有提高。

饮料行业的国家标准、行业标准制修订继续开展，2019 年发布了三项行业标准：《植物饮料　凉茶》（QB/T 5206—2019）、《浓缩梨汁》（QB/T 5455—2019）和《梨汁及梨汁饮料》（QB/T 5456—2019）。这三项行业标准的发布分别填补了国内凉茶、浓缩梨汁和梨汁及梨汁饮料行业标准的空白，完善了饮料行业的标准体系，并为提高产品的整体质量，提高准入门槛和技术门槛提供了标准依据。

饮料行业2019年发布两项团体标准：《饮料中微生物的检验（滤膜前处理法）》（T/CBIA 005—2019）和《非浓缩还原果汁　橙汁》（T/CBIA 006—2019）。

7. 重点行业

受益于人们健康意识的加强，瓶装水成为饮料最大子品类，而从未来趋势上看，随着居民健康观念增强，饮食趋势不断向清淡化演变，我国瓶装水的销量依旧呈增长趋势。包装饮用水巨大的市场潜力吸引着更多的企业加入，2019年有不少企业跨界饮用水行业，屈臣氏、旺旺、伊利、好丽友等纷纷入局。

2019年，屈臣氏宣布入局矿泉水市场，发布深层矿泉水“梵净灵水”，富含锶、钙、镁、钾等矿物质及微量元素；旺旺宣布推出瓶装水新品——旺旺凉白开，该产品在旺旺售货机渠道首发，采用高温杀菌（HTP）技术；乳品巨头伊利集团推出的“inikin伊刻活泉”来自珍稀的火山岩水源地，打造了一款含有钙、镁等常量元素和硅、锶、锂、硒等多种微量元素，矿化度适宜的产品；韩国好丽友公司与瑞幸咖啡签订高端矿泉水协议，并通过瑞幸咖啡线上渠道及线下门店进行销售；挂面品牌金沙河推出包装饮用水，年产瓶装饮用纯净水可达36.5万t。

8. “三品”战略实施情况

2019年，饮料行业践行“三品”专项行动取得积极进展，品种丰富度、品质满意度、品牌认可度明显提升。

雀巢首次推出“水果+咖啡”的跨界产品——果萃咖啡，有沁风桃桃风味、冰甜青苹果风味和椰香凤梨风味，该系列产品在饮用方式上打破了传统咖啡热水冲调的认知，其中冰甜青苹果风味咖啡可以直接用冰水或气泡水冲调；2019年，主打健康清淡的元気森林凭借旗下气泡水饮料迅速走红，其气泡水产品具备了无糖、无添加、零卡路里等“网红标签”，适合健身、控食的消费者饮用；天地壹号则推出“百果壹号”混合果汁产品，由橙子、菠萝、苹果、石榴、葡萄、芒果等9种水果混合而成，无添加、无防腐剂，主推餐饮渠道；农夫山泉推出一款碳酸咖啡产品“炭仌”，产品打出了“厚重咖啡+轻盈气泡”的概念，可以带来融合咖啡与碳酸饮料的味觉体验；达能推出全新升级的“脉动+”，有竹子青提味、雪柚味和蜜桃橙子味三种口味，分别添加了纤维、牛磺酸和人参成分，新品容量为600mL，瓶身采用全新生产工艺，双曲线、流线型的瓶身更符合人体工程学。

9. 绿色制造、智能制造

目前，生产过程两化融合控制系统，节能控制、清洁生产和污染治理信息技术应用，灌装设备智能制造平台和面向数字化饮料工厂的安全智能立体仓储系统的应用，饮料包装用高（氧）阻隔性材料、生物质塑料包装材料、可再生包装材料等的研究应用等是行业正在努力的方向。

2019年，中粮可口可乐华中饮料有限公司在绿色制造、智能制造方面成绩显著。在节水方面，中水回用于绿化灌溉、冲洗卫生间、洗地，实现年节约用水约2万t；冲罐水采用超滤水回收净化系统回收，采用新工艺使水泵冷却水循环节水等；收集下雨时的地面雨水，贮存在绿化带底下的水池，供绿化用和辅助厂房冲洗。在节能方面，实施了垂直绿化，打造智能办公环境，通过在办公楼屋面安装太阳能热水系统、产品冷能回收、使用LED节能灯、水泵进行变频控制和自然采光等措施降低能源损耗。

娃哈哈宣布建立完善的智能仓储系统，实现基于大数据优化的运输物流智能化，实现仓库库位智能化管理，包括自动码垛、自动入库、出库、发货及自动装车卸车，建设无人化控制饮料仓库；新美星建成无臭氧矿泉水生产线产存一体化大型数字化工厂样板，集成了其自主开发制造的堆垛机、环轨穿梭车等自动化设备，实现了多品规集装货物的高速选拣、配送。

KHS 公司为更好地为饮料生产商提供解决方案，研发并推出独有的涂层阻隔系统：FreshSafe PET，让材料能够被完全隔离和充分回收。SIG 推出一种替代塑料吸管的纸制吸管，这种吸管足够结实，能够穿透无菌纸盒上的闭合吸管孔；吸管的包装也进行了重新设计，可以防止残留在包装上与纸盒一起回收。利乐公司宣布推出新的立方体包装，旨在为乳制品、果汁和液体食品提供高效的包装解决方案，优化空间利用。新包装为无菌 65mL 立方形，每 6 个可以组合成一个立方体，与同系列利乐经典无菌 65mL 包装相比，使用更少的二次包装，运输相同数量的产品时，可以节约大概 40% 的空间。

二、行业面临的问题

（一）政策与市场

政策方面，减费降税仍将持续，这是政府持续大力度推动的政策工作；另外，着力营商环境的改善，包括信用体系的建立；第三，食品安全监管会持续从严，从生产到销售端全程可追溯管理、加大力度打击虚假宣传和假冒伪劣产品将成为未来重点工作；健康中国行动计划为行业指引创新方向，营养相关标准体系建设以及产品质量标准的细分、升级和与国际接轨都会加快推进。

饮料行业目前面临的主要问题有以下几点。一是产能过剩，前期的高速增长带来的产能过剩现象仍将阶段性延续，依赖市场的自发调节去产能将表现出更大的灵活性；二是创新方面需进一步加大力度，产品和技术创新成为推动发展的主要动力，需要考虑消费升级和多元化，着力包装创新、口味创新、基于技术的有效营养素补充创新等；三是规范冷链物流、拓展销售渠道。国家发展与改革委员会曾提出“十三五”期间要加快冷链物流的发展，冷链物流及销售终端的体系建设制约着高质量冷藏饮料的发展。现阶段同发达国家比较，我国冷链的差距还比较大，还有很大的发展空间，但需要以技术支撑，规范化发展，加大针对饮料行业的冷链物流及销售终端设备设施的建设。饮料行业除了现有的超市、便利店等传统销售渠道外，应建设无人便利店、自动售货机、智能饮料现调机等更加便捷的售货设备和设施，促进线上的平台、技术和流量与线下的场景、供应链等深度融合。

（二）科技创新

1. 基础研究与健康和功能创新亟待加强

2019 年 2 月 28 日，国民营养健康指导委员会成立大会暨第一次全体会议在北京召开，鼓励产品创新、业态创新、理念创新，扩大营养产品和服务供给。在国家和消费者日渐关注健康的背景下，饮料应最大程度发挥营养素载体的功能，饮料行业应进一步加强对于植物原料、蛋白原料、发酵工艺、营养保持加工工艺的基础研究，围绕植物饮料、蛋白饮料、发酵饮料、果蔬汁饮料、营养素补充饮料等品类进行研究，创新产品的健康化与功能化。

2. 院校合作，攻关检测鉴别技术有待进一步加强

坚持科技进步和创新，加强院校合作，整合力量，集中资源，建立产学研科技创新平台，加强对饮料中有毒有害物质残留检测技术研究、食品安全风险评估技术研究、食品安全溯源和预警技术研究、生物工程技术

研究、饮料功能评价技术以及食品包装材料的安全性研究、果蔬汁含量测定技术研究，以及饮料中特征性成分定性定量的检测方法开发。

三、发展趋势

（一）高品质成为新品的研发理念

高品质成为新品的研发理念，未来营养素补充饮料、低糖低热量饮料、双蛋白饮料、NFC果汁、咖啡饮料、发酵饮料、代餐饮料、基于传统中医养生理念的植物饮料等都将成为饮料企业产品研发的重点。

（二）“减糖”“多元”成为行业共识

300mL左右的小包装增长较多，它可以减少消费者每次的饮用量，进而减少每次饮用糖的摄入量；减糖饮料普及，“减糖”“多元”成为行业共识。

（三）线上平台成为重要推广渠道

过去认为的“电商+互联网”对饮料市场无足轻重的现象正在发生变化，线上线下的销售融合已被很多大企业采用，已成为不可缺少的重要销售和市场推广渠道。大宗产品线上销售的比例在提高，市场显现率和铺货率从地面作战延伸至线上作战高品质和高价格饮料将对线上更加青睐。

四、政策建议

（一）天然矿泉水水源的开发与固体矿开采区别对待

将天然矿泉水水源的开发与固体矿开采进行区别对待，对处于生态保护红线内的天然矿泉水的开采和生产不列入生态保护红线的限制范围；在贫困县发展天然矿泉水产业是实实在在的产业扶贫项目，鼓励有条件的贫困地区积极发展天然矿泉水产业，政府部门应在土地、税收、基础设施等方面给予企业政策支持。

对于对矿泉水收取矿产资源税的问题，需敦促地方政府严格《中华人民共和国资源税法》的贯彻落实，该法明确定义矿泉水是原矿，应按原矿的量或价（不包括包装物的价）收取矿泉水的资源税；对贫困地区应按低限或减免收取资源税。同时将《扩大水资源税改革试点实施办法》尽快从现在的十省市试点向全国各省市推行，只征收水资源税，停止征收水资源费，杜绝不合理收费，切实减轻企业税费负担。

（二）加大对高品质果蔬汁饮料产品的支持

对中高浓度果蔬汁饮料、100%果蔬汁产品、冷链产品如NFC果蔬汁给予一定力度的支持，加快这些品类对应标准的出台和发布，政府、行业协会和企业齐心协力，像倡导喝牛奶一样倡导消费者喝果汁；对符合标准的果汁产品应允许企业在100%果汁产品标签上如实标示“不添加糖、不添加防腐剂”；当前为满足市场对高品质橙汁产品的需求，建议降低进口橙汁原料的关税。

（三）加大扶持贫困地区特色优势产业发展

大力扶持贫困地区特色优势产业发展，饮料行业可以通过对产品的创新研发，把地方资源优势真正转化为产业发展优势，帮助贫困地区逐步培育支柱产业。

（四）推动减税降费政策的进一步落地

聚焦企业发展面临的突出问题，优化税收营商环境，改善“线上”“线下”服务渠道，推动减税降费政策的进一步落地，真正激发出市场主体的活力，帮助更多的企业做大做强，让改革红利真正惠及实体经济。

中国饮料工业协会

制糖工业

2018/2019 年制糖期[①]，全国食糖产量连续第三个制糖期恢复性增长，食糖消费平稳，食糖进口增加。国家对进口食糖产品采取保障措施进入第三个制糖期，但受国际食糖市场冲击，国内食糖价格连续第二年下跌，制糖行业延续亏损局面。为促进糖业健康稳定持续发展，建议继续加强食糖宏观调控，加强食糖进口管理，完善糖浆、预混粉等含糖商品进口管理，延长食糖保障措施期限，严厉打击食糖走私，加大对糖料生产和制糖企业的财税金融支持力度，加快促进糖业转型升级。

一、行业概况

（一）主要经济指标

1. 制糖行业亏损，农民收入增加

2018/2019 年制糖期，食糖销售价格连续第二年下跌，但跌势放缓，制糖行业亏损扩大，财政税收减少。根据中国糖业协会统计，2018/2019 年制糖期，全国制糖行业实现销售收入 663 亿元[②③]（图 1），比上个制糖期减少 14 亿元；实现利税总额-24.2 亿元，比上个制糖期减少 35.2 亿元，其中，上缴税金 18.8 亿元，比上个制糖期减少 11.4 亿元；亏损 43 亿元，比上个制糖期增加 23.8 亿元。

糖料收购价格稳定以及糖料量增加，农民种植糖料收入增加。2018/2019 年制糖期，农民种植糖料收入 453.3 亿元，比上个制糖期增加 27 亿元，增长 6.3%。

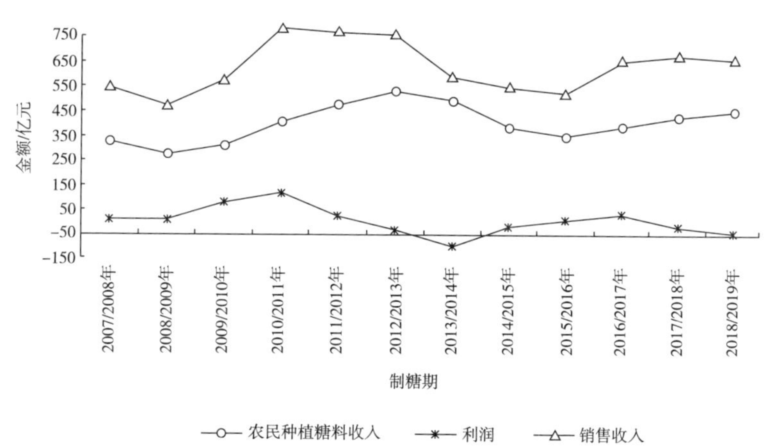

图 1 制糖行业效益与农民种植糖料收入波动情况

数据来源：中国糖业协会（CSA）。如无特别说明，以下数据来源相同。

① 制糖期是自每年 10 月 1 日至翌年的 9 月 30 日。例如，2018/2019 年制糖期是自 2018 年 10 月 1 日至 2019 年 9 月 30 日。

② 数据来源于中国糖业协会（CSA）。如无特别声明，以下相同。

③ 数据仅包括以国产甘蔗或甜菜为原料生产食糖的制糖企业，不包括单一原糖进口加工企业。如无特别声明，以下相同。

2. 加工产能上升，糖料单产上升

开工生产时间方面，2018/2019 年制糖期始于 2018 年 9 月 25 日中粮屯河新宁糖业公司正式开机生产，至 2019 年 5 月 26 日云南中云上允糖厂最后一个停机，历时 244d，比上个制糖期少生产 19d。

开工糖厂方面，2018/2019 年制糖期全国开工制糖生产企业（集团）46 家，开工糖厂 211 间。其中，甜菜糖生产企业（集团）4 家，糖厂 35 间；甘蔗糖生产企业（集团）42 家，糖厂 176 间；单一原糖进口加工企业 16 家。与上个制糖期相比，开工制糖生产企业（集团）相同，开工糖厂减少 5 间，其中甘蔗糖厂减少 11 间，甜菜糖厂增加 6 间。

加工产能方面，2018/2019 年制糖期全国制糖生产企业（集团）日加工糖料能力 108 万 t，比上个制糖期增加 2.3 万 t。其中，甘蔗日加工能力 97 万 t，比上个制糖期下降 0.5 万 t；甜菜日加工能力 11 万 t，比上个制糖期增加 2.8 万 t。

单产方面，2018/2019 年制糖期甘蔗平均单产 4.64t/亩，比上个制糖期增加 0.19t/亩；甜菜平均单产 3.63t/亩，比上个制糖期减少 0.05t/亩。

产糖率方面，受不利天气影响，2018/2019 年制糖期全国甘蔗平均产糖率下降至 11.69%，比上个制糖期降低 0.09 个百分点。其中，广西甘蔗产糖率 11.59%，比上个制糖期降低 0.31 个百分点。甜菜产糖率下降至 11.75%，比上个制糖期下降 0.91 个百分点。

（二）行业发展分析

1. 食糖产量回升，食糖消费增加

全国糖料种植面积增加。2018/2019 年制糖期，全国糖料种植面积 2161 万亩，比上个制糖期增加 97 万亩，增幅 4.7%。其中，甘蔗种植面积 1809 万亩，比上个制糖期增加 8 万亩，增幅 0.5%；甜菜种植面积 352 万亩，比上个制糖期增加 89 万亩，增幅 33.7%。

全国食糖产量连续第三个制糖期回升，其中，甜菜糖产量增幅高于甘蔗糖产量增幅。2018/2019 年制糖期，全国食糖产量 1076 万 t（图 2），比上个制糖期增加 45 万 t，增幅 4.4%。其中，甘蔗糖产量 945 万 t，比上个制糖期增加 29 万 t，增幅 3.2%；甜菜糖产量 131 万 t，比上个制糖期增加 17 万 t，增幅 14.4%。

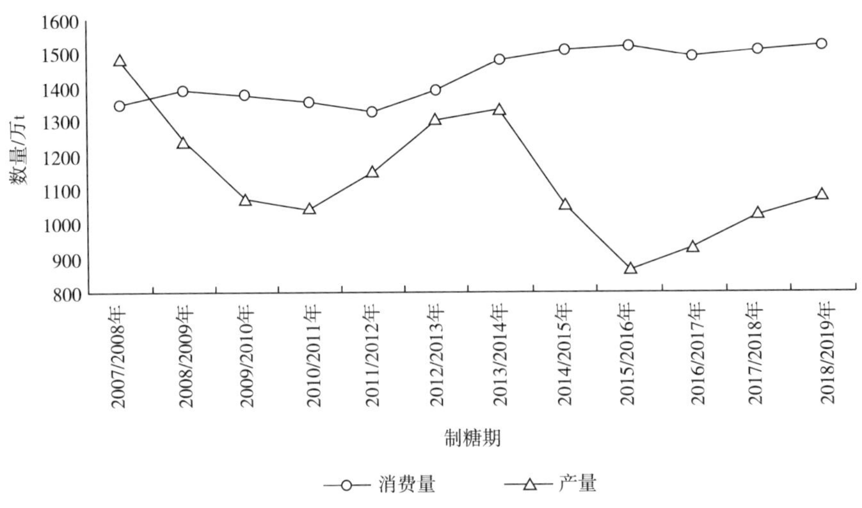

图 2　全国食糖产量与食糖消费量变化

受居民收入水平提高、人口规模增加、城镇化快速推进等因素影响，我国食糖消费量稳中趋升。国家对糖精等高倍化学合成甜味剂的严格管理，稳定了食糖消费空间。食糖价格下跌，抑制了其他甜味剂产品替代空间。但居民饮食观念及消费习惯的变化以及人口老龄化趋势对食糖消费增速以及食糖消费结构产生影响。2018/2019 年制糖期，全国食糖消费量 1520 万 t（图 2），比上个制糖期增加 10 万 t，增幅 0.7%；年人均消费量持稳，约 10.9kg。食糖消费总量中，民用消费量占比上升至 42.5%，比上个制糖期扩大 0.5 个百分点；工业消费量占比 57.5%，比上个制糖期收窄 0.5 个百分点。

2. 食糖进口增加

2018/2019 年制糖期，印度和泰国等主产糖国的食糖产量降幅不如预期，全球食糖产量维持历史高水平，全球食糖消费增加有限，全球食糖供求关系虽然好转，但仍然保持产销过剩，另外，能源价格宽幅震荡，以及巴西、泰国等全球食糖主要出口国货币贬值。受上述因素综合影响，纽约原糖期货价格在制糖初期短暂冲高并出现制糖期最高后，步入震荡下跌，于 2019 年 9 月中旬见制糖期最低，最终报收于 11.83 美分/lb[①]，比制糖期初下跌 2.07%，比上个制糖期末上涨 14.3%。整个制糖期，纽约原糖期货价格的波动区间为 10.68~14.35 美分/lb。

2018/2019 年制糖期，食糖进口数量回升。就年度看，海关统计数据显示，2019 年全国累计进口食糖 339 万 t[②]（图 3），增加 59 万 t，增幅 21.1%；累计出口食糖 18.56 万 t，减少 1 万 t，减幅 5.2%。

就制糖期看，根据海关数据统计，2018/2019 年制糖期，全国累计进口食糖 324 万 t，增加 81 万 t，增幅 33.3%；累计出口食糖 19.2 万 t，增加 0.8 万 t，增幅 4.3%。

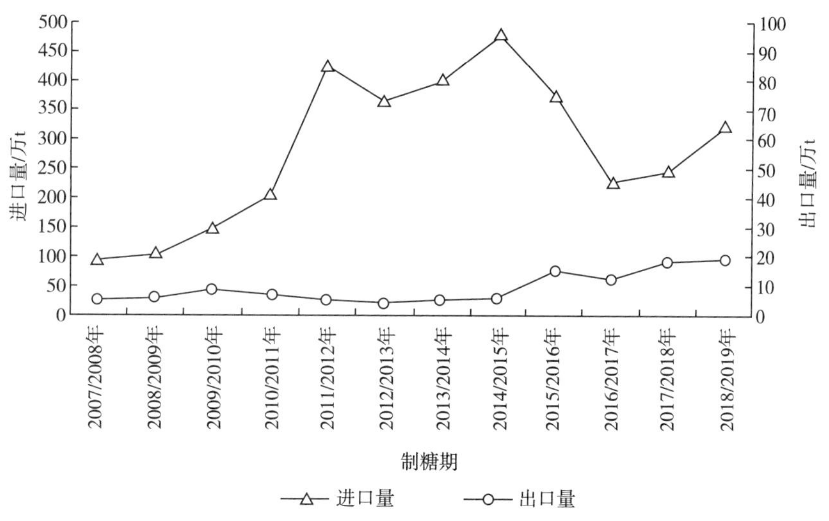

图 3　全国食糖进出口数量变化

数据来源：海关总署，中国糖业协会（CSA）。

2019 年，糖浆、预混粉等含糖商品的进口量大幅增加，其生产、进口、报关、销售、使用对我国糖业发展造成较大影响。

① 1lb = 0.4535924kg。

② 进口食糖种类包括原糖和白砂糖等。为分析方便，本文未考虑进口食糖种类的差异。

3. 糖料收购价格持稳，食糖价格小幅下跌

2018/2019 年制糖期，甘蔗平均收购价格（地头价，不含运输及企业对农民各种补贴费用等，下同）480 元/t（图 4），比上个制糖期减少 10 元/t，减幅 2%；甜菜平均收购价格 494 元/t，比上个制糖期上涨 3 元/t，涨幅 0.6%。

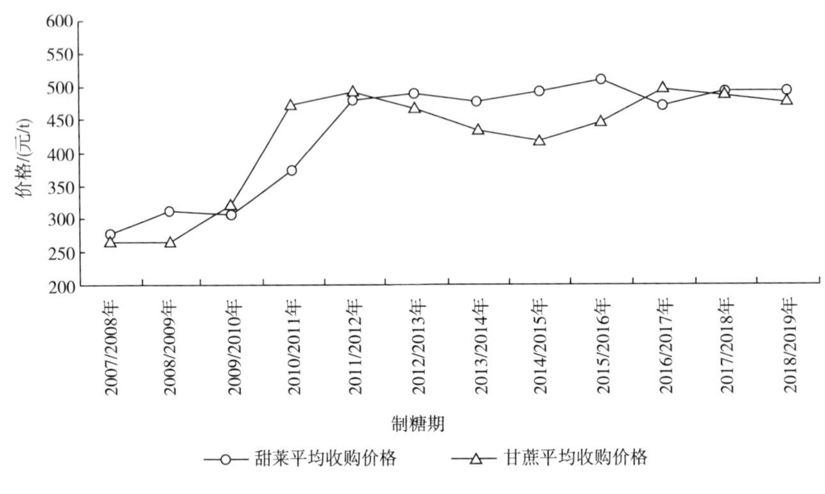

图 4　糖料收购价格变化

2018/2019 年制糖期，全国食糖价格长时间低于成本运行，6 月份之后，食糖价格有所回升（图 5）。反映全国食糖平均价格水平的中国糖业协会食糖综合价格为 5437 元/t，较上个制糖期下跌 501 元/t，跌幅 8.4%。

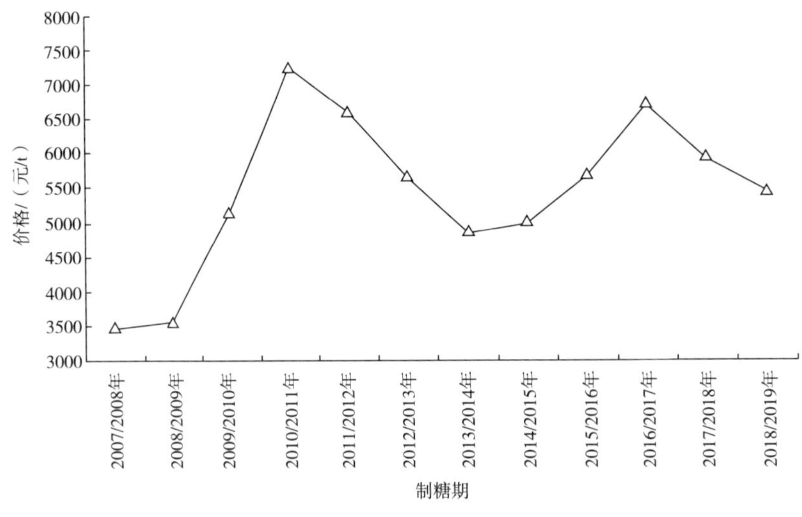

图 5　全国食糖综合价格变化

4. 进口食糖产品继续实施保障措施，打击食糖走私成效显现

2017 年 5 月 22 日，商务部发布《关于对进口食糖采取保障措施的公告》（商务部公告 2017 年第 26 号），对进口食糖产品实施保障措施。保障措施采取对关税配额外进口食糖征收保障措施关税的方式，实施期限为 3 年，自 2017 年 5 月 22 日至 2020 年 5 月

21 日，实施期间措施逐步放宽。2019 年 5 月 22 日起，保障措施关税税率由 40% 下调至 35%。

2019 年，关税配额外食糖进口继续实施自动进口许可管理措施。

全国打击走私综合治理办公室、海关总署缉私局、中国海警局和公安部等执法部门高度重视并严厉打击食糖走私，结合“扫黑除恶”专项行动，打击食糖走私取得阶段性成果，云南省等陆路走私通道受到重创，东部沿海走私得到有效遏制，打击食糖走私成效不断显现。自 2019 年海关部门开展打击重点领域走私百日攻坚战以来，缉私部门接连破获多起食糖走私大案，维护了正常的食糖市场秩序，保障了食糖市场运行基本稳定，行业信心有所恢复，食糖价格回升。

5. 食糖主产省（区）生产份额有所波动

我国既生产甘蔗糖，又生产甜菜糖，其中，甘蔗糖产区主要分布在广西、云南、广东湛江地区和海南等省（区）；甜菜糖产区主要分布在新疆、内蒙古和黑龙江等省（区）。食糖主产省（区）均是我国老少边贫地区。

2018/2019 年制糖期，上述七省（区）的糖料种植面积和产糖量占全国比例分别是 99.3% 和 99.2%，与上个制糖期持平。

与上个制糖期相比，2018/2019 年制糖期，广西产糖量居首，其甘蔗种植面积份额减少，收窄 1.8 个百分点，产糖量份额提升，提升 0.5 个百分点（表 1，表 2，图 6，图 7）；云南产糖量位居第二，但其甘蔗种植面积及产糖量份额均下降，分别收窄 0.9 个百分点和 0.8 个百分点；广东产糖量列第三，其甘蔗种植面积及产糖量份额分别收窄 0.8 个百分点和 1 个百分点；新疆产糖量列第四，其甜菜种植面积份额收窄 0.4 个百分点，产糖量份额基本持平。内蒙古产糖量列第五，其甜菜种植面积份额扩大 3.5 个百分点，产糖量份额扩大 1.3 个百分点；海南产糖量列第六，其甘蔗种植面积份额和产糖量份额基本持稳。

表 1　全国主产糖省（区）糖料种植面积份额变化　　单位：%

年度	全国	广东	广西	云南	海南	黑龙江	新疆	内蒙古	其他	七省（区）小计
2017/2018 年	100	8.9	55.2	21.0	1.8	1.2	5.3	5.8	0.7	99.3
2018/2019 年	100	8.1	53.4	20.1	1.8	1.7	4.9	9.3	0.4	99.3
同比变化	0	−0.8	−1.8	−0.9	0	0.5	−0.4	3.5	−0.3	0

表 2　全国主产糖省（区）产糖量份额变化　　单位：%

年度	全国	广东	广西	云南	海南	黑龙江	新疆	内蒙古	其他	七省（区）小计
2017/2018 年	100	8.5	58.4	20.1	1.7	0.7	5.2	4.7	0.8	99.2
2018/2019 年	100	7.5	58.9	19.3	1.7	0.5	5.2	6.0	0.5	99.2
同比变化	0	−1.0	0.5	−0.8	0	−0.2	0	1.3	−0.3	0

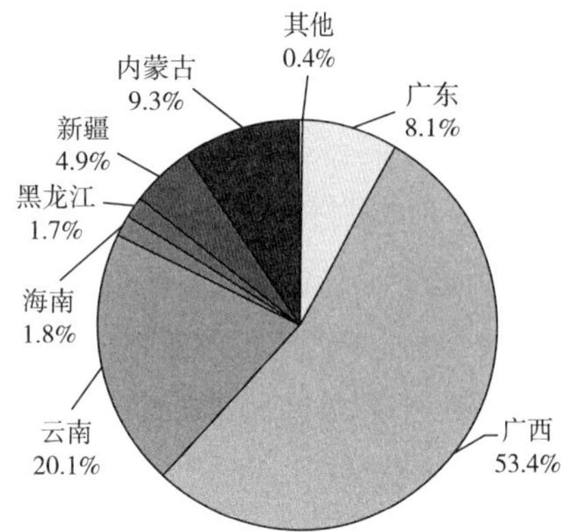

图 6　2018/2019 年制糖期全国主产糖省（区）糖料面积份额

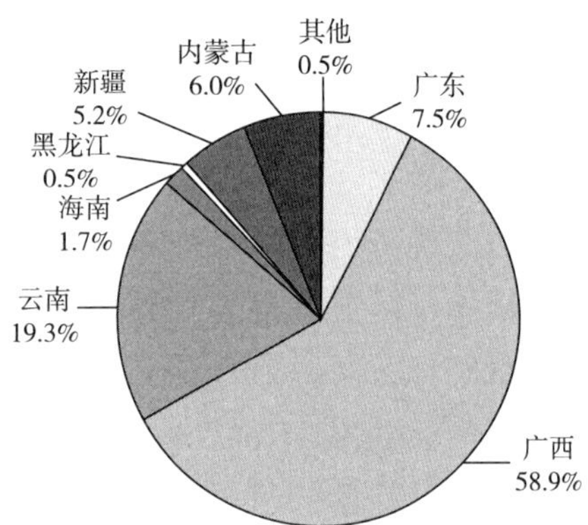

图 7　2018/2019 年制糖期全国主产糖省（区）产糖量份额

6. 行业兼并重组步伐不断推进

为了提高竞争力，各主产糖省（区）不断推进制糖企业兼并重组，产业企业结构不断优化。例如，2019 年 10 月，湘桂糖业、南华糖业、东糖投资联合重组欧亚糖业，与欧亚糖业原股东代表进行兼并重组交接，成为广西首例民营糖企联合重组案例。

2018/2019 年制糖期，前 10 家制糖企业（集团）的产量占全国食糖产量 77.2%。单个制糖企业平均日榨能力达到 5119t，比上个制糖期增加 224t。

7. 行业节能减排和技术进步等工作取得进展

自 2012/2013 年制糖期制糖行业开展“绩效同业对标”活动以来，全行业掀起了“比指标、学标杆、练内功、创佳绩”的热潮，企业间比学赶超，不断推进行业节能减排和技术进步，使行业转型升级和降本增效取得了明显成效。据中国糖业协会《2018/2019 年制糖期制糖行业“绩效同业对标活动”对标指标汇编》显示：我国甘蔗糖厂百吨甘蔗耗标煤 4.644t，吨蔗耗新鲜水 0.677t，吨糖化学需氧量（COD）排放量 0.198kg，分别比 2012/2013 年制糖期降低 8.53%、55.92% 和 82.07%；甜菜糖厂百吨甜菜耗标煤 6.656t，吨菜耗新鲜水 0.910t，吨糖 COD 排放量 0.602kg，分别比 2012/2013 年制糖期降低 1.08%、62.15% 和 97.63%。

8. 发展新亮点与新增长点

为探索推动建立我国贸易调整援助制度，在前期产业申请、专家调研、课题论证的工作基础上，商务部贸易救济调查局选取食糖产业开展贸易调整援助试点工作，委托中国糖业协会启动实施“贸易调整援助食糖产业试点培训项目”，选取我国最大的食糖主产区广西壮族自治区龙州、扶绥、隆安、田东、田阳五个县为示范区域，开展面向种植户的糖料种植技术培训和面向农技人员的糖料作物新品种及高产高糖技术培训。

贸易调整援助食糖产业试点培训项目于 2019 年 8 月 18 日开始至 28 日结束，共开设 10 个培训班，培训学员共 1000 人，其中种植户培训班学员 500 人，分别来自 5 个县 36 个乡镇，其中包括 195 个贫困户；农技人员培训班学员 500 人，分别来自 5 个制糖企业（集团）的 14 个糖厂，培训完成率 100%。开设的课程涉及我国糖业宏观经济形势、食糖和糖料市场运行情况、糖料新品种及其种植技术、轻简高效生产技术、科学施肥及先进栽培技术、甘蔗重要病虫害发生危害动态与防控策略、甘蔗生产机械化实践与应用等方面内容。授课方式以 ppt 讲授、交流互动和现场技术指导等形式进行。同时，培训相关视频在中国糖业协会官方网站上发布，将有限时间、有限地点的线下培训扩展至不限地域、不限时间的线上培训，进一步扩大了培训的覆盖面。

通过此次培训和现场技术指导，有效提高了种植农户和农技人员的理论知识水平和解决实际问题的能力，提升了科学种蔗理念和种蔗水平，将有助于逐步淘汰落后低产的品种，扩大高产高糖良种的覆盖面积，辐射带动更多的农户和贫困户推广应用科学种蔗技术，提高甘蔗种植技术水平，通过提高单产和含糖分增加种蔗收入，实现脱贫致富。

9.“三品”战略实施情况

根据工业和信息化部《关于印发 2017 年消费品工业“三品”专项行动计划的通知》（工信厅消费〔2017〕24 号），制糖行业积极贯彻落实“三品”战略，延伸糖产业链，提高精深加工水平，提升了食糖的有效供给能力和有效供给水平。

（1）增品种　为满足消费者的多样化需求以增加企业效益，制糖企业加强食糖产品研发和生产，积极开发生产特种糖、营养糖、功能糖和液体糖等多样化产品以及酵母、蛋白饲料、木糖醇等高附加值新产品。

例如，广西糖业集团产品品种以精制糖、白砂糖、赤砂糖等产品为主打，增加绵白糖、红糖、精制赤砂糖、朗姆酒、生物肥、糠醛、蔗牛等多元化产品，不断培植壮大第三产业发展体系，增强企业抗风险能力。

（2）提品质　制糖行业不断加大在智能制造、绿色制造等方面的投入及建设力度，深入开展全面质量管理，加强从原料采购到生产销售全流程质量管控，开展自动化、智能化工厂技术改造，同时积极采用新技术，不断提高食糖产品质量。

例如，云南英茂糖业集团修订了新的严于现行国家标准《白砂糖》（GB/T 317—2018）一级白砂糖的白砂糖质量内控标准，于 2018/2019 年制糖期实施。该质量内控标准提高了理化指标、感官和卫生指标的要求，增设微生物内控指标，提高了产品进入中、高端市场的竞争力。2019 年 10 月，云南德宏英茂糖业有限公司荣获 2019 年云南省绿色食品“10 强企业”称号。

英联糖业（中国）深入探寻创新制糖产业链利益均衡机制和发展新模式，不断提升创新能力和强化自身发展意识，结合近年来公司对国际国内同行业的深入调研，在 2018/2019 年制糖期率先推出了“以糖计价”糖料收购新模式，促进种植户重产量和高收益，更注重质量的新理念。2018/2019 年制糖期，“以糖计价”新模式得到了糖料种植户的高度认可，运行非常顺利。

（3）创品牌　制糖企业增强品牌意识，加强品牌建设，着力整合企业资源，打造企业品牌，提升食糖产品附加值和企业竞争力。例如，广西糖业集团坚持做强主业、丰富副业，延长产业的发展路线，通过“内提质量，外塑形象”，重点在塑造优质品牌上发力，集中精力打造一个核心品牌。在品牌建设上，集团“防港”“涌泉”“柳兴”“荷花”等多个白砂糖精品品牌获得中国香港优质“正”印；“防港”牌精制糖处于国内行业领先水平，成为我国精制糖定价的参考标准；“防港”“涌泉”“柳兴”“荷花”“宝蕾”“三冠”等多个品牌在全国产品质量评比中成绩名列前茅，荣获产品质量“最佳奖”“优秀奖”多项殊荣。

二、行业面临的问题

（一）政策与市场

2018/2019 年制糖期，我国食糖产量连续第三个制糖期恢复性增长，同时，农民种植糖料收入增加，农民生产积极性稳定，但是，制糖行业连续亏损，制糖企业生产经营困难，糖业健康稳定持续发展受到冲击。

究其原因，政策方面的主要原因：一是

世界各国都将食糖列为重要战略物资和多边、双边自贸谈判“敏感”商品，实施供求总量平衡管理。无论是美国、日本、欧盟等发达国家和地区，还是印度、泰国等发展中国家，都没有完全放开食糖市场，而是通过对食糖进口设置高关税壁垒等进行严格管理，对食糖生产或出口给予补贴支持，将本国市场与世界市场隔离开来，对本国糖业发展进行严格保护。相比之下，我国对糖业保护的力度非常有限，面临的挑战和压力巨大。二是我国加入世界贸易组织（WTO）时承诺食糖进口关税水平低、市场准入量大，食糖进口极易超量。配额内食糖进口关税 15%，进口数量 194.5 万 t，远高于世界贸易组织规定的不高于国内消费量 5% 的水平；配额外关税 50%，且无数量限制。自 2017 年 5 月 22 日起，国家对进口食糖产品实施保障措施，缩小了国内外食糖价差，一定程度上缓解了食糖进口压力，但是仍然无法根除进口食糖对国内食糖市场的严重冲击，国内制糖企业生产经营压力巨大。三是国内在生产支持、市场流通、贸易政策等环节多头管理，未能建立统一的糖业管理体制和机制，对于产业发展、价格形成、利益分配、宏观调控等糖业管理缺乏法律规范，不能满足糖业长远高质量发展的需求。

市场方面的主要原因是，世界食糖市场是过剩食糖产品的倾销市场，国际糖价多数年景在主产糖国生产成本以下运行，其食糖市场机制放大了世界食糖周期性供求不平衡，世界食糖价格大幅波动。在较低的进口准入条件下，世界食糖市场波动传导至国内，通过白糖期货市场机制影响我国食糖定价，进而影响我国食糖销售和制糖工业企业效益。随着国内食糖市场国际化、金融化程度不断提高，金融市场容易放大国际食糖市场波动及食糖走私等因素影响，加剧国内食糖价格大幅波动，给我国制糖企业生产经营造成困难。

（二）科技创新

1. 糖料生产现代化程度仍然偏低，糖料种植成本高

制糖行业是传统的农产品加工产业，已经形成了以重点制糖企业（集团）作为龙头企业的农工紧密结合的产业模式。但是，由于主产糖省（区）的自然资源禀赋条件及土地制度的刚性约束，糖料生产现代化程度仍然偏低且暂难明显提升，始终是影响我国糖业国际竞争力的重要因素。我国食糖生产成本约 70% 为原料成本，因而导致我国食糖生产成本处于国际市场的较高水平，因此在参与国际市场竞争中处于相对劣势，这是我国国情决定的，需要在国家帮助下，通过行业努力才能实现“补短板”，提高国际竞争力。

2. 物耗、能耗、水耗和污染物排放水平有待进一步降低

据中国糖业协会编制的《2018/2019 年制糖期制糖行业“绩效同业对标活动”对标指标汇编》显示，我国甘蔗和甜菜糖厂百吨糖料耗标煤、吨糖料耗新鲜水、吨糖 COD 排放量等能耗、水耗和污染物排放指标与国外先进水平还存在较大差距。此外，不同食糖主产省（区）企业的能耗、水耗和污染物排放的水平也很不均衡。以广西、云南和广东为例，三个省（区）百吨甘蔗耗标煤分别为：4.335t、4.581t、5.181t；吨蔗耗新鲜水分别为 0.222t、0.968t、1.325t；吨糖 COD 排放量分别为 0.086t、0.229t、0.429kg。可见，省（区）际之间还存在较大的差别。

因此，需加大节能、节水和污染减排技术改造的步伐，推行绿色制造，实施清洁生产，进一步降低制糖生产过程的能耗、水耗和污染物排放。

3. 制糖设备更新速度慢和技术投入少

我国制糖企业大多建厂于 20 世纪 80 年代，技术相对落后，在一些企业中存在着技

术改造投入少、工艺设备落后等现象。因此，制糖行业要积极推广近年来推出的一些新技术、新工艺、新设备，如甘蔗自动卸车出土除杂系统、甜菜预处理干法输送系统、自行走甜菜卸车清土堆垛机、压粕水回头技术、环保高效燃硫炉、高效过滤机、低品质热源利用新技术，糖厂热能集中优化及控制、蒸汽机械再压缩技术、热泵余热回收技术、全自动连续煮糖、高压大容量热力机组改造、糖厂蔗渣锅炉清洁燃烧技术、锅炉烟道气余热干燥蔗渣、烟道气除尘脱硫脱硝技术和糖厂节水降耗闭合循环用水处理系统等一系列新技术新装备，不断提高行业技术装备水平。

4. 副产物的综合利用单一，未能充分提高产品附加值

目前，我国糖业综合利用产品的销售收入仅占我国制糖行业销售收入的6.8%，而国外糖企的副产品收入超过60%。大部分企业精深加工和综合利用能力低，对副产品和废弃物的资源化利用深度不够，企业综合利用产品较少，产业链条没有得到有效延伸。一方面，传统的综合利用项目如蔗渣造纸、余热发电、糖蜜发酵制酒精、酵母产品等要上规模、上水平，实现资源、能源的高效利用。另一方面，制糖行业要利用糖厂副产物（蔗渣、甜菜粕、滤泥、糖蜜）开发甘蔗渣生产木糖、木糖醇、糠醛、活性炭、动物饲料、生物质能源、膳食纤维；甜菜粕制食药用果胶、甜菜多糖；糖蜜发酵生产酒精、高档蒸馏酒、酵母及抽提物、生物肥；糖蜜发酵废水提取甜菜碱、结晶钾盐等高附加值产品，提高资源使用效率。

5. 国际竞争力低的问题难以得到根本解决

与巴西、印度、泰国、澳大利亚等世界主产糖国家（地区）相比，我国糖业自然资源禀赋条件弱，生产技术水平不强，农业生产资料成本和劳动力成本居高不下，糖农甘蔗种植成本保持高位。其中，糖料生产成本占食糖生产成本70%左右，糖料生产成本的高低决定了食糖生产成本高低，是影响我国糖业国际竞争力的关键因素。2018/2019年度，泰国和印度的甘蔗收购价格约161元/t和270元/t，而我国甘蔗和甜菜的平均收购价格分别达到490元/t和491元/t。以甘蔗收购价格比较，我国比泰国和印度分别高319元/t和210元/t，幅度分别达199%和78%。同时，受自然资源禀赋条件制约，我国甘蔗种植区域丘陵旱坡地较多，土壤贫瘠、土地分散，机械化程度低，水利设施差，甘蔗种植现代化难以快速提升。结合我国糖料种植自然禀赋条件和社会经济发展水平等国情判断，我国糖料种植成本将长时间高于巴西和泰国等世界其他糖料主产国家和地区。

三、发展趋势

展望新制糖期，在食糖生产方面，糖料种植面积减少，糖料生产现代化不断推进，预期食糖产量将有所下降。在食糖消费层面，人民生活水平提高、人口增长、城镇化程度提高以及高倍化学合成甜味剂限产管理等因素有利于食糖消费增加，而替代甜味剂消费、居民消费方式和消费观念的变化以及人口老龄化加快将影响食糖消费增加速度和结构。

综合来看，国际方面，受不利天气和市场低迷等因素的综合影响，预计全球主产糖国家（地区）的食糖产量将进一步下降，食糖消费量稳中略增，全球食糖供求关系将出现逆转，出现产销缺口。国内方面，预期在新制糖期，全国食糖仍然产不足需，食糖产需缺口通过食糖进口及储备糖投放得到弥补，食糖供应能够得到保障。但2020年5月22日食糖保障措施税将到期，若不能延期，则国际食糖市场巨大压力将陡增，我国糖业的生存发展将面临重大挑战。

四、政策建议

（一）坚持“食糖立足国内”的战略方针

糖业发展涉及广西、云南、海南、广东

湛江、新疆和内蒙古等老少边境地区4000万农民的切身利益，也涉及党中央脱贫攻坚战略，是所在地区经济发展和社会稳定的重要保障，也涉及食品工业的发展和14亿国人的用糖安全，战略地位显著。国家食糖宏观调控政策应坚持“食糖立足国内”战略方针，根据我国糖业特征，从保护4000万糖农利益、维护边疆地区社会稳定和脱贫攻坚的大局出发，从保障国内供给、维护产业安全的大局出发，促进糖业健康稳定可持续发展。

（二）完善糖业稳定发展机制

加强食糖进口管理。对进口关税配额外食糖实施自动进口许可管理；按照“从糖管理、从糖计税”原则，加强对糖浆（或液体糖）、预混粉等含糖商品的进口管理；延长食糖保障措施实施期限。尚处于转型升级中的食糖产业仍需要一定的时间恢复和提升。根据《中华人民共和国保障措施条例》赋予产业的权利，适当延长食糖保障措施期限，为我国糖业提供生存发展空间。

做好储备食糖投放工作。规范储备糖投放，改革储备糖管理制度，使储备食糖发挥以丰补欠的调控作用，杜绝恶意炒作和市场过度投机。

加强食糖市场有效监管。加强对期、现货食糖市场的有效监管和惩处力度，切实防范过度投机炒作，充分发挥白糖期货市场服务糖业实体经济发展的功能。

（三）加大中央及地方财税金融支持力度

加大对制糖企业的财税金融支持力度，解决制糖生产期间融资难和融资贵的问题。针对食糖季产年销的特点，为保证制糖企业资金供应，缓解企业库存压力，向制糖企业提供匹配预期产糖量规模的政策性工业信贷资金，实施工业短期食糖储存计划，满足企业正常生产经营的资金需求，确保农民糖料款能及时得以兑付，保障农民利益。

（四）严厉打击食糖走私

严厉打击食糖走私，建立健全常态化的联合执法长效机制，进一步加大对市场流通环节尤其是食品加工企业、小作坊的监管力度，对使用、加工走私糖行为予以打击，规范和整治国内食糖市场秩序。建立罚没走私食糖定向拍卖机制，防止涉案走私食糖二次冲击市场，加强对走私糖仓储、运输、销售、使用等环节的查处整治力度。

（五）尽快实施糖料生产补贴政策

从糖业生产集中度高、糖料与制糖联系紧密的行业特点看，糖料最适宜实施生产补贴。糖料进厂及其产品出厂受到税务等政府有关部门的严格实时监管，可以通过糖厂加工糖料量实现对糖料种植者的补贴，操作成本低、管理便捷，很容易实施。借鉴世界主产糖国成功经验，完善糖料价格形成机制，推进糖料生产补贴政策的实施，通过制糖企业反哺农业，促进糖料生产发展，稳定糖农种植收入，形成良性循环。

（六）加强糖精等高倍化学合成甜味剂管理

做好糖精限产限销工作，规范市场销售和使用。加强监管高倍化学合成甜味剂在食品中的添加使用，严禁滥用、超量使用。将安赛蜜、阿斯巴甜和甜蜜素等其他高倍化学合成甜味剂统筹纳入到整体甜度市场的监管当中。

中国糖业协会

方便食品制造业

方便食品是以米、面、杂粮等为主要原料加工制成，可直接食用或只需简单烹制即可食用的食品，传统方便食品以主食类居多。2019年，我国方便食品行业呈现稳健增长的态势，凸显了价值竞争的优势，同时在产品创新上成果显著。受非洲“猪瘟”事件蔓延影响，方便食品行业出现了较明显的生产资源和产品模式变化，产业结构有所调整，但仍显示出利润增长的态势，创新驱动发展、差异化竞争格局逐渐清晰。

一、行业概况

2019年，方便食品行业通过开展诚信体系建设、质量安全保障能力提升、创新品种研发生产等方面的工作，推进产业结构调整和转型升级，对保障行业高质量发展发挥了积极作用。

同时，行业积极对接消费者营养健康需求，将食品科技创新与产业变革有效融合，以提质增效为中心，优化并加速调整产业结构，促进全产业的转型升级与价值提升，成为我国食品经济发展中极具活力的一部分。

（一）主要经济指标

2019年，全国方便食品制造行业规模以上企业累计完成主营业务收入2901.2亿元，同比增长4.2%。主要经济运行情况如表1所示，其中，米面制品行业862.2亿元，同比增长5.1%；速冻食品行业773.5亿元，同比增长4.6%；方便面行业790.9亿元，同比增长2.1%；其他方便食品行业474.6亿元，同比增长5.6%。

表1　2019年全国方便食品制造业经济运行情况

产品名称	规模企业数量/家	主营业务收入/亿元	利润/亿元	企业资产总计/亿元
米面制品	576	862.2	44.5	477.6
速冻食品	494	773.5	44.3	663.8
方便面	129	790.9	71.2	572.2
其他方便食品	236	474.6	26.3	283.7

资料来源：国家统计局。

（二）行业发展分析

1. 价格

2019年方便食品制造业负债较上年增长3.7%，远低于食品制造业的6.8%；利息费用较上年减少9.2%，与行业整体增长了2.6%相比，方便食品制造业在成本控制、资金管理等方面处于行业领先，为稳定市场价格、控制通货膨胀做出一定贡献。

2. 市场

方便食品的市场多元化得到进一步扩展，规模化已经形成。具体表现在，方便面行业持续在高端市场发力，产品创新力度增加，大企业开始在自热方便食品领域加大投入；速冻食品中的“关东煮”、烧烤等产品搭上外卖行业的“快车”；“佛跳墙”“鲍鱼海参汁捞饭”“海鲜拌饭”等各大酒店特色美食产业化。在行业初步探索的基础上，2019 年方便食品的“跨界”合作登上新台阶，带来巨大的市场潜力和发展生机。

受非洲猪瘟事件影响，人们的日常生活及食品加工产业都受到较大影响。特别是方便食品行业中的速冻食品首当其冲，中国食品科学技术学会适时组织召开非洲猪瘟问题研讨会，研判事件对行业发展的影响，并讨论科学的解决方案，通过向相关政府部门报文及在专业媒体上发声，引领舆情正能量。行业企业也在经过短暂的波动后，通过优化产业结构，逐步摆脱猪瘟带来的影响。

根据方便食品行业中几家上市公司财报显示，2019 年方便食品企业呈现较大幅度的增长，市场表现良好。

3. 投资

2019 年全国规模以上方便食品制造企业资产总计 1997.3 亿元，比上年同期增长 2.9%。其中，流动资产总计 1003.9 亿元，比上年同期增长 7.6%。

自热型方便食品更是持续保有较高的热度，除了加热即食菜品和主食外，方便面的高端化延伸、自热火锅等，随着新产品、新品牌借助直播电商、短视频等线上渠道迅速起量，爆品不断，未来市场格局开阔，吸引境内外资本的强势注资。同时，对于很多品类已经崭露头角的初创品牌，也得到餐饮和食品巨头的积极布局。

对方便食品行业来说，消费人群和购买力的增长是基本驱动力。从需求端看，除了“方便”这一主需求，健康、一人食、地域特色、颜值、“网红”、小份零食化等消费趋势正在叠加，产品升级创新的机会多、驱动力强。从供给端看，食材、加工工艺、包装以及冷链等相关供应链成熟。龙头企业在线上渠道仍较为薄弱，在成熟单品的高端线以及诸多细分新品类仍留有许多空白，有利于投资团队切入。

4. 行业集中度

方便食品行业经过 40 余年的发展，到 2019 年，行业内已基本形成以健康和价值为目标的坚定格局。

方便面市场竞争格局稳定，方便面市场中，排在前五位的康师傅、统一、今麦郎、白象、日清的企业市场份额占到整个市场的 80%，行业集中度相对较高。但同时，我国较大的消费市场也吸引了越来越多的国际品牌和资本通过电商进入中国方便面市场，这其中有来自韩国和日本等亚洲国家的品牌，也有本土原创品牌，即通过代工生产（OEM）的方式，以创新口味和产品形式角逐市场的新生代企业。由于新兴消费者依赖网购渠道和受意见领袖的影响，使得新品牌销售火爆。虽然未来国内品牌在电商渠道将面临更多国际竞争者，但本土方便面在营销、线下渠道、口味研发上更具优势，且在产品研发技术方面与国外企业无巨大差距，国内方便面龙头依靠品牌影响力和规模效应仍能继续扩大份额。

速冻食品整体行业集中度较高，三全、思念、安井、湾仔码头仍处于行业领先位置。而新兴品类的出现则带动规模较小的企业在市场上持续活跃。如借助陕西“肉夹馍”在全国的消费基础，西贝、西少爷、小馍样、绿秦等“肉夹馍”品牌实现了快速发展；而以黏豆包为主打产品的“在旗”则从区域性品牌快速成长为全国知名品牌；此外，船歌、涵岛等品牌的“鱼水饺”也都在近两年实现了突破性增长。速冻食品企业通过挖掘地域特色美食，有助于快速实现细分品类中的品牌占位。

挂面行业的成长近年来平缓而稳健。

2019年，我国挂面行业的总产量为839.20万t，较上年增长3.3%。大企业市场占比逐年提升，中小企业依靠特色挂面顽强生存，日益寻求品牌差异化定位和价值提升。据中国食品科学技术学会面制品分会统计，24家主要挂面企业的产量占我国挂面总产量的比例相较2018年增长了5.36%，行业集中度仍在平缓提升中，仍属充分竞争行业，行业整体向优质企业聚集的趋势更加鲜明，行业集中度提升，品牌企业对市场的占有率增加，挂面行业的竞争逐渐在高端发力。

5. 进出口

随着我国食品制造业现代化生产步伐的加快，生产技术和产品结构得到进一步优化，食品行业整体国际竞争力显著提升。随着跨境电商平台的不断发展，中国与“一带一路”沿线国家的商品流通日趋便利，部分国家对食品进口需求量较大，也为中国食品工业发展提供了巨大的国际市场。就方便食品而言，借此“东风”，2019年我国方便食品制造业累计完成出口交货值85.1亿元，同比增长27.1%。随着“一带一路”合作的不断推进，方便食品也将实现更大规模的世界互通。

6. 重点行业

2019年，我国方便食品重点行业的主营业务收入均实现了不同幅度的增长。

（1）米面制品　米面制品工业化生产主要以挂面、粉丝等为主。近年来，我国挂面行业在大力推广“营养健康”的同时，勇敢“跨界”，具体表现为：半干面市场快速增长，预包装鲜面在餐饮领域逐渐爆发，“宝宝类”挂面在市场中的表现依然较为稳定，而借鉴方便面发展的经验，“挂面+天然调味料”的“混搭”正逐步拓展市场。随着冻干类的速食粥、自热类方便米饭的兴起，米制品加工在方便食品领域逐渐崭露头角，未来还将有更大的发展空间。

（2）速冻食品　速冻食品行业以“天然、新鲜、营养、标准化”的优势，找到了业务用市场的突破口，再结合锁鲜保味等技术，整体效益和水平得到提升。此外，速冻食品依托外卖的快速发展，其份额得到进一步提升，尤其是在“关东煮”、烧烤、“麻辣烫”等餐饮形态中广泛使用。

（3）方便面及其他方便食品　方便面是传统食品工业化进程中最典型的代表，也是面制品在食品工业领域自动化水平最高的代表。近年来，为迎合消费者需求，在产品结构上提供多元化的产品，在口味、食用方法、包装上进行创新，尝试降油、降盐等方式向健康转型，并逐步提高企业盈利能力。2019年12月10日，国家市场监督管理总局发文明确，对“辣条”类食品统一按照“方便食品（调味面制品）”生产许可类别进行管理；鼓励企业改进生产工艺，改善产品配方，降低盐、脂肪、糖含量，不得超范围、超限量使用食品添加剂。该类产品的市场将面临新一轮的调整。

7. “三品”战略实施情况

（1）增品种　2019年行业科技创新活跃，从“就是这个味”到如今的“你需要什么味，就有什么味”。通过结合不同地域的饮食文化，对天然资源进行深度开发，使产品回归食材本味。如风味酸甜、口感细腻的“桂花糕”，四川风味的“酸菜鸡蛋炒饭”，味道正宗的“麻酱凉皮”“甜水面”等，体现出更加实惠、贴近厨房味道、地方风味特色凸显等特征。

另外，科技创新的不断探索使方便食品更贴近消费需求，产品供给方案更加完美和多样化。无论是方便面中的“面馆”系列，还是速冻食品中的“彩蔬蒸饺”“鱼籽福袋”等，在企业的不断创新和咸味香精调味料搭配、机械装备集成创新的配套支持下，工业化的产品实现了从外形到口味的返璞归真。

而备受消费者关注的素食和杂粮成为方便食品行业创新的重要元素。以杂粮为主要原料的挂面、配以红枣的冻干方便面、粗粮细做的杂粮包、豆制品火锅料、低血糖生成指数（GI）的速食粥等，让消费者在营养健康的需求下，有了更多的选择。

（2）提品质　方便食品的健康化、营养化一直是近几年行业的主题和产业升级转型的方向。随着国务院《关于实施健康中国行动的意见》的出台，行业内也更明确了“锁味、减盐、降油”的目标。如运用低温真空滚揉锁鲜技术，让大肉块中的油脂、氨基酸保持长时间稳定，还原优质食材的色、香、味及营养成分，并锁住肉块、蔬菜、高汤等鲜美风味的独特工艺；运用高温蒸煮杀菌、乳酸保鲜防腐技术制作出可常温保存的、脂肪含量低的面条等，这些均是企业提升产品品质的新尝试。

（3）创品牌　行业龙头企业在不断苦练内功的同时，也加强了企业文化和品牌内涵建设。从品牌故事到社会责任，努力实现着优秀品牌价值。2019 年，多家行业龙头企业参与了国家品牌战略行动，并参与了由国家发展与改革委员会等多部委主办，中国食品科学技术学会承办的“中国食品品牌发展论坛”，成为打造国有知名品牌的主力军。

8. 绿色制造、智能制造

随着环保督察持续加码以及专项资金设备补贴等利好政策落地，传统制造业绿色化改造升级步伐正在加快。与此同时，智能制造在提升绿色制造水平中发挥的作用日渐凸显。我国方便食品制造业紧跟整体发展趋势，如我国挂面装备的自主研发和生产已达国际先进水平，成功地破解了从小麦入库到产品出厂的全自动过程，并不断在节能降耗及智能化上实现突破，是食品行业以企业为主体自主创新的经典案例。未来还将进一步推行数字化、智能化、绿色化的现代工厂设计，通过对客户需求、产品研发、制造、在线数据采集、包装、物流、服务等全生命周期进行数字化管理，实现信息可采集、可追溯，确保食品安全。通过绿色制造进一步降低生产成本，提高生产效率，缩短研发周期，并提高能源利用率。

9. 包装与装备

互联网、机器视觉、云计算、大数据、物联网等新型信息技术的不断突破，也为食品工业的智能化打下了基础。与挂面行业已率先形成突破、具备高效智能的加工设备相比，速冻食品的冷冻技术目前发展较为缓慢。机械制冷是市场上较为常见的冷冻和冷却方式，相对来说冷冻速度较慢，而更高效、节能的冷冻技术，如液氮冷冻、冰点冻结、分段冻结等仍需在行业内有更广泛的应用。

在包装机械方面，针对速冻食品推出了真空包装技术及装备，解决了低温下包装脆碎和食品氧化问题，为行业内结合包装机械和产品研发的创新提供了思路。

随着食品工业及消费市场不断升级，食品包装正朝着保鲜、高阻隔、活性包装、绿色包装等方向发展。同时，在大数据及人工智能背景下，能够实现监测食品温度、源头追溯、流通过程定位、防伪辨识等功能的智能包装将迎来发展机遇。方便食品的包装机械行业在自主创新、高端产品生产能力等方面还需不断发展进步。

10. 发展新亮点与新增长点

面对外卖、生鲜电商等行业的冲击和挑战，在推进“健康中国”的关键时期，方便食品通过产业的转型与升级，迸发出新的发展亮点。在 2019 年的创新中，企业致力于如何方便地还原家中或面馆煮出来的面条，最大程度地保留中国传统煮面条的软弹与营养，还原面馆现做味道，打造出低糖、低脂肪、高膳食纤维、营养丰富的创新产品，让消费者足不出户，方便地享受一碗面馆级好面，在持续打造营养健康生活理念的同时，更能适应如今互联网经济下足不出户也可尽尝美味的消费方式。

二、行业面临的问题

（一）政策与市场

1. 消费模式冲击较大，亟须转型升级

随着外卖行业的发展，方便食品的市场受到一定程度的冲击；此外，我国的生鲜电商平台发展势头迅猛，生鲜配送服务越来越好，使得人们开始愿意在家做饭而替代吃方便食品——以上两大市场对方便食品的销量产生一些消极影响。

在此形势下，由于行业内主要以辐射范围较小、服务本地消费者的中小企业居多，其应对不同消费趋势、调整经营模式、研发有市场针对性新产品的能力较弱。所以，如何在“互联网经济”热度持续攀升下，利用好这一推广渠道，结合企业特色，探索新的突破点与增长点，是行业面临的问题。

2. 全产业链标准化工作需要协同推进

中共中央、国务院发布《关于深化改革加强食品安全工作的意见》指出，食品安全关系人民群众身体健康和生命安全，但是，我国食品安全工作仍面临不少困难和挑战，形势依然复杂严峻。尤其是非洲猪瘟事件对速冻食品行业的全产业链标准化提出了巨大挑战。此外，对于米面制品而言，在新型农药的引入导致小麦粉农药残留无法检出，而下游企业又未能采取措施进行有效防范时，餐桌上的安全问题也会暴露。如何通过制定标准有效杜绝全产业链的食品安全隐患，依然需要多方力量协同推进。

而市场火爆的自热食品，已被我国民航系统全面禁止携带登机。目前，国内暂无自热方便火锅类产品和发热包等相关国家标准及行业标准，亟须填补空白以保障消费者的安全。

面对日新月异、创新活跃的方便食品市场，标准化工作依然任重道远。

3. 原料规模化生产和关键配料国产化亟待加强

源自我国的地理环境和气候因素，食品原料的地域性差异较为显著，各类作物的种植和牲畜的养殖在全国范围内分布不均。方便食品的原料如肉类、面粉、蔬菜等，目前其加工企业中数量最庞大的依然是集中在主产区有采购优势的中小型企业，而该类企业大多处于产能低效、微利维持的情况。大型企业继续扩张生产规模的同时，行业产能过剩的问题也愈发突出，企业间同质化竞争现象加重，原料规模化生产的推进仍在持续。

部分方便食品的关键配料依赖进口。改善食品色泽、风味特征、起泡性和凝胶性等感官特性是食品制造业发展的基础，食品配料技术是解决上述问题的核心手段。我国食品配料加工中的靶向提制、精准改性、均匀包埋和定向控释等技术存在盲点，导致蛋白质、脂肪、纤维素等专一性食品工业基料、发酵剂等某些核心配料依赖进口，高附加值食品的生产成本和品质创新受到制约。

4. 科技投入强度和支持力度依然不够

我国各地区饮食习惯存在差异，加之门类众多，企业数量多、规模小、布局分散，使得方便食品市场呈现出较为显著的自然分割。在龙头企业不断实现产业升级转型、扩大市场影响力的同时，作为方便食品行业主体的中小型企业主要在从事食品生产活动，缺乏研发实力和经费投入。对这类企业而言，生产设备水平较落后，物耗、能耗偏高，大多处于技术人员自发创造型和投资驱动型相结合的模式，产品品类较为单一，且品质参差不齐。

5. “网红”产品同样需要注重产品品质

伴随着以社交电商、社区拼团、生鲜电商、前置仓、超市到家等为代表的新销售渠道的丰富，全国日渐成熟的冷链物流网，普及的移动互联网，80、90后消费习惯的迭代，方便食品的品牌创新和新品渗透迎来了新的突破。《2019淘宝吃货大数据报告》显示，“自热小火锅”一年卖出1800万单，“火鸡面”一年卖出1300万份，“广西螺蛳粉”一年卖出2840万件，“东北烤冷面”一年卖出2068万件。急速发展的诸多“网红”食品，大多以“贴牌生产”的加工方式赚快钱，对产业链安全建设呈空心化、断条状，这种“快”与“空”并存的矛盾，使其成为食品安全与食品欺诈的“高发地带”。作为食品企业的头等大事，任何食品安全问题的轻视都有可能对品牌带来巨大冲击。

（二）科技创新

新中国成立70年来，作为全球最大的食品消费市场，中国社会经历了从贫饥、温饱、小康到安全健康四个阶段的极速变迁。它凝缩和跨越了发达国家食品工业的百年发展史，为中国食品科技的发展和科技工作者的技术水平提供了巨大的成长空间。如今，我国以全球最大的食品学科群支撑着强大的中国食品工业持续发展，而方便食品的科技创新同样是行业的核心动力，推动着行业发展。

1. 节能降耗绿色制造技术缺乏，资源利用率不高

目前，我国方便食品行业70%的中小企业存在生产技术落后、能耗高、排污量大等问题。据统计，部分低水分方便食品吨产品耗电是发达国家的2~3倍，速冻食品能耗是国际水平的3倍。并且，我国在方便食品制造过程中会产生大量富含纤维素、蛋白质、脂质等的生熟废弃物，资源利用率普遍偏低，资源浪费严重。如油脂副产物整体利用率不足10%，畜禽共产物联产率不足日本和韩国的1/3。

围绕“智能、节能、低碳、环保、绿色、可持续”的产业新要求，针对产业链发展迫切需要的关键共性原料预制、产品加工、副产物综合利用等技术进行联合攻关已成为食品产业转型升级的重要内容。

2. 行业智能化、信息化装备改造有待提升

我国方便食品行业的快速发展，对相关配套机械设备的创新提出了强烈需求，而目前行业面临的智能化制造较为滞后的问题也日益凸显。在面制品制造的各项环节中，和面需要自动加水技术，压延需要厚度控制技术，油炸需要智能干燥技术，其中，以智能干燥技术尤为重要。这一技术不仅节约能耗，节省人力物力，还能保持方便食品含水率的稳定性，促进企业增收。目前这一技术的应用范围还较小，主要用于挂面行业。对于大多数方便食品制造厂商而言，自动化、智能化生产才刚刚开始，生产设备非标产品多，只能边生产、边研发、边改造，因此公司在研发、智能化生产、管理等方面维护保养难，投入资金大，生产成本高。

此外，信息化推进较为缓慢，主要集中在仪表控制、装置过程控制等基础应用方面，在生产控制系统和企业管理等重大信息工程建设方面较为落后，存在产品库存管理难度大、销售环节复杂等问题。

3. 产学研开发和转化对接欠缺

科技成果产出与转化的效率，目前还不足以满足人们对方便食品创新的需求。

长期以来，“校企合作”“院企合作”的模式是支持方便食品行业不断创新的重要力量。面临的问题来自多个方面：一是转移转化链条未能有效衔接；二是成果偏离市场需求；三是区域经济、行业结构对成果的吸纳力不强；四是技术市场发育不成熟；五是专业化服务机构不强；六是缺乏优秀技术创新人才；七是科技成果转化信息共享不足；八是收益处置方面缺乏自主性。有鉴于此，“校企合作”或“院企合作”的模式还应该从多方面着手，开展深度合作，统筹科研力量，

精深研究食品行业未来科技发展方向，从加工制造、生物工程、营养健康、质量安全等领域开展研究，通过产学研联合攻关，实现关键核心技术的突破，提高行业的竞争力。

三、发展趋势

随着国家经济的发展，居民整体消费水平提高，方便食品的市场潜力日益扩大。在互联网经济的大潮中，越来越多的企业以满足消费者饮食的便利性为目标，大胆创新，开发出符合当代消费趋势的方便产品。同时还需更多地利用自身的核心优势，找准未来的发展目标。

（一）行业发展趋势

1. 差异化竞争，专注培育优势品牌

中小企业是行业的创新主体，企业的传统优势和专业化特征逐渐形成，向各自的优势领域精进，差异化求生存成为近年发展趋势。如方便面行业通过开发高铁专用方便面，实现与高铁餐饮的对接，为行业增添了新的品类和销售增长点；速冻食品行业的中小企业专注于单品的优势；而以“味料同源”为理念的咸味香精调味料行业，逐渐从服务于方便食品领域向服务于餐饮业延伸。

2. 追寻本味，在天然营养上发力

越来越多不愿走进厨房的消费者，成为方便食品的目标消费群体。他们对价格不敏感，而对口感有追求，渴望现制现煮的鲜食味道。因而未来行业还应保持对传统风味和家乡味道的追寻热度，结合不同地域的饮食文化，对天然资源进行深度开发，使产品在富含营养物质的同时回归食材本味。

3. 聚焦营养，对接市场的健康需求

《健康中国行动（2019—2030 年）》提出合理膳食行动，重点鼓励全社会减盐、减油、减糖。方便食品行业需加快营养转型升级，增加科技投入，夯实科学基础，主动采取措施解决“三减”可能带来的产品风味变化、保质期缩短等问题，以科技来引领健康转型。

4. 跨界混搭，向高品质、高颜值、高性价比迈进

作为消费升级的先行军和实力派，都市白领是大众消费的意见领袖和趋势引领者，他们追求健康、有品质的生活方式，喜欢时尚的概念和大胆的尝试，因此高品质、高性价比、高颜值的食品将更能够得到青睐。未来，行业内突破传统食材、赋予食品更丰富感官体验的企业有机会脱颖而出。

5. 集成创新，装备智能化全线启动

以机械加工弥补人口红利消退的时代已经到来，我国食品机械制造领域正由单一技术创新向全新技术综合应用的集成创新方向发展，结构紧凑、单位面积产能和生产效率提高、运行平稳、工艺流程简单等特征愈加明显。未来，智能工厂的构建将帮助企业最终实现业务协同、计划优化、成本降低、质量保证、效率提升。

6. 产业链升级，全面保障食品安全

对接餐饮、外卖、便利店渠道，无异于为行业打开了“新世界”的大门，但是这些新渠道食品安全又该如何保障，也带给行业不小的挑战。如速冻食品对销售温度有严格控制，新渠道配送过程中的冷链环节将会是各生产企业和物流公司以及订餐平台需要合力突破的方向。这一关键技术的充分解决，将成为方便食品市场的重要突破。

（二）产品创新趋势

与行业创新趋势下规模化新品的推出相比，单一产品的创新呈现出不同规模企业各有“发力”方向的显著特征。

1. 方便面行业

在外卖餐饮的冲击下，虽然下行压力较大，但行业总体依托科技手段实现自我提升，通过提高行业创新力度，升华产品质量。

整体来看，产品创新在逐步实现从众口难调到各种味、面统统照顾到。产品原料变

得越来越考究，同时花样齐全，从营养、健康、口味再到潮流和新奇无不涉猎。一方面诸多曾经的传统食品，经过工业化的改良，赋予了新的活力；另一方面，很多创新产品在加工中最大化地保留食材营养的同时，能够让产品在不失口感的前提下达到食用方便，真正体现了方便食品营养、健康、便捷、美味的特点。

2. 米面制品行业

营养健康、方便快捷、小众多元、追求时尚、跨界交叉成为趋势，特别在工业化程度高的挂面行业更加明显。

一是产品的营养健康升级加速，产品使用杂粮、蔬菜等健康原料；二是产品食用方便性的创新近年来一直没有停下脚步，通过特殊工艺生产的挂面，可选择煮、泡两种加工方式，大大增加了产品的便捷性；三是基于消费者的个性化需求，更聚焦于产品的多样化以及丰富的料包；四是传统食品变得更加时尚，“吃玩”结合，产品成为企业联系消费者的纽带；五是产品开始向高端化发展，原料选用国内外优质产区的小麦并结合先进的生产加工工艺，再加上符合潮流的设计理念和时尚包装，共同推动这种颇具东方美食特色的食品迈上高端化之路。

3. 速冻食品行业

作为中华传统食品工业化典型代表的速冻食品行业，拥有中华博大的饮食文化渊源，不仅为速冻食品行业提供了源源不断的创新灵感，更有着形式多样的得天独厚的优势，行业创新空间巨大。

创新趋势主要集中在：一是在营养健康诉求下，产品在用料选择上，面皮以搭配杂粮，馅料以配以菌菇、蔬菜、海鲜等为重点，而无油的加工方式更将兼顾美味与健康；二是更具颜值，用天然果蔬汁和面，形状多样，让产品不仅好吃，更要好看；三是“网红”元素的加入，“Q 弹”“爆浆”等体验为产品增添了时尚感；四是素食成为品类增长点，藕条、豆制品、素馅等，从无肉不欢到更爱素食，消费人群有了细分。

4. 其他方便食品行业

对于一直以来备受争议的调味面制品而言，正逐步向高营养附加值发展。如盐津铺子尝试推出粗粮“辣条”系列，产品中减少了糖、油、盐、食品添加剂的含量，并在原料中加入燕麦、玉米、甘薯全粉、马铃薯全粉、食用大豆粕，融入膳食纤维等营养成分；卫龙“杂粮时代”的“辣条”新品，在原有产品基础上添加了小麦、青豆、豌豆以及芝麻四种杂粮；佳龙食品更是自建超大原料种植基地，创新添加黑芝麻元素，推出“黑芝麻面筋”“黑芝麻素大刀肉”产品。

四、政策建议

方便食品行业历经快速增长和小幅波动后，迎来了一个突破瓶颈和产业升级的历史时期，需要政府相关部门在政策上予以积极引导与支持。

（一）坚持特色，加大宣传

近年来，地域美食的方便化一直是行业内重要的创新动机。在新的发展时期，各地政府部门应与方便食品行业及相关行业组织合作，通过平台加大特色产品的推广力度，带动相关产业的发展。

（二）标准法规引导应结合行业实际

方便食品行业是具中国传统特色的产业，国家出台的一系列营养健康的公告和政策，在给予以纯天然原料为基础的方便食品行业引导的同时，也应结合国情，如在“三减”的执行上，应循序渐进，不能搞“一刀切”。此外，要重视“自热”等新兴产品标准缺失的问题。

（三）鼓励多产业多渠道合作

方便食品业务用市场的对接给行业带来新的增长点，也成为中餐标准化及提升食品安全水平的重要保障。相关部门应在财政、税收等方面给予更多的优惠政策。

（四）加快推进智能化生产

智能化生产需要设备制造商对整条生产线系统化升级。由于前期投入较大，在全行业推动的同时，还需各级政府给予一定的财政补助，为最终实现精准制造、敏捷制造、透明制造打下基础，提升中国制造的整体水平。

（五）加大对产品的正面宣传力度

在近年打击虚假宣传、恶意造谣的基础上，可以联合各级宣传部门加大对产品营养特质的宣传，让行业在方便、美味、健康上的努力得到消费者的认可和认知。

（六）依托方便食品构建国家级战略物资储备体系

方便食品作为战略保障物资，对稳定市场发挥重要功能。国家应加强政策扶持力度，做好战略物资的储备规划，并引导行业革新与产品升级。

中国食品科学技术学会

生物发酵产业

2019年，生物发酵产业坚持以新时代中国特色社会主义思想为指导，面对严峻复杂的外部环境和经济下行的压力，全行业继续调整发展思路，坚持稳中求进和新发展理念，坚持创新引领、夯实基础、提升能力，坚持绿色制造，加强品牌建设，持续推进高质量发展，促进行业经济平稳健康发展。

一、行业概况

（一）主要经济指标

2019年生物发酵行业整体经济运行平稳，主要行业产品产量约3064.7万t，与2018年同期相比增长约3.5%；总产值约2556.7亿元，与2018年同期相比增长约3.4%，详见表1。

表1　2019年生物发酵主要行业产品产量

分类	产量/万t	同比增长/%	产值/亿元	同比增长/%
氨基酸	609.1	1.5	592	8.6
有机酸	245.5	0.2	190	-5.0
淀粉糖	1468.0	5.1	440	4.0
多元醇	167.0	2.4	137	3.0
酶制剂	147.9（标吨）	2.0	33.7	2.1
酵母	39.2	7.1	83.0	6.4
功能发酵制品	370.0	2.7	781.0	2.8
食用酵素	18.0	20.0	300.0	—
合计	3064.7	3.5	2556.7	3.4

数据来源：根据行业协会统计数据。

（二）行业发展分析

1. 价格

（1）原料　2019年全国玉米总产量为26077万t，比2018年微增1.4%。市场需求总量继续增加，虽然受非洲猪瘟影响，饲用需求下降，但深加工市场需求增长，整体供需依然维持紧平衡态势。全年玉米价格起伏震荡，重心震荡下移，一季度价格下跌，全国玉米收购均价由年初的1870元/t左右降至1780元/t左右，主要受非洲猪瘟疫情持续影响，且深加工企业库存相对充足，采购需求弱势；二季度价格上涨，全国玉米收购均价快速提升至1950元/t左右，主要受临储粮拍卖底价上调等因素影响，价格不断看涨，同时中美贸易谈判变数再生，市场利多氛围浓厚，玉米价格不断攀升；三季度继续在高位震荡，价格维持在1900～1950元/t区间震荡，随着8、9月份部分南方地区玉米上市，并且饲料消费下降的影响持续显现，临储拍卖成交率下降，价格逐渐下移；四季度价格震荡回落，年底全国玉米收购均价为1840元/t左右，较2018年年底下跌1.6%左右，主要是华北、东北主产区玉米陆续上市，市场需求有限，价格震荡回落。

（2）主要产品

①氨基酸：我国是世界第一氨基酸生产大国，但是产品多以中低端产品为主，大宗氨基酸产品的价格持续多年低迷。味精（谷氨酸钠）国内市场仍处于产销饱和状态。自2018年10月底味精价格止跌反弹后，2019年上半年产品价格处于稳步小幅上涨阶段。分析其原因，一是行业有效供给产能减少，叠加中期玉米价格上涨因素；二是因行业集中度较高，上游厂家价格主动权增加，市场看多心态较为明显，味精产品利润不断增加。下半年受行业检修、环保安检、需求变化、企业心态、年末回款、物流运费变动等因素的影响，味精价格仍偏强运行。

②有机酸：柠檬酸行业近两年新扩建的产能陆续投放，加之产品同质化严重，市场压力加大，价格持续下滑，行业整体处于亏损状态。2019年平均出口价格632美元/t，在2018年的基础上又下滑100美元/t以上，行业整体亏损，由于有新增企业产能进入，预计将继续下滑。乳酸行业受中原格拉特停产、丰原集团产能没有到位的影响，出现了一个价格高峰期，行业盈利状态良好。葡萄糖酸市场价格持续走低，国内产能过剩严重，行业处于微利状态。

③淀粉糖、糖醇：2019年淀粉糖价格整体弱势运行。结晶葡萄糖市场新增产能投放市场，竞争激烈，企业全年利润降低较大，部分产品、部分时段出现价格倒挂现象，价格最低曾跌到2500元/t，开工率较低。9月下旬开始，结晶葡萄糖价格开始回暖，最高至3300元/t后回调，开工率增加。麦芽糊精进入2019年价格一路下滑，全年价格在3500～3770元/t区间波动，市场终端需求低迷，但基本维持较好的盈利，目前行业扩产意愿增加，未来竞争加剧。麦芽糖浆2019年价格在2350元/t左右波动，市场需求变化不大，季节性变动明显，8月份以后价格逐步上行，开工率增加，但盈利较低。果葡糖浆整体市场压力大，终端需求放缓，加之出口受阻，加剧国内市场竞争，整体盈利走低。糖醇大部分产品价格较2018年下降，甘露醇略有上涨。山梨醇价格平均下降150/t左右；由于木糖供给增加，木糖原料价格下降，木糖醇价格相应下降，全年产销量相对平稳；赤藓糖醇2019年市场和产能规模扩大，但价格较2018年下降。

④酶制剂：由于市场竞争激烈，酶制剂的价格呈现下降趋势，高浓度和高活力酶并未带来价格的增加，有些大宗酶的价格已经接近甚至低于生产成本。但功能性酶制剂、高端酶制剂、特种酶制剂产品价格尚存在一定的利润空间。

2. 市场

（1）氨基酸　虽然国内市场已经饱和，但国外产品在我国的市场销售情况仍然保持较好态势，主要原因是其产品质量及成本较国内具有较大优势。在国际竞争中，因我国产品低价、量大等原因，遭受反倾销的案例也较多。2019年我国氨基酸行业受下游饲料行业产业低迷的影响，饲料用氨基酸开工率、产量、利润均大幅压缩，亏损较严重。同时，受到国际贸易政策的影响，高附加值小品种氨基酸的出口量及价格持续降低，产品产量及利润大幅下滑。

（2）有机酸　柠檬酸行业近几年国内市场开拓有所进展，出口比例由几年前的80%下降到2018年、2019年的70%，取得了一定成绩，但是还不能解决过度依赖出口的现状。2019 年乳酸产量同比减少 12.90%，主要在于 2018 年下半年中粮格拉特公司逐渐停产，由于中粮格拉特是骨干企业，对全国乳酸供求产生较大影响。

（3）淀粉糖、糖醇　2019 年淀粉糖行业新增产能逐步释放，如阜丰、金象生化及玉锋等产品陆续投放市场，对淀粉糖市场产生较大的影响。加之下游含糖食品需求低迷，淀粉糖尤其是结晶糖、糖浆市场供大于求，导致竞争激烈，加之果葡糖浆在东南亚市场受阻，产品在国内市场拼杀，2019 年行业整体盈利水平降低。糖醇行业 2019 年市场状况良好，大部分糖醇产品基于产品的特性，在减糖及功能、健康食品需求日益增长的大趋势下，市场空间不断扩大。山梨醇产量略增加，新建产能投放市场量较小，预计新扩建产能 2020 年将陆续投放市场。

（4）酶制剂　2019 年我国酶制剂行业总体产量和产值与 2018 年基本持平，略有增加。我国酶制剂主要应用于食品工业、饲料及其他工业领域。2019 年企业积极应对非洲猪瘟带来的市场变化，一方面调整销售策略，全面加强在禽类、水产、反刍等领域产品中的应用与销售；另一方面，调整产品结构，受益于绿色环保的趋势，聚焦特种酶、高端酶等工业酶，持续加大研发和大客户市场推广力度。应用领域主要集中在食品工业用酶，约占 40% 左右。工业酶制剂产品中仍以糖化酶、淀粉酶、植酸酶等低端酶制剂品种为主，同质化严重，行业内竞争激烈。

（5）酵母　2019 年，酵母行业基本保持平稳发展态势。中国酵母类制品产销约 39.2 万 t，其中活性酵母类 26.6 万 t，酵母抽提物类 10.3 万 t，其他酵母制品 2.3 万 t。产能利用率 88%，产销规模继续保持小幅增长。

3. 投资

氨基酸、淀粉糖行业企业自玉米加工审批政策调整以来，充分利用东北的玉米产区优势，在东北投资建厂，阜丰龙江公司、梅花公司、新和成等陆续完成前期的投资建设，投产运行。

有机酸行业 2019 年新建、扩建产能减少。中粮搬迁、英轩改造、金禾新增、七星柠檬新建，其中七星柠檬一期于 2019 年 11 月份开始投产。丰原集团 15 万 t 乳酸项目仍在建设中。乳酸新增产能较大，主要是为聚乳酸做准备。

2019 年酵母行业改扩建、新建项目陆续上马、投产。安琪伊犁公司启动可克达拉安琪酵母有限公司酵母制品绿色制造项目前期工作，安琪埃及公司年产 1.2 万 t 抽提物项目建成运行。乐斯福中国来宾工厂技改项目、崇左工厂酵母改扩建项目竣工投产，抽提物改扩建项目也开工建设。佰惠生酵母抽提物项目正式投产。英联马利与益海嘉里于 2019 年 6 月宣布成立合资公司，2019 年 9 月在黑龙江齐齐哈尔开始筹建酵母工厂。

4. 行业集中度

近几年行业落后产能逐步淘汰，企业产品结构调整延伸，加之大型企业的资源优势，行业的集中度不断提高。

（1）氨基酸　2019 年我国氨基酸发酵生产企业约 50 余家。我国氨基酸产品种类较多，大宗型产品，如谷氨酸钠、赖氨酸、苏氨酸、色氨酸等产品的企业集中度较高，企业大型化、集团化发展，生产基地主要分布在原料玉米产地，如黑龙江、新疆、山东、辽宁、内蒙古、宁夏、福建等地。其他小品种氨基酸生产受原料影响较小，生产分布较为广泛，企业规模偏小。

（2）有机酸　2019 年国内柠檬酸发酵生产企业新增一家七星柠檬，现有企业 7 家。

乳酸生产企业减少一家，为中粮格拉特。

（3）淀粉糖、糖醇　淀粉糖、糖醇近几年产业集中度逐步提高，大中型企业的多方优势日益明显，不断整合行业资源，兼并重组，科技不断投入和积累，产品结构不断丰富和延伸。2019 年淀粉糖产量前十位企业和集团占总产量的 60% 以上，糖醇产量前五位企业占总产量的 80% 以上，行业企业向集团化、规模化发展。

（4）酵母　2019 年，中国酵母行业工厂数量（不含啤酒酵母源）24 家以上。目前，产能居行业前三位的企业是安琪酵母中国、乐斯福中国、AB 马利中国，其产能占全国总产能的 79%，行业集中度提高。

5. 进出口

根据海关 2019 年进出口数据统计，生物发酵行业主要行业、主要产品出口量 526.8 万 t，较 2018 年同期增长 7.3%；出口额 54.45 亿美元，较 2018 年同期上升 1.7%，详见表 2。

表 2　2019 年生物发酵主要行业、主要产品出口量、出口额

分类	出口量/万 t	同比增长/%	出口额/亿美元	同比增长/%
氨基酸产品	158.8	22.7	21.7	7.6
柠檬酸产品	116.4	0.7	7.74	-12.8
乳酸产品	4.5	-23.5	0.63	-10
葡萄糖酸产品	18.7	3.2	1.18	-7.1
淀粉糖产品	166.1	0.3	9.67	1.26
多元醇产品	39.6	8.0	6.90	6.10
酶制剂产品	8.3	-10.7	3.63	-2.3
酵母产品	14.4	11.5	3.0	8.5
总计	526.8	7.3	54.45	1.7

数据来源：根据 2019 年海关统计数据。

根据海关 2019 年进口数据统计，生物发酵行业主要行业、主要产品进口量 125.44 万 t，较 2018 年同期增长 35.94%；进口额 14.06 亿美元，较 2018 年同期上升 0.19%，详见表 3。

表 3　2019 年生物发酵行业主要行业、主要产品进口量、进口额

分类	进口量/万 t	同比增长/%	进口额/万美元	同比增长/%
氨基酸产品	10962	-9.1	4034	-18.69
柠檬酸产品	1960	-0.34	1041	-0.24
乳酸产品	16272	-0.02	2635	-0.10
葡萄糖酸产品	522	-0.59	186	-0.39
淀粉糖产品	650138	42.19	53562	14.67
多元醇产品	559976	26.47	55411	-9.82
酶制剂产品	13082	-21.25	22045	-11.69
酵母产品	1530	4.29	1658	7.46
总计	1254442	35.94	140572	0.19

数据来源：根据 2019 年海关统计数据。

（1）氨基酸　我国是世界第一氨基酸生产大国，其产品进口数量相对较少，2019年氨基酸产品进口量1.1万t，同比下降9.1%；进口额4034万美元，同比下降18.69%。氨基酸产品出口量约为158.8万t，同比增长22.7%，侧面反映出市场对氨基酸产品的需求不断增加；出口额21.7亿美元，同比增长7.6%。其中谷氨酸类产品进口量2206.2t，进口额719.2万美元；出口量70.1万t，出口额7.1亿美元。2019年赖氨酸、赖氨酸酯及盐进口量1124t，进口额296.8万美元；出口量58.8万t，出口额5.4亿美元。受到国际贸易政策的影响，高附加值小品种氨基酸的出口量及价格持续降低，产品产量及利润大幅下滑。

（2）有机酸　2019年我国有机酸行业产品进口量减少；出口方面，除乳酸出口量下降，柠檬酸和葡萄糖酸产品均增加，但出口平均价格下降。2019年柠檬酸产品进口量1960t，同比减少0.34%；进口额1041万美元，同比减少0.24%；出口量116.4万t，同比上升0.7%；出口额7.74亿美元，同比减少12.8%。

2019年乳酸及其盐和酯进口量16272t，同比减少1.8%。乳酸产品进口量仍然保持高位，主要是生产聚乳酸用的高端乳酸需求量旺盛。进口额2635万美元，同比减少9.9%。出口量4.5万t，同比减少23.5%；出口额0.63亿美元，同比减少10.0%。

2019年葡萄糖酸及其盐和酯进口量522t，同比减少58.6%；进口额186万美元，同比减少39.2%。出口量18.74万t，同比增长3.2%；出口额1.18亿美元，同比减少7.1%；葡萄糖酸出口价格同比下降70美元/t以上。

（3）淀粉糖　2019年淀粉糖相关产品进口量65t，同比上升42.19%；进口额5.36亿美元，同比上升14.67%；进口来源以泰国、法国为主。出口量166.1万t，同比上升0.29%；出口额9.67亿美元，同比上升1.26%。其中，果糖出口量下降24%，主要是东南亚国家对果糖的政策影响在持续，出口地主要集中在东南亚国家及地区。

（4）多元醇　2019年全年多元醇相关产品进口量56.0万t，同比上升26.47%；进口额5.54亿美元，同比下降9.82%。出口量39.6万t，较2018年上升7.96%；出口额6.9亿美元，较2018年上升6.1%。2019年多元醇相关产品进出口均保持上升态势，进口量自2017年回复上升态势，2019年继续保持增长，进口额下降；出口量达到2008年以来的最高点。

（5）酶制剂　与2018年同期相比，2019年酶制剂产品进出口均出现不同幅度降低。其中，进口量同比降低21.25%，进口额同比降低11.69%，进口的平均价格提高；出口方面，2019年酶制剂产品出口量同比降低10.73%，出口额同比降低2.3%，出口价格略有提高。然而，出口的价格远远低于进口价格，对于有些酶种，我国对于国外酶制剂的依赖度依旧很高。

（6）酵母　2019年酵母类产品进口量1530t，同比增加4.29%；进口额1658万美元，同比增加7.46%。其中活性酵母的进口量、进口额同比增长幅度较大，而非活性酵母和发酵粉的进口量、进口额同比下降幅度较大。非活性酵母和发酵粉产品的平均单价均有所增加，或由于高端品种占比较高从而带动均价上升，而活性酵母进口平均单价是下降的。国际市场，2019年酵母出口情况较好。据海关统计，2019年酵母类产品出口较2018年有所增加，2019年酵母类产品出口量14.4万t，同比增加11.48%；出口额3.0亿美元，同比增加8.48%。

6．“三品”战略实施情况

（1）增品种　企业紧跟健康市场需求导向开发、储备新产品，如抗性糊精、阿洛酮糖、酵素新产品、益生制品等，其中部分产品已经成功上市；已有产品如二十二碳六烯酸（DHA）、二十碳四烯酸（ARA）、虾青素等产品，不断研制新品类的终端消费产品，如凝胶糖、口服颗粒等；已有产品根据市场需求，推陈出新，如海藻糖根据市场需求和产品特性，推出海藻糖浆等产品，不断满足消费者的口味和健康需求，促进消费升级；新产品、新应用、新成果产业化转化推广，如微生物法制备高附加值氨基酸、麦胚发酵功能蛋白产业化、生物纤维素的定向合成、生物造纸用酶研发、适用于过程分析技术（PAT）测定的多参数生物反应器、茶多糖与茶褐素的开发、土壤重金属固定的生物技术、生物发酵饲料和酶制剂用生产菌种安全性评价、食用果蔬酵素的开发-功能成分检测及功效评价、聚谷氨酸在农业中的应用等。

（2）提品质　企业自身不断提高质量管理水平，通过工艺技术水平提升、质量管理软实力提升等多方面多途径，以产品品质推动产品在市场的认可度和知名度。行业积极组织开展标准制修订工作，通过标准规范、引领、带动行业发展和质量提升。2019 年行业承担的在研制修订标准共计 63 项，其中食品安全国家标准 3 项、国家标准 3 项、行业标准 26 项、生物发酵产业团体标准 31 项；截至 2020 年 1 月，发布国家标准 1 项、团体标准 12 项，报批行业标准 9 项、团体标准 6 项。所研制标准以产品标准为主要类型，约占制修订标准总数的 60% 以上，其他涉及方法标准和清洁生产、绿色制造等类型。行业中的重点企业都能够积极参与到标准的制定工作中，企业越来越重视标准的作用，在标准制定中的参与度和话语权逐年提升。

（3）创品牌　品牌是企业的第一生产力，是开拓市场的制胜关键。行业企业通过加强创新能力、增加研发投入、加强产学研合作、勇担社会责任等多方位多角度累积企业硬实力和软实力，推动品牌知名度和竞争力的提升。2019 年，行业申报科学技术奖励、科技成果鉴定、技术中心认定的企业、高校等累计 90 余家，成果数量比 2018 年增长四倍多；黄龙食品公司、安琪赤峰公司、中粮衡水公司等企业获得国家级、省部级的产业化重点龙头企业、技术创新示范企业等认定；安琪集团、诸城兴贸、金禾博源、禹城功能糖等企业和区域登上品牌机构的品牌影响力荣誉榜；积极参与精准扶贫，诸城东晓生物科技有限公司和玉锋实业集团有限公司积极为革命老区江西萍乡捐赠玉米油，梅花集团创始人孟庆山先生发起成立的满天星基金会为河北省兴隆县贫困初中学生发放爱心助学款。

7．绿色制造、智能制造

（1）绿色制造　企业积极申报绿色工厂。2019 年，安琪酵母赤峰公司、内蒙古伊品生物、通辽梅花生物、北安象屿金谷生化、江苏微康生物、保龄宝生物、华熙生物、山东西王食品、河南飞天农业、广州双桥重庆公司、青岛琅琊台集团等企业获得国家级第四批“绿色工厂”认定。

广州双桥（重庆）有限公司、菱花集团有限公司、烟台恒源生物股份有限公司通过中国生物发酵产业协会开展的第二批“绿色制造”标识认定；北京工商大学成立“生物发酵绿色产业链分析与碳排放评估技术中心”，依托学校环境学科在生物发酵行业绿色发展的技术服务作用，重点开展生物发酵行业及企业的绿色产业链分析与碳排放评估工作，促进生物发酵行业加快形成绿色产业链和进一步节能减排。

中国生物发酵产业协会发布了《氨基酸行业绿色工厂评价要求》《酵母行业绿色工厂

评价要求》《绿色设计产品评价技术规范　酵母制品》《绿色设计产品评价技术规范　氨基酸》《绿色生产技术评价规范　酵母发酵》《绿色生产技术评价规范　活性干酵母干燥》6项绿色团体标准。

（2）智能制造　行业逐步建立和完善智能制造标准体系。2019年获批立项了《生物发酵行业智能制造　第1部分：控制系统》《生物发酵行业智能制造　第2部分：智能装备》两项智能制造体系行业标准。

企业也在探索和推进自动化、智能化的老生产线技术改造和新建生产线建设。阜丰龙江公司引进首套地磅无人值守系统，山东天力药业新建自动化生产线，浙江华康药业股份有限公司新建数字化糖醇生产线车间，安琪宜昌公司新建营养健康食品数字化车间项目。

8. 发展新亮点与新增长点

行业科技创新活跃，带动行业技术进步和经济增长。近几年在产业结构性过剩及大经济环境的影响下，在供给侧改革和市场需求变革的推动下，行业大中型企业的科技创新意愿和研发投入日益增强，产学研用结合得越来越紧密。

科技成果快速增长。2019年，行业超过18项科技成果开展了鉴定工作，其中包括支链氨基酸生物合成关键技术及产业化、L-苏氨酸代谢调控关键技术及产业化、厌氧发酵法生产L-丙氨酸关键技术与产业化、功能性低聚糖规模高效制造技术创新及应用、发酵用面包酵母浸出物深度开发关键技术及应用、甾体发酵菌种及绿色制造工艺关键技术、ε-聚赖氨酸生产关键技术研发与产业化、L-谷氨酸的高效生产关键技术及产业化等在内，成果均获得专家高度好评；涉及氨基酸、酶制剂、功能发酵制品、生物材料、育种技术等行业的15项科技成果申报了中国轻工业联合会科学技术奖励，其中9项分别获得发明奖、进步奖各等奖项，成果水平较往年有较大提升。这些科技成果攻克了关键技术难点，推动了项目的产业化进程，为行业持续发展提供了技术储备。

行业加强技术中心建设。2019年，华东理工大学、浙江工商大学（浙江华康药业股份有限公司）、中国农业大学、三峡大学（安琪酵母股份有限公司）4家高校（联合企业）通过了中国轻工业重点实验室认定；华东理工大学建立了全国酵素研究中心，中恩（天津）医药科技有限公司建立了全国食用酵素功能研究中心（天津）。这些重点实验室、中心的建立，将进一步加大对行业技术服务的力度，加强行业创新研究及相关产品功能研究等共性关键技术问题的解决能力，为行业有序良好发展提供重要保障。

二、行业面临的问题

（一）政策与市场

1. 政策环境

（1）税收政策　大多数企业增值税留抵税额返还等方面进行顺利。税负与上年同期相比，减税政策使小微企业及中小型企业受益多，大型制造业受益相对较少。

大部分企业获得高新技术企业资质认可，并享受了相应的税收政策。但在出口退税方面，存在将某些生物发酵高新技术产品等同于普通同类产品，适用和普通产品同等的出口政策的现象。如植物油脂是资源类的产品国家不鼓励出口，但微生物油脂是国家鼓励发展的高新技术产品，二者适用同等出口退税政策不合理。

（2）标准法规　在“健康中国行动”的深入推进下，生物发酵产业研发的很多产品均为新食品原料、新食品及饲料添加剂、新化妆品原料，国家对此实施审批许可和目录管理，尽管相关规定清晰，但审核周期往往经历漫长（至少3年以上）；微生物工程菌来源的食品工业用酶制剂行政审批实行双部门审批制，程序复杂、周期较长等都严重制约了企业的创新和发展速度，影响企业产品的有效推广。

部分产品的检测方法标准缺失，影响企业产品的市场推广；企业在使用团体标准申请生产许可证的实际工作当中，得到各地行政审批部门的反馈差异性较大。

（3）投资贷款　受前几年国家宽松的金融刺激政策影响，民营企业在扩张过程中普遍存在短贷长投及企业互保的问题，在当前金融收缩的环境下，出现区域性金融风险。区域所辖企业信贷受到影响，银行断贷抽贷，影响企业造血能力。

由于国内金融政策不健全，导致企业融资手段较少，没有好的融资机制能够帮助民营企业降低融资成本，而民营企业与国营企业相比经营风险较高，国内还没有形成良好的企业征信系统，缺乏有效的风控手段，导致银行等金融机构不愿意为民营企业提供贷款。

2. 市场环境

（1）国内市场生物发酵产业大宗产品中低端产品已经饱和，价格竞争激烈。国内企业只注重销售和生产，并没有战略储备的产品，下游应用研究力度不够，市场没有打开。在国际竞争中，我国产品多以低价、量大来占领销售市场，被反倾销的案例较多。同时，我国企业自我保护意识不够，不团结，不能一致应对国际的竞争。

（2）国外产品的质量及成本较国内产品具有很大优势，高端产品在国内市场形成垄断。国际同行继续加大中国市场投入和全球产能扩张，利用其全球化布局，在诸多方面形成与国内企业的针对性竞争，给我国企业国际化发展带来的挑战不容小觑。

（3）中美贸易摩擦，生物发酵部分产品被列入美国 2018 年 9 月 17 日公布的第二批对中国 2000 亿美元产品加征关税的清单，自 2018 年 9 月 24 日起，我国向美国出口的木糖醇被额外加征 10% 的关税；自 2019 年 5 月 10 日起，被额外加征的关税税率由 10% 上调至 25%。国际客户采购成本大幅增加，订单数量减少，价格下跌，部分客户已经更换产品配方，出口销售额大量减少。

（4）国内企业针对国内市场需求的产品应用层面的配方设计供给不足，对于现行互联网的营销模式运用缺乏。另一方面，科普宣传不够，使得消费者对益生菌、酵素等产品期望值过高，造成产品市场的混乱。

（二）科技创新

（1）氨基酸、酶制剂等行业关键核心菌种自主知识产权问题仍然是行业发展的瓶颈问题。新菌种、新酶的挖掘，高效生产菌株关键基因位点的挖掘与知识产权保护与国外公司相比有很大差距。

（2）生物发酵产业专用的异构酶和酶的固定化技术、发酵条件和工艺水平上的改进和优化、连续离交或色谱分离、膜分离装备等分离提取高端装备和高效的分离提取技术，新产品性能、特性、功能评价及检测技术，自控及智能化控制水平与国际先进水平相比差距明显。

三、发展趋势

（一）扩张发展态势趋稳，大宗产品竞争激烈

自国家放开玉米深加工政策以来的一轮新扩建玉米深加工项目逐步投产、实施，加上原料市场趋紧的不确定性、产品市场的饱和等因素，行业未来大宗产品再行大幅度扩张的意愿下降，近两年将主要集中在市场开拓、原有产能释放、品牌开拓及产品竞争力的提升方面。2020 年淀粉糖、赖氨酸等行业随着新的产能陆续进入市场，将对原有行业带来较大冲击，行业竞争将更加激烈。

（二）企业转型升级，延伸产业链条

企业面对日益激烈的竞争，逐步调整发展思路，不断深入挖掘内部潜力，提高精细

化管理水平，更加注重通过技术改进、引入新设备、新技术降成本、提质量，稳住已有市场，提升市场竞争力；转型延伸产业链条，将产品延伸至生产小品种氨基酸、生物农药、医药中间体等高附加值产品，或将副产物高附加值利用，寻求新的经济增长点，规避单一产品风险；逐步拓宽产品应用领域，配套产品应用体系与配方技术支持，与上下游客户建立技术、产品研发合作机制，开展定制服务，开发有针对性的特色产品；借助地域优势、资源优势，谋求新的协同发展模式，带动企业自身发展。

（三）推动绿色、智能发展，增加发展动力

近几年国家推动的绿色制造、智能制造，为行业企业发展注入了新的动力，全行业也在不断探索与推进，挖掘和弥补绿色发展、智能发展的短板，国家和地方也给予了大力的支持，行业不断在完善相关的标准体系，对企业加快提升绿色制造和智能制造水平起到了很大的指导和助推作用，逐步带动行业整体从源头到末端，从清洁生产、节能降耗到环保治理，从工序自动化逐步到全车间智能化全方位的提升。

（四）注重科技、人才储备，提升发展硬实力

企业愈加注重人才、科技对企业后续发展的驱动力。从这两年行业科技发展和科研成果来看，越来越多的企业意识到科技创新对企业未来发展和竞争力提升的重要性，一方面吸引高科技人才，组建自己的科研团队，为企业自有产品、自有技术、新产品进行更新和积累；一方面积极与高校院所、应用企业等合作，产学研用有机结合，组建联合实验室或中心，公关新产品、新技术、关键技术，为后续发展做积累。

四、政策建议

（1）继续加大国家及各级地方政府对行业结构调整的力度，严格控制生物发酵行业项目盲目投资和低水平重复建设，大力支持生物发酵产业链延伸，推动大型企业形成各自的发展特色，避免同质化竞争。

（2）在金融政策上，建议多向民营企业、中小企业倾斜，适当降低融资成本，提供专项贷款，放宽贷款审核条件，降低贷款利率，保障企业运营安全。

（3）建议对生物发酵制品给予更大出口的扶持和激励，统一和增加行业出口退税产品目录，鼓励企业出口创汇；推动生物发酵企业享受在一定时期内未抵扣完的进项税额予以一次性退还的政策。

（4）建议加大对生物发酵产业创新支持。重点支持生物制造菌种和酶制剂等瓶颈关键技术突破，功能性发酵制品安全营养评价及产品标准化平台建设；支持生物发酵产业智能化提升工程、生物发酵绿色低碳（生态设计）产业升级工程及新工艺开发和产品质量升级工程。

（5）建议完善基因修饰微生物（GMM）来源的食品工业用酶制剂行政审批管理体系，建议增加从事食品行业管理和技术研发等的相关专家参与 GMM 来源食品工业用酶制剂的管理体系、审评方法制定，以及生物安全评价工作。

中国生物发酵产业协会

酿酒工业

2019年是酿酒行业结构调整、集中度提升、消费升级持续深化的一年。酿酒行业整体经济效益稳定，并向高质量阶段发展挺进。行业集中度进一步提升，行业结构的深度调整在稳固有序地进行。全行业更加注重产品结构的优化和产品品质的提升，产量与市场需求基本保持在合理区间。

一、行业概况

根据国家统计局数据（图1~图4），2019年1—12月，全国酿酒行业规模以上企业完成酿酒总产量5590.13万kL，同比增长0.30%。其中，饮料酒产量4898.55万kL，同比增长0.71%；发酵酒精产量691.58万kL，同比下降2.50%。

2019年1—12月，主要经济效益汇总的全国酿酒行业规模以上企业总计2129家，累计完成产品销售收入8350.66亿元，与上年同期相比增长6.80%；累计实现利润总额1611.67亿元，与上年同期相比增长12.84%。

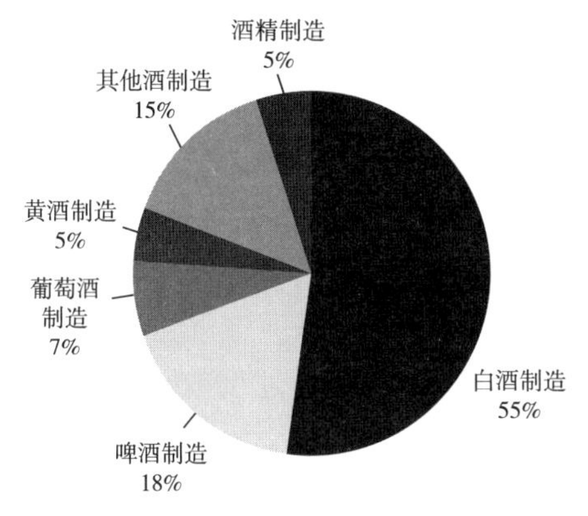

图1　2019年酿酒行业企业数量分布情况

资料来源：国家统计局。

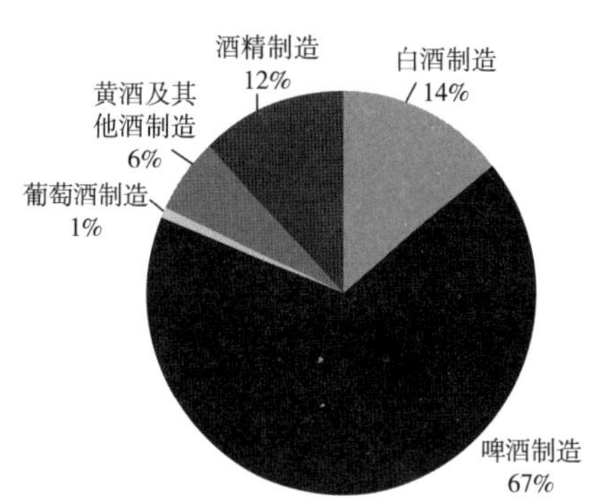

图2　2019年酿酒行业产品产量分布情况

资料来源：国家统计局。

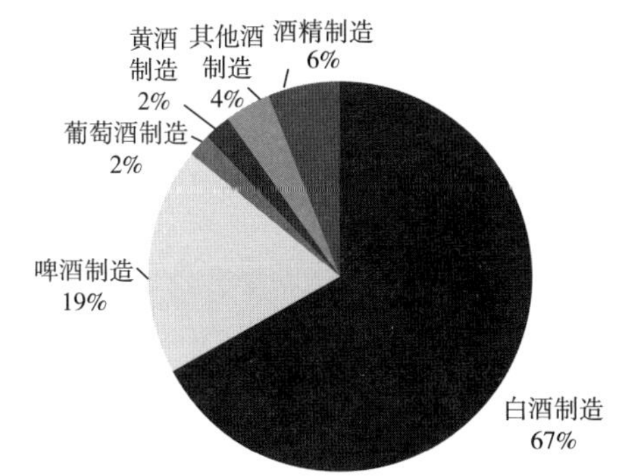

图3　2019年酿酒行业销售收入分布情况

资料来源：国家统计局。

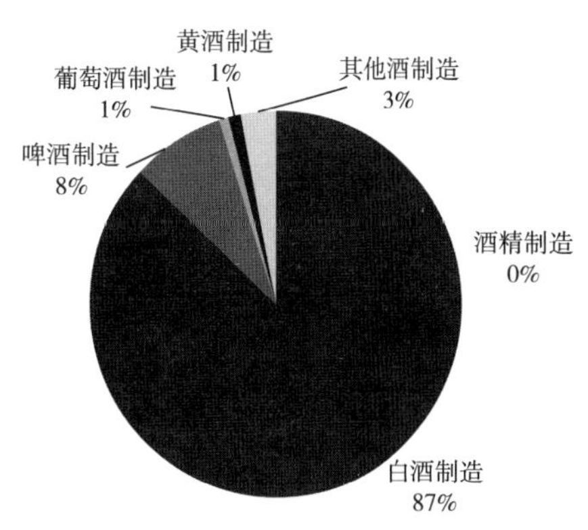

图4　2019年酿酒行业利润分布情况

资料来源：国家统计局。

（一）主要经济指标

1. 主营业务收入

2019年，全国酿酒行业累计完成销售收入8350.66亿元，与上年同期相比增长6.80%。其中，白酒行业完成销售收入5617.82亿元，同比增长8.24%；啤酒行业完成销售收入1581.32亿元，同比增长4.79%；葡萄酒行业完成销售收入145.09亿元，同比下降17.51%；黄酒行业完成销售收入173.27亿元，同比增长2.71%；其他酒行业完成销售收入315.63亿元，同比下降0.18%；发酵酒精行业完成销售收入525.75亿元，同比增长12.54%（表1）。

2. 利润

2019年，酿酒行业累计实现利润总额1611.67亿元，同比增长12.84%。分行业看，白酒行业累计实现利润总额1404.09亿元，同比增长14.54%；啤酒行业累计实现利润总额133.87亿元，同比增长10.00%；葡萄酒行业累计实现利润总额10.58亿元，同比下降16.74%；黄酒行业累计实现利润总额19.26亿元，同比增长11.45%；其他酒行业累计实现利润总额47.95亿元，同比增长11.69%；发酵酒精行业累计实现利润总额-4.08亿元，同比下降151.94%。

由以上2019年酿酒行业经济效益数据并结合产量情况（表2）看出，饮料酒行业总体经济效益向好，而部分行业则出现不同幅度的下降。

表1　2019年我国酿酒行业销售收入和利润变化情况

酿酒行业	销售收入/亿元	同比增长/%	利润总额/亿元	同比增长/%
白酒制造业	5617.82	8.24	1404.09	14.54
啤酒制造业	1581.32	4.79	133.87	10.00
葡萄酒制造业	145.09	-17.51	10.58	-16.74
黄酒制造业	173.27	2.71	19.26	11.45
其他酒制造业	307.41	-0.18	47.95	11.69
发酵酒精制造业	525.75	12.54	-4.08	-151.94
合计	8350.66	6.80	1611.67	12.84

资料来源：国家统计局。

表2　2019年我国酿酒企业分酒种产品产量情况

酒种	总产量/万kL	同比增长/%
发酵酒精（折96度）	691.58	-2.50
饮料酒	4898.55	0.71
其中：白酒（折65度）	785.95	-0.76
啤酒	3765.29	1.09
葡萄酒	45.15	-10.09
黄酒及其他酒	302.16	1.67

说明：根据《饮料酒分类》（GB/T 17204—2008）并结合国家统计局所统计的类别，饮料酒包括13种，即麦芽酿造的啤酒、葡萄汽酒、鲜葡萄酿造的酒、味美思酒、黄酒、蒸馏葡萄制得的烈性酒、威士忌酒、朗姆酒、杜松子酒、伏特加酒、利口酒及柯迪尔酒、龙舌兰酒、白酒。

数据来源：国家统计局。

（二）行业发展分析

2019年，我国酿酒行业紧跟消费升级趋势，在保持稳步健康发展的基础上，继续进行产业深度调整，效果明显。酿酒行业经济规模扩大，产业结构持续优化，市场活力不断激发，新动能发展壮大，酒业经济发展的质量和韧性显著增强。2019年酿酒行业主要经济效益指标同比增速变化情况如表3所示。

表3　2019年我国酿酒行业主要经济效益指标同比增速变化情况　　单位:%

指标	1—3月	1—6月	1—9月	1—12月
产品产量	-0.19	0.75	0.32	0.30
产品销售收入	7.43	7.27	8.24	6.80
利润总额	19.72	18.25	17.91	12.84
亏损额	3.95	8.15	13.04	3.56

资料来源：国家统计局。

1. 价格

2019年，白酒、啤酒、黄酒、其他酒制造业利润总额均有上升，葡萄酒和发酵酒精制造业利润总额有所下降。从单位产品利润上看，白酒、啤酒制造业有所上升，葡萄酒略有降低，发酵酒精制造业单位利润大幅降低（表4）。酿酒行业仍处于调整阶段，酒类产品价格仍体现酒类市场资源配置和市场调整状态。

表4　2019年我国酿酒行业单位产品销售收入和利润情况

酿酒行业	销售收入/(元/L)	同比增长/%	利润/(元/L)	同比增长/%
发酵酒精制造业	7.60	15.43	-0.06	-153.28
白酒制造业	71.48	9.07	17.86	15.42
啤酒制造业	4.20	3.67	0.36	8.82
葡萄酒制造业	32.14	-8.25	2.34	-7.40

资料来源：国家统计局。

以经济指标占比最大的白酒为例看价格走势。2019年我国规模以上白酒企业累计完成销售收入5617.82亿元，与上年同期相比增长8.24%；累计实现利润总额1404.09亿元，与上年同期相比增长14.54%。2019年全国白酒批发价格总指数同比上涨2.4%，比上年同期涨幅低4.24个百分点，反映了市场热度开始降温，市场开始回归理性。

分月来看（图5），从2018年下半年开始，全国白酒批发价格同比总指数涨幅开始收窄，并将这种态势延续到2019年上半年。自1月份同比上涨3.34%后，全国白酒批发价格涨幅基本是逐月回落，从2月份的2.65%一直回落至5月的1.35%，6月份受利好刺激，涨幅略回升至1.51%。随着下半年泸州老窖、剑南春、水井坊、郎酒等先后调价让白酒市场再次出现较高热度的背景下，全国白酒批发价格同比总指数涨幅有所回升，8月份上涨2.39%，12月上涨3.17%。不过从全年来看，全国白酒批发价格总指数同比上涨2.4%，比上年同期低4.24个百分点，显示经历了前期涨、涨、涨的冲动后，市场热度开始降温，市场有望回归理性，其实更有利于白酒行业行稳致远。

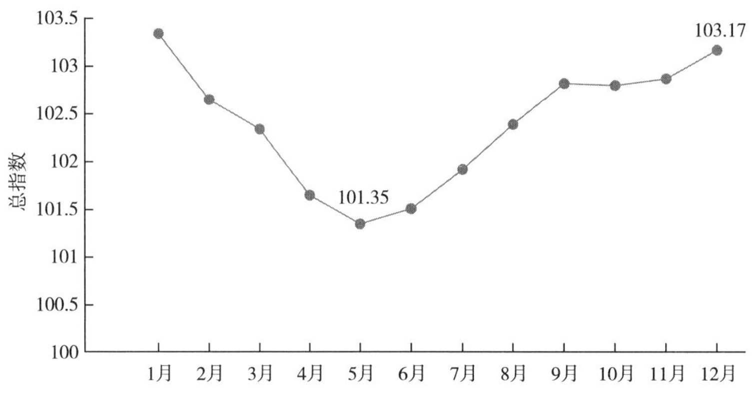

图 5　2019 年全国白酒批发价格同比总指数

资料来源：《2019 中国白酒价格运行报告》。

分类来看（图 6），2019 年名酒、地方酒、基酒价格同比指数走势出现一些分化。作为本轮行业复苏的排头兵，名酒价格涨幅虽然也明显收窄，但走势相对更为强劲。名酒价格受茅台稳价影响，上涨动力减弱，2019 年全国名酒批发价格指数同比上涨 3.39%，涨幅比上年同期回落 6.05 个百分点，但仍比地方酒高 2.1 个百分点，比基酒高 2.25 个百分点。相对一线酒企，更多的地方酒企则面临销售困难、资金链紧张、需要打折促销的窘境，造成 2019 年地方酒价格走势相对疲软，特别是 6 月份同比一度转为负增长，下跌 0.08%，显示在挤压式增长的行业现状下，地方酒不进则退的尴尬和危机。基酒受益产业复苏，以及高粱等原料成本增加影响，同比仍保持正增长，但涨幅也较 2018 年明显收窄，是对市场降温的另一个佐证。

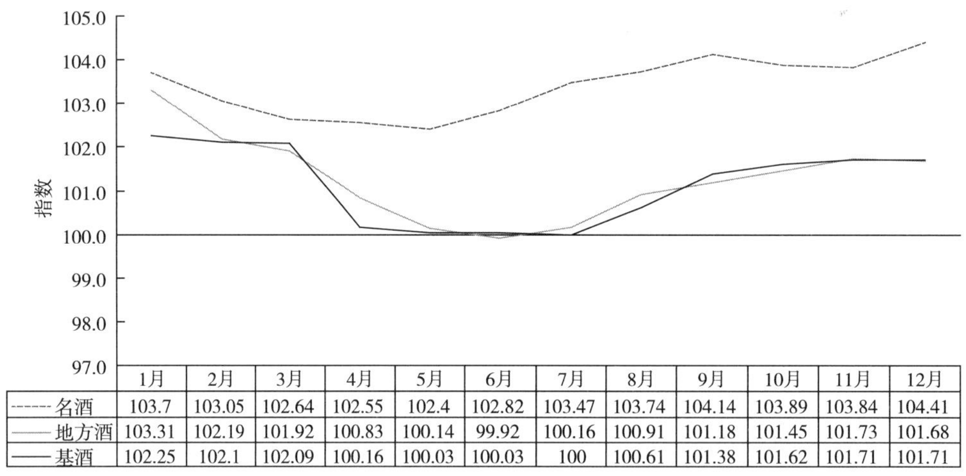

	1月	2月	3月	4月	5月	6月	7月	8月	9月	10月	11月	12月
名酒	103.7	103.05	102.64	102.55	102.4	102.82	103.47	103.74	104.14	103.89	103.84	104.41
地方酒	103.31	102.19	101.92	100.83	100.14	99.92	100.16	100.91	101.18	101.45	101.73	101.68
基酒	102.25	102.1	102.09	100.16	100.03	100.03	100	100.61	101.38	101.62	101.71	101.71

图 6　2019 年全国名酒、地方酒和基酒批发价格同比指数

资料来源：《2019 中国白酒价格运行报告》。

从判断价格长期运行趋势的定基指数（图 7）看，经过行业近几年的复苏后，2018 年 5 月全国白酒批发价格定基指数为 100.42，首次进入正增长区间。自此全国白酒批发价格定基指数缓慢但逐步攀升，到 2019 年 12 月达到 104.23，创下新高。2019

年全年全国白酒批发价格定基指数都运行在100.87~104.23 这个正增长区间，显示当前白酒整体价格已基本回升到 2012 年行业调整前水平。

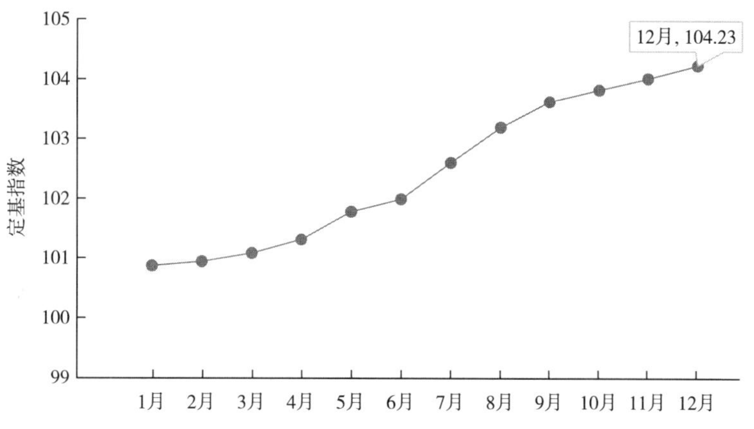

图 7　2019 年全国白酒批发价格定基指数

资料来源：《2019 中国白酒价格运行报告》。

2. 市场

在宏观经济、产业生态、消费升级等不断变化的大背景下，2019 年酒业市场基本面大为改善。目前，酒类消费已从基本消费逐步转变为个性化、多样化的高品质消费。再加上追求养生、健康消费等时代消费特征的出现，“少喝点、喝好点”“适量饮酒、快乐生活”的理性饮酒行为逐渐成为一种新的消费理念与消费趋势。与此同时，随着经济建设提速、消费升级、中产阶级扩容等新市场环境的形成，有效扩充了高品质高端酒的市场容量。酒类产业深度调整成效明显，大众消费逐渐常态化，各种新型消费场景不断涌现，全方位、多角度满足大众的美酒消费需求成为常态。

从市场结构来看，2019 年酒类品牌集中度进一步提升，结构性升级明显。白酒、啤酒、葡萄酒、黄酒一线名酒企业在中高端产品上都有非常突出的表现，同时高端产品比重大幅提升，这也使得酒类市场价格线进一步提高。市场容量趋稳的同时，随着品牌意识提高和强化，消费向骨干企业、驰名品牌、优势品牌集中。强势龙头品牌挤压非龙头品牌，品牌集中度进一步提升。

从消费端来看，大众消费与消费升级是 2019 年市场发展的核心动力。2019 年酒类市场大众消费所占的比例大幅提高。据国家统计局数据显示，全国居民人均可支配收入由 2015 年的 21996 元增至 2019 年的 30733 元，这也正是大众消费升级、酒类消费持续升级的有力支撑。

从流通渠道来看，“全酒品、新零售”成为酒类流通变革的主要方向。消费“品牌化、多元化、个性化、健康化”对酒类流通提出“全酒品”的新需求。2013 年限制三公消费以后，酒类消费开始“去中心化”，大众消费成为酒类消费的主力军。2015 年开始，数字化营销、新零售模式开始在酒类市场相继流行。2019 年，线上选酒、线上订单，线下体验、线下配送，线上支付、线上评价的“新零售”已在酒类市场从概念落地为现实，推动着酒类市场稳健发展。

3. 投资

2019 年，酿酒行业总体资产总额增加7.60%，除葡萄酒略有下降外，各子行业资产总额均有所增加，其中其他酒制造业增长

24.13%，增幅最大。全国酿酒行业规模以上企业共亏损335家，亏损面为15.74%；亏损企业累计亏损额45.13亿元，比上年同期小幅增长3.56%（表5）。截至2019年12月底，行业资产负债总额达4703.32亿元，负债率达39.05%，较上年同期小幅下降0.97%。

表5 2019年我国酿酒行业亏损及其变化情况

酿酒行业	企业数量/个	资产总额增幅/%	亏损面/%	亏损额/亿元	同比增长/%
白酒制造	1176	9.36	11.14	8.88	-5.85
啤酒制造	373	0.69	24.93	16.06	-10.84
葡萄酒制造	155	-2.70	21.29	1.69	25.57
黄酒制造	110	3.16	5.45	0.30	2.76
其他酒制造	207	24.13	11.11	1.95	30.94
酒精制造	108	2.12	45.37	16.25	24.94
合计	2129	7.60	15.74	45.13	3.56

资料来源：国家统计局。

4. 区域分布

2019年我国酿酒产量最大的五个地区：四川、山东、广东、黑龙江、河南五省酿酒总产量2400.31万kL，比上年同期增长2.48%，占全国酿酒总产量的42.94%（表6）。其中，四川省酿酒总产量最大，达到643.97万kL，同比增长7.37%；山东省酿酒总产量596.77万kL，同比小幅下降0.65%；广东省酿酒总产量422.20万kL，同比下降1.15%；黑龙江省酿酒总产量380.27万kL，同比增长9.02%；河南省酿酒总产量357.10万kL，同比下降2.39%。

表6 2019年重点省份酿酒产量情况

省份	产量/万kL	同比增长/%
全国	5590.13	0.30
四川省	643.97	7.37
山东省	596.77	-0.65
广东省	422.20	-1.15
黑龙江省	380.27	9.02
河南省	357.10	-2.39

资料来源：国家统计局。

5. 行业集中度

酒类产业经过深度调整之后，从2015年开始，酒类消费市场持续向好，除"增速快""业绩好"的显著特点出现外，酒类产业集中度一年比一年提高，市场结构升级愈发明显。

以白酒产业为例，19家白酒上市公司在2018年总营收达到2086亿元，占白酒营收总额近40%，同比增长近30%，是行业平均水平的两倍多。在2019年，这19家白酒上市公司的利润就占据了整个白酒产业利润的半壁江山。从白酒规模以上企业数量连续减少来看，这说明白酒产业的"马太效应"在加剧，头部企业的引领作用愈发明显；而利润五年来始终保持稳步提升，而且利润主要集中在产业前4%的龙头企业。2019年白酒行业收入和利润的集中度分别上升了18%和11%。整个白酒产业集中度正在大大提升，利润处于高度集中状态，龙头企业引领产业发展作用愈发明显。

同样在啤酒、葡萄酒、黄酒等产业，营收与利润均在向龙头企业大幅倾斜。

6. 进出口

根据海关总署数据，2019年饮料酒及发酵酒精制品累计进出口总额60.41亿美元，同比下降15.14%。其中，累计出口额11.10亿美元，同比下降21.64%；进口额49.31亿美元，同比下降13.53%。白酒2019年进口量同比上升31.23%，与上年同期相比显著增长。啤酒2019年出口量同比增长8.26%，较上年同期增长幅度略有升高。葡萄酒和酒精的进出口量与上年同期相比都显著下降，尤其是酒精，出口量下降66.66%，进口量下降88.98%。由进出口数据可以看出，我国酒类商品进出口贸易在2019年总体呈下降趋势（表7）。

表7　2019年我国酒类商品进出口贸易情况

商品名称	出口				进口			
	出口量/万kL	同比增长/%	出口额/亿美元	同比增长/%	进口量/万kL	同比增长/%	进口额/亿美元	同比增长/%
白酒	1.64	-4.76	6.65	1.28	0.39	31.23	1.37	34.31
啤酒	41.76	8.26	2.55	1.18	73.20	-10.86	8.20	-9.33
葡萄酒	0.33	-46.96	0.80	-77.83	59.41	-11.30	23.36	-15.40
黄酒	1.49	2.90	0.24	1.25	0.0032	133.97	0.0031	458.86
其他饮料酒	0.32	-8.42	0.39	-23.79	12.26	30.69	15.59	11.70
酒精	2.88	-66.66	0.46	-34.02	11.51	-88.98	0.78	-85.46
合计	48.41	-5.71	11.10	-21.64	156.76	-40.45	49.31	-13.53

注：（1）根据《饮料酒分类》（GB/T 17204—2008）并结合海关总署所统计的类别，其他饮料酒包括：葡萄汽酒（未加香料）、小包装的味美思酒及类似酒（容器容量≤2L；加植物或香料的用鲜葡萄酿造的酒）、蒸馏葡萄酒制得的烈性酒、威士忌酒、朗姆酒及蒸馏已发酵甘蔗产品制得的其他烈性酒、杜松子酒、伏特加酒、利口酒及柯迪尔酒、龙舌兰酒、未改性乙醇（按容量计酒精浓度<80%）及其他蒸馏酒及酒精饮料。

（2）酒精包括：未改性乙醇（按容量计酒精浓度≥80%）、任何浓度的改性乙醇及其他酒精。

资料来源：海关总署。

7. 重点行业

（1）白酒　2019年白酒产业集中度进一步加大，消费升级和产区效应凸显，具体体现在以下方面。

头部企业引领作用愈发明显。数据显示，近三年来全国规模以上白酒生产企业数量和产量呈下降趋势，整个产业开始进入挤压式增长阶段。次高端以上品牌上市公司的收入增速保持在15%以上，净利润增速基本在20%以上，利润占行业比例更达近八成。市场份额逐渐向头部企业靠拢，并且强者恒强，马太效应显现，白酒消费的高端化趋势在持续提升。

产业营销模式变革，白酒消费品属性越来越强。白酒产业营销模式正从大经销商向小经销商转变，生产企业终端话语权增强；生产企业逐渐建立与意见领袖消费者、核心门店、终端商等渠道的直接连接，有效拉近了与消费端的距离。从传统营销升级为基于渠道大数据的现代营销，达成了稳固渠道网络、拉动市场销售、改善渠道利润、净化渠道秩序的目标，白酒的消费品属性越来越强。

名优高端产品价格持续上涨。2019年，高端、次高端及区域强势品牌白酒的营收增速明显高于三四线品牌。纵观2015—2019这五年白酒产业的发展轨迹，茅台、五粮液、洋河、泸州老窖等高端品牌每年都会根据市场变化上调产品价格，基于企业发展战略需要以及对竞争对手的回应，涨价成为不少高端品牌的一大选择。

领军企业提质增效，引领产业高质量发展。2019年白酒产业利润增速大于销售收入增速，而收入增速又远大于产量增速，说明白酒产业正在向高质量发展稳步推进。同时，领军企业在整个产业当中的比重越来越大。2019年，茅台、五粮液销售收入超过千亿元，且白酒产业销售收入超过百亿元规模的企业数量、销售收入、利润均保持着良好增长势头。

（2）啤酒　2019年我国啤酒产量完成3765.3万kL，比上年同期（调整数3724.9万kL）增长1.1%，产量净增长40.4万kL。人均占有量为26.9L，比上年下降0.4L。如以消费量来计算，则2019年啤酒总消费量为3796.3万kL，比上年同期增长0.8%；人均消费量为27.1L，比上年上升0.4L。自2018年以来，啤酒行业2019年连续第二年出现消费增长，增幅较上年提高0.6个百分点，呈现出产品结构和市场结构变革成效显著的态势。

发展模式从规模主导向利润主导转变。2019年主流啤酒集团以高端化、多元化、特色化消费升级需求为导向，加快向高附加值产品转型升级，引领啤酒行业高质量发展。几大主流集团的利润近五年来持续增长，前五大啤酒企业占市场近80%份额，分别为华润啤酒、青岛啤酒、百威英博、燕京啤酒和嘉士伯集团。

消费结构由低端向中高端转变，高端啤酒议价能力提升。啤酒市场进入存量时代，产业寡头竞争更加激烈，中高端啤酒的消费占比快速扩大。数据显示，2011—2018年，高端啤酒销售额增速在20%～35%，而低端啤酒销量占比由89.1%下降至76.5%。2019年高端啤酒占比进一步扩大，但高端及超高端类别的占比仍然大幅低于成熟啤酒市场（美国该比例为42.1%），增长空间巨大。2019年，各大啤酒龙头企业纷纷加码中高端啤酒市场，高端产品价格上调的同时，市场份额依旧快速扩张，显示高端啤酒的议价能力提升。

消费特征由单一型向多元型转化，新场景、新品类打造盛行。2019年，啤酒产品结构碎片化进一步放大，消费更加注重场景化；在产品选择上，消费者更加倾向于追求个性化产品，与健康、环保、便捷服务等紧密相连，“悦己型”体验式消费盛行，清爽型啤酒产品消费量下降，更适合个人享受型的浓醇型啤酒销量上升。广大啤酒企业紧跟消费趋势，强化消费场景打造，推出了多种新品类，如消费者倍加喜爱的高度啤酒与女性消费者追崇的无醇啤酒、果味品酒开始大量涌现。

啤酒产业新的增长极显现，工坊啤酒增长较快。我国工坊啤酒市场自2015年起进入高速发展阶段，2019年工坊啤酒的发展进程更是进一步加快，而且在消费端更受消费者追崇。在消费者眼里，“工坊啤酒”已经成中高档啤酒的代名词，凭借丰富的品类、口感以及具个性化的消费场景，市场规模稳步扩容。

（3）葡萄酒　在经过2001—2012年的加速发展阶段以后，国内葡萄酒产业在2013年进入调整期。2014年和2015年出现短暂回暖。自2016年起，产量、销售额和利润等主要经济指标出现三连跌，尤其2017年，产量、销售额和利润出现了近三成的断崖式下跌状况。2019年，葡萄酒产量、销售额和利润的下跌趋势逐步收窄，国产葡萄酒行业深度调整已经开始触底，未来发展前景光明。

近几年，我国葡萄酒产业在实践中探索出了一些颇具特色的发展模式，葡萄酒产区政府发挥葡萄酒的产业特色，一二三产业融合发展。2019年河北省人民政府出台了做强做优葡萄酒产业的实施意见，根据实施意见，河北省将构筑“2511”产业格局，即：打造两大优质产区，培育5家龙头企业、10个优质酒庄、10个知名品牌；到2022年，预计河北省葡萄酒产区种植面积达到20万亩以上，葡萄酒产量达到20万kL以上，葡萄酒产业主营业务收入达到100亿元以上。2020年一季度，宁夏落实新建酿酒葡萄基地31808亩，批复新（扩）建酒庄6个，预计总投资2.5亿元以上，葡萄酒产能增加2000t以上。各大产区政府都强调，要强化葡萄酒产业与相关产业的融合发展，以葡萄酒产业为龙头，推动地方经济高质量发展。如今，宁夏、蓬莱和秦皇岛等产区的葡萄酒旅游都已初步发挥作用。

由于产业发展特点，我国葡萄酒产业发展曾出现断代，且近代工业化葡萄酒发展历程又短，一直没有形成自己的葡萄酒文化体系和品鉴标准，这些也一度导致国产葡萄酒企业缺乏正确的市场定位和产品体系定位，没有形成与消费者良好的互动体系，以至于市场推广力度偏弱。在近几年的发展过程中，中国葡萄酒产业充分认识到自身发展中存在的不足，强化文化体系建设，用中国葡萄酒特有的文化语言、消费理念与消费者对话，渐渐赢得消费者认可。相信在中国葡萄酒产业文化体系建设逐步成型的基础上，中国葡萄酒将迎来更好的明天。

（4）黄酒　2019年，纳入到国家统计局范畴的规模以上黄酒生产企业110家，其中亏损企业6家，企业亏损面为5.45%。规模以上黄酒企业累计完成销售收入173.27亿元，同比增长2.71%；累计实现利润总额19.26亿元，同比增长11.45%。黄酒商品累计出口总额2431万美元，同比增长2.90%；累计出口14868kL，同比增长1.25%。2019年黄酒行业整体发展平稳，利润的增长幅度比销售收入的增长幅度大，一方面反映了黄酒行业销售收入的增幅不温不火，不够强劲，另外一方面也反映了黄酒行业产品结构、价值回归初现成效。近年来，中国黄酒产业正在向高端化、年轻化方向发展，多家企业推出高端产品，将年轻化概念融入产品中，适应消费升级的加速、健康消费观念的形成、消费场景的多元化、高端市场的需求，逐步发展黄酒中高端产品，提升黄酒产品整体档次，逐步实现黄酒的价值回归。

黄酒行业需要加强中国黄酒传统酿造技艺和文化的保护和传承，提高中国黄酒品质，促进黄酒产品优化升级，增强黄酒企业竞争力，让更多的消费者认知黄酒品质和文化内涵，满足人民对美好生活的需求，扩大黄酒的影响力，振兴中国黄酒产业，推动黄酒行业高质量健康发展。

（5）果露酒　从2018年开始，果露酒行业销售收入开始回升，且利润的增幅大于销售额的增幅，说明果露酒行业的产品结构得到一定的优化。长期看，果露酒市场需求增速放缓，但仍有增长空间。

从产业格局看，领头企业比重继续增大，与第二梯队的差距也在拉大。劲酒继续占据露酒产业市场份额最高的龙头位置；五粮液、茅台等白酒名企的露酒产品处于第二梯队，市场规模在10亿元左右徘徊；椰岛鹿龟酒、张裕三鞭酒、竹叶青、宁夏红等品牌维持在第三梯队，市场规模在1亿~5亿元；大多数中小企业营收维持在千万元左右。总的来看，果酒企业以区域性、小规模企业为主，大部分企业没有纳入国家统计局统计范畴，通过对部分代表性果酒企业进行调研，目前果酒行业销售规模在10亿~20亿元，行业整体还处于萌芽期。

为适应新的消费需求，露酒的产品开发向口味愉悦型露酒发展，如茅台的不老酒、五粮液的生态系列酒、泸州老窖的养生酒系列产品、洋河的双沟莜清酒、汾酒的玫瑰汾酒、古井贡酒的亳菊酒等，强调其愉悦的属性以及长期饮用的安全和健康价值，推出后很快赢得了消费者认可。作为传统酒种，果露酒在工艺技术的研究、风味的研究以及活性物质的研究方面都远远不够；植物类露酒占总产品的90%以上，动物类露酒产品不足8%；产品同质化严重，产品个性及特点表达不充分，在酒类产品中竞争力较弱。

（6）发酵酒精　2019年发酵酒精价格低迷，行业整体亏损。根据国家统计局统计数据，2019年规模以上发酵酒精企业108家累计实现利润总额-4.08亿元，与上年同期相比下降151.94%，是2016年以来最差的一年。玉米酒精平均价格在5000~5400/t元波动，木薯酒精平均价格在5300~5600元波动。玉米酒精单位利润水平在盈亏平衡线上下波动，木薯酒精吨亏损额全年在500元以上。

从原料结构来看，玉米酒精产能优势扩大，木薯酒精进一步萎缩。玉米原料占比从2018年的60%提高到2019年的65%，木薯原料占比从2018年的25%下降到2019年16%。而稻谷用量进一步扩大，占比从2018年的11%提高到2019年的15%。

行业集中度进一步提升。单个工厂年产量从2018年和2019年对比来看，产量在10万t以上企业总产量从71.9%增长到75.82%，20万t以上企业从43.65%增长到54.16%，30万t以上企业从31.99%增长到44.09%。行业集中度进一步提升，行业骨干大企业发挥规模、资金、原料优势，龙头效应凸显。而中小规模企业只能差异化发展，行业竞争更加激烈。

8.“三品”战略实施情况

2019年，酿酒行业“三品”战略实施情况主要体现在以下三个方面。

（1）增品种　支持企业深度挖掘用户需求，适应和引领消费升级趋势，在产品开发、外观设计、产品包装、市场营销等方面加强创新，积极开展个性化定制，丰富和细化酒类产品种类。

以啤酒行业为例，随着我国经济水平的发展和消费需求的转变，小微型啤酒酿造模式兴起。小微型啤酒在国外被称为Craft beer（手工啤酒），我国啤酒市场多称之为“精酿啤酒”，我国业内则定义为“工坊啤酒”，其产量为200~3000kL/年。如今国内啤酒行业竞争格局基本趋于稳定，中国啤酒消费量趋于饱和，行业发展的重点着眼于产品结构的改变和行业格局的再造，更加多元化、个性化的中高端啤酒产品需求持续扩大。工坊啤酒具有投资小、产品种类丰富、风味突出、销售链条短等特点，与规模化企业生产的啤酒产品相比，具有一定的优势。随着全球以及我国啤酒市场个性化和碎片化的发展趋势，我国小微型啤酒企业进入快速发展期。

2019年，由中国酒业协会提出、中国酒业协会团体标准审查委员会归口管理的一项团体标准《工坊啤酒及其生产规范》正式发布。该标准从人、机、料、法、环、测等方面，提出了对从事工坊啤酒业生产和经营的基础设施、场所、从业人员和工艺技术、生产操作、食品安全质量管理等方面的要求，为工坊啤酒业的规范化管理建立了基础保障，为中国啤酒产业新的增长筑起了护城河。

（2）提品质　重点培育和弘扬精益求精酿造的工匠精神，引导企业树立质量为先、信誉至上的经营理念，立足酒类产品，走以质量取胜的发展道路。

以黄酒行业为例，长期以来在黄酒的生产酿造上，对原料及产量有所限制，一定程度上影响了黄酒产业的发展。2019年黄酒领军企业纷纷在保持传统的基础上，不断加大科技投入，持续探索新工艺，开始采用小麦、黏米、玉米、高粱等其他原料进行酿造，不但突破了黄酒在酿造原料上的限制，更是创新出了营养型、功能型等新型黄酒品种，与此同时更是极大地提升了黄酒的产品品质，深受消费者喜爱。

更值得一提的是，黄酒产业通过科研投入提升产品品质的实践效果已充分显现。例如，黄酒“黄酒绿色酿造关键技术与智能化装备的创制及应用”项目获得 2017 年国家技术发明奖二等奖，这是有史以来黄酒产业获得的国家级最高奖项，可谓是通过科研的力量为黄酒品质提升提供了强有力支持。2019 年，古越龙山与江南大学联合设立的黄酒酿造创新实验室经过长期的研究，解密了导致黄酒容易上头深醉的成因，并在提高饮酒后舒适度的技术上获得了重要突破，研究成果荣获 2019 中国轻工业联合会科学技术奖一等奖。“不上头”技术的突破让现代黄酒有了更足的底气，也将带来更高的附加值，向“优质、舒适、安全、健康”的方向阔步前进。中国黄酒在产品升级方面又上了一个新台阶，真正抓住了消费者主权时代的发展旋律。

（3）创品牌　深入发掘酒类品牌背后的人文底蕴和文化价值，夯实品牌发展基础，提升酒类产品的附加值和软实力，推动中国产品向中国品牌转变。

近年来，随着“一带一路”倡议带来的利好和小镇建设的蓬勃发展，中国葡萄酒产区正以新的姿态、新的风度迎接国内外消费者的造访。2019 年，宁夏产区葡萄酒企业频频亮相各种国际大赛，并抱得奖项，使得宁夏产区“墙内开花墙外香”的反哺式推广模式日益奏效。宁夏产区葡萄酒得到越来越多国内消费者的认可，贺兰山东麓葡萄与葡萄酒国际联合会主席郝林海提出的“小酒庄、大产区”的发展模式恰恰契合了贺兰山东麓产区的发展实际。与宁夏发展特色酒庄的思路不同，蓬莱的葡萄酒小镇为蓬莱产区抹上了一缕亮色。为响应国家提出的特色小镇发展规划，多角度放大“葡萄酒+”新效应，塑造“文旅小镇”新名片，处于世界七大葡萄海岸核心位置——蓬莱产区的刘家沟镇，明确葡萄酒及相关产业的功能分区，积极融入蓬莱“一带三谷”世界顶级葡萄酒庄集群，创建发展，不断提升品牌形象和区域影响。

经过近几年的努力，2019 年各产区都已出现了一些品质优良并具有个性的产品和品牌，目前已有多个产区的多个产品在国际国内大赛中获得荣誉，产品品质深受国内外消费者喜爱。

9. 绿色制造、智能制造

加强绿色制造，推动产业生态化、绿色化发展是酿酒行业转型升级的内在要求。2019 年，啤酒行业各企业加大科技投入，在水资源保护与再利用、能源管理与节能、污染物减排、废物的资源化利用等方面成果显著。2019 年行业在节水方面的重点举措包括：洗瓶机喷淋缩径与连锁控制，水处理反洗水、反渗透浓水回收与再利用，冷凝水回收利用改造等节水技术，进一步降低了水耗。污水处理采用精细化管理模式，注重源头削减和过程控制，采用国内先进的工艺技术，实现污水 100% 达标排放。2019 年继续按照国家节能减排计划，持续推进节能项目改造和节能新技术的应用，通过全面推进高浓酿造与减热、杀菌机冷热平衡等新工艺新技术，单位产品综合能耗大幅下降。实施煤改气、超低排放、脱硝等技术改造，实现废气达标和废气排放量的减排。青岛啤酒 2019 年对 11 家工厂 47 台燃气锅炉进行低氮改造，进一步减少了氮氧化物排放，氮氧化物排放总量同比减少 9%。在废物的资源化利用上，秉承“减量化、再利用、资源化”的 3R 原则，实现资源回收最大化、节约最大化、利用最大化，废料综合利用价值不断提升，2019 年废料价值同比增加6.9%。

白酒传统酿造在过去几年发生了巨大变化，在“中国白酒169计划”“中国白酒158计划”引领下，部分传统的生产方式被机械化、自动化取代，促进了白酒产业技术升级和装备升级。同时，全行业加大白酒酿造的基础科学研究，将智能技术引入产业，以白酒酿造智能化实现高品质酿造。劲牌公司自2006年起，与北京大学、华中科技大学等科研院所开展产学研合作，启动小曲白酒酿造新工艺项目，在全面使用自动化机械生产代替传统手工劳动上迈开了实质性的一步。首创加压蒸粮、固态培菌、控温糖化、低温槽车发酵、机械上甑蒸馏等新技术，实现了酿造过程机械化和信息化的有效融合；原料全程不沾地、不与操作人员接触，减轻了员工劳动强度，提高了生产效率，消除了人为因素对生产过程的影响，标志着白酒酿造告别传统作坊式生产，迈进工业化，并逐步实现了机械化、自动化酿造生产模式转变。

10. 包装与装备

我国酿酒装备不断通过转型升级寻求在技术、运营和管理上的突破，装备技术水平与国际先进水平的差距不断缩小。酒类包装和装备企业科技创新能力显著增强，企业间、企业与科研院所间技术合作日益频繁。酿酒装备、灌装装备、酿酒配套辅助装备的制造技术和能力已经达到一定水平，新建厂中装备配套能力和高精度机械制造能力已经基本实现自给。此外，包装材料（包括硅酸盐玻璃）、分离材料、造纸、印刷等行业的生产和供给也达到国际要求。随着我国整体消费水平的提高、物流和互联网的发展，差异化、个性化、便携化的酒类包装形式将越来越受到消费者的青睐，酒类包装和装备产业发展形势良好。

我国啤酒装备制造业已建立起了比较完整的装备制造体系，低速贴标装备和低速灌装装备基本实现了国产化，但高速贴标和灌装关键部件质量与国际顶尖水平差距较大，国产高速灌装设备尚在研究或实验阶段，未见啤酒厂使用。其他设备如杀菌机、洗瓶机、麦芽处理设备等已基本实现了国产化，质量已接近或达到国际水平。国际装备智能化尚在研究和实验阶段，啤酒厂真正应用很少，随着劳动力成本的上升，是未来的发展趋势。葡萄酒行业的装备进步迅速，关键设备已经基本实现国产。作为我国传统产业，大部分白酒企业的生产工艺技术和装备水平相对落后，多数工序环节仍采用传统的手工或半机械化生产方式，行业整体机械化水平较低。通过使用信息技术和智能化技术改造提升传统装备，结合实验和检测先进技术的推广应用，机械制造业的整体水平得到提高。黄酒行业20世纪70年代曾发起机械化、大罐发酵、黄啤合一等技术革新，其后少数企业机械化蒸饭、大罐发酵、机械化压榨和煎酒等工序得以保留，但再未有实质跨越性进展，技术和装备水平基本停留在原有状态。

11. 发展新亮点与新增长点

（1）数字化建设　近几年酒类行业许多领军企业开始重金布局数字化经济的运用与发展，2019年不少酒企更是将企业的数字化建设上升到了战略高度，数字化经济在酿酒行业高质量发展进程中的地位越来越重要，成为行业发展的新亮点。

酒业数字化是指企业通过借助数字技术实现采购、生产、库存、营销、财务、人力资源、渠道、终端、客户管理等板块的信息链接和共享，通过大数据分析，辅助企业决策，提高内部沟通和市场决策效率的深度改造。而且随着数字化建设的导入，酒业在数字化的浪潮中呈现出三大特征：一是在产品端，创新成为酒企必备技能，因为数字化时代下，消费者越来越懂酒，酒企只有通过大数据等数字化手段精准掌握消费喜好，创新生产出的产品才能满足消费需求；二是在渠道端，近年来线上线下新零售模式大火，数字化渠道的突破和爆发在即，这是酒企在渠道端导入数字化的关键；三是在消费端，新消费需求层出不穷，消费群体正在叠加换代，围绕新消费群体消费需求进行转变，数字化自然是不可或缺的。综合看来，从产品端到渠道端，再到消费端，数字化已开始纵贯酒类全产业链，数字化正在酒业全产业链赋能。

（2）产区竞合发展　2019 年，产区竞合发展成为酿酒产业提升产品品质，带动产业创新、转型、升级，实现高质量发展的新亮点和增长点。

2019 年，产区建设在白酒产业出现新的变化，名酒的影响力在传递给产区的同时，产区已经开始形成独立的品牌影响力，而且更多地以产区形态在行业中崭露头角，并且将旗下名酒的发展纳入产区发展大局当中。从区域宏观政策和产业发展规划来看，四川、河南、安徽、山东等多个省份地方政府也明确发文支持酒类产业发展。2019 年，四川提出了川酒要打造“六个一流”，即“一流原料、一流窖池、一流人才、一流质量、一流服务、一流渠道”，实现全产业链川酒振兴。越来越多的酒类生产区域开始加入到产区化发展的进程中。如仁怀在 2019 年多次在全国进行产区推广；湘酒之前并未出现以名酒为核心的产区，在 2019 年也开始借助产区的力量寻求抱团发展；以原酒生产知名的邛崃产区也焕发出勃勃生机。由此看来，产区对于白酒产业发展的重要性已在白酒产业达成前所未有的共识。葡萄酒产业在产区建设方面也有新的亮点。2019 年，中国葡萄酒领军企业纷纷发力布局多样化产区、多样化风土和多样化品种，精研中国消费者口感，为国产葡萄酒注入了更多产区自信。可以说，过去的一年，中国葡萄酒正在通过强化产区建设，引领国产葡萄酒实现高质量发展，带动产业崛起，以产区魅力为东方葡萄酒正名。

二、行业面临的问题

我国酿酒行业经济发展基本平稳，增长方式发生转变，产业结构深度调整，产品结构进一步优化，消费市场回归理性，整个酿酒产业实现了由快速增长向平稳增长的过渡。但是，发展过程中积累的政策、市场和创新等方面的诸多问题和所面临的困难依然严峻，需要继续深入关注和探讨。

（一）政策与市场

1. 立法和标准滞后，企业自律生产经营引导不足

我国法律法规特别是食品安全有关法律进一步完善。2015 年新的《中华人民共和国食品安全法》实施，强调充分发挥消费者、行业协会、媒体等的监督作用，形成社会共治格局。然而，随着酒类市场消费形势的不断变化，适应酒类生产流通特点的专门性法律法规仍然十分缺乏；涉及检测、流通等方面的标准仍然较少。立法和标准的滞后，造成对酒类商品的监管困难，需要进一步加快相关工作的进行，并应着力强调行业协会的作用，引导企业自律生产经营。

2. 社会舆论关注提升，预警机制亟待健全

随着人民生活水平的提高，食品质量安全意识不断加强，作为特殊食品的酒类产品备受社会各界的关注。酒类产品的质量安全关系到生产企业的命脉，关系到整个酿酒产业的健康发展。特别是白酒行业，舆论关注度高，影响面大，公众美誉度亟待提高。面对行业热点与社会误读，行业与企业仍欠缺快速应变能力和有效的危机公关能力。尽快建立健全行业预警机制，有效组织与引导企业开展行业自律，加强消费者教育，普及酒文化知识，倡导理性饮酒，强化社会责任意识，树立行业正面形象，努力营造行业的社会美誉度，应该作为全行业的一项重要工作。

3. 产业发展不平衡，转型升级刻不容缓

目前，酿酒产业已走出调整期，但是无个性、同质化、缺乏性价比的产能过剩仍是产业转型发展的绊脚石，产业发展不平衡、不充分，美酒稀缺，供需矛盾长期存在。此外，产业普遍存在重复建设、资源配置不合理、产业规模过于松散的现象，也是酿酒产业转型升级、转变经济增长方式过程中应深刻思考的课题。转型升级、转变经济增长方式是中国酒业未来发展战略的核心之一，是提高综合竞争力的关键。转变经济增长方式一定是从提高供给质量出发，由不可持续性向可持续性转变，加强优质供给，减少无效供给，扩大有效供给。

4. 中小企业经营困难，产业结构亟须优化

2019 年，全国酿酒产业规模以上企业的亏损面为 15.74%，亏损额 15.73 亿元，较上年同比增长 3.56%，呈现出利润继续向少数企业集中的趋势。在特色经济区域建设中，产业企业整体竞争力不强，主要依靠知名企业名酒品牌和少数骨干企业做支撑，大量中小企业经营非常困难的现象普遍。同时，知识产权侵权、产品同质化严重，产品品质良莠不齐、影响整体产区形象的现象也很普遍。产业结构亟须优化，产业集群建设也需要梳理好大、中、小企业的关系，实现大、中、小企业协同发展。

（二）科技创新

酿酒行业的科技创新能力明显不均衡，啤酒、葡萄酒行业通过引进吸收国外技术装备，促进了生产水平的提升，但自主研发和自主创新能力尚有不足；白酒、黄酒行业通过加大机械化生产试点，在一定程度上提高了生产效率，但与机械化、自动化、智能化、信息化先进水平差距仍然较大。酒精行业规模企业通过升级改造，技术水平和产品质量逐步提升，但是在全面实现循环经济、资源重复利用，进而提高产出效益方面尚无重大突破。科学建立行业创新机制，加大力度提高自主研发能力，树立传统产业向现代工业迈进的坚定信心，推动酿酒行业现代化工业进程，是我国实行“中国制造 2025”的需要，也是整个酿酒产业的重要任务。支持具有一定规模和实力的装备生产企业，培育成为水平较高的龙头骨干企业；支持中小企业走专业化、配套生产之路。同时紧紧抓住“中国制造 2025”实施的契机，大力发展具有自主知识产权的酿酒设备，促使行业向集成化、智能化、高端化发展。

三、发展趋势

我国酒类行业发展呈现新变化和新趋势，产业结构调整将持续纵深，行业集中度进一步提高，转型升级也将不断得到强化，产业经济高质量发展，为未来发展提供了新机遇、新引擎、新活力。

首先，酿酒行业长期向好趋势仍会保持。由于受新冠肺炎疫情重大突发公共卫生事件影响，虽然前期行业受到短暂冲击，但在最短时间内，经过行业企业的共同努力而重回正轨，行业经济企稳和转型升级的趋势进一步明朗，市场驱动的因素没有发生根本性的变化，酿酒行业经济长期向好趋势仍会保持。

第二，行业集中度进一步提升，高质量发展全面提速。2017—2019 年，规模以上企业数量减少了 652 家，这也预示着，未来利润向少数企业集中的趋势日趋明显，产业发展将更趋规范，有助于提升产业效率，也有望为名优主流酒企健康发展带来长期利好。行业由规模效益向品质效益、特色效益转变，在提升产业服务上传播美酒文化和健康饮酒文化。开辟和拥抱新渠道，充分利用 5G、云计算、大数据、物联网等新一代信息技术，为市场消费提供高效、贴心的服务体验，打造迅捷、周到的消费服务体系，培育新的经济增长点，激活蛰伏的发展潜能。

第三，一二三产业融合，实现多重价值。酒类产业非常特殊，贯穿一二三产业，上游到农业，下游可延伸业态众多，文创、文旅、康养、包装、物流、餐饮等，相关产业链范围非常广泛。如何实现一瓶酒价值到多瓶酒价值的提升，未来产业链的机会非常多，将会形成商业新模式。从一瓶酒到多瓶酒价值的提升过程会呈现很多商业机会，可丰富到一二三产融合的整体战略规划当中来，让酒的历史文化可观，让酒的消费可验，让酒的酿艺可学，让酒的陈酿可藏，让酒的美景可旅，让酒的营养可养，实现产业发展新机会。

第四，标准化建设高度赋能新动力。标准是共同遵循的规范、准则，标准的水平在一定程度上反映了一个产业的核心竞争力和发展水平，在酿酒产业正处于新旧动能转换的关键时期，标准化处于更加突出的位置，以标准全面推进新旧动能转换，形成新的竞争优势。长期以来，中国酒业协会一直不断完善酒类产业标准化体系，并发布了一系列团体标准，补充了产业标准化领域的空白，目前酿酒行业标准工作实现了系统构建、体系准入、协调配套、追本溯源、科学表达等方面的优化和提升。尽管酿酒产业在标准化工作方面取得一定成效，但在发展中也客观地存在标准矛盾、老化、滞后等问题。产业未来发展离不开标准的引领和支撑，未来行业还会进一步推进标准化工作，促进标准顶层设计更趋科学合理。

最后，国际市场拓展将呈稳中提质发展势头。无论从国际市场还是国内产能看，进入全球各个国家和市场是中国酒企持续要走的一条路，也正由于国际市场占比少，未来中国美酒国际化空间巨大。在走出去方面，白酒、黄酒都在进行着有益的实践。近年来，白酒出口额呈上升趋势，国际化取得一定进展。黄酒出口规模保持在每年 1.41 万～1.53 万 kL，出口总金额保持在每年 0.23 亿～0.25 亿美元。中国酒在国际市场上拓展将呈现稳中提质的发展势头，品牌也会得到持续的发展。同时，错综复杂的国际环境必然会产生新矛盾新问题，行业需要高度重视，加强预判，积极应对，化解不利因素，努力巩固和保持稳中提质的良好局面，加快更高水平的国际化发展步伐。

四、政策建议

（一）加强酒类行业政策建设，引导企业自律生产经营

进一步加快加强酒类行业政策建设，依据酒类市场消费形势的不断变化，制定适应酒类生产流通特点的专门性法律法规，并应着力强调行业协会的作用，引导企业自律生产经营。出台鼓励措施，支持酿酒行业在提高自主创新能力、促进节能减排、提高产品质量、改善安全生产条件、保障酒业食品安全等方面开展的技术改造项目。

（二）引导企业践行社会责任，实现行业可持续发展

行业和企业社会责任现已成为行业健康、可持续发展的重要推动力，行业协会及业内企业近几年越来越重视社会责任的践行。建议针对酿酒行业企业社会责任报告制定相关发布政策，规定符合相应标准的企业均应每年发布社会责任报告，以推动整个酿酒行业健康发展。

（三）推进理性饮酒政策建设，规范行业引导

国家相关政令法规的持续推动，使得理性饮酒推进不断深化。建议出台相关政策法规，以便于行业引导更加规范、合理、有效，有利于将理性饮酒推广及酒类知识普及社会化、透明化，有利于推动酿酒行业健康发展，有利于科学引导消费者健康消费。

（四）提升传统产业文化宣传，推进民族品牌建设

建议着力提升传统产业文化宣传，对传统产业民族品牌进行保护、鼓励和支持，推

进民族品牌建设。在保留深层次文化基因的基础上，创新发展适应时代潮流、符合科学理念的“新文化”。在产业升级、产品结构调整继续深化的同时，加大对提升传统产业企业文化、品牌文化、消费文化等方面的引导、开发与探讨。

中国酒业协会

食品添加剂和配料工业

食品添加剂和配料行业是我国食品工业的重要组成部分，食品添加剂产品在提升食品品质，改善食品口感，延长保质期，确保食品安全、助推食品工业的技术创新等方面发挥着不可替代的重要作用。伴随着我国食品工业的快速发展，食品添加剂行业也不断成长和壮大，产品品种更加丰富，产品质量不断提高，企业集中度也越来越高，在食品加工和生产中的作用及重要性日益突出。2019 年，在外部环境复杂严峻、经济下行压力加大的背景下，我国食品添加剂和配料行业积极顺应市场变化，增强自主创新能力，推进产业结构调整，提高经济增长的质量和效益。

一、行业概况

2019 年，全行业在国内外经济复苏乏力、中美贸易摩擦、原材料和各项成本上升等不利因素影响下，整体上仍然保持了平稳发展、稳中向好的态势。主要品种产量和产值波动不大，部分品种产能还处于过剩状态，少数品种受外部因素影响出现暂时性紧缺，但很快恢复了供需平衡。近年来，国家对食品添加剂监管越来越严，虽然消费总量受到一些影响，但对于那些有技术、有品牌、有市场的正规企业销售额反而有所增长。市场上一些产品的混乱状况有了很大改观，企业的生产经营也越来越规范。这在客观上限制了假冒伪劣产品和不规范小企业的生产，从而净化了市场环境，监管和规范有力促进了食品添加剂行业的发展。

（一）主要经济指标

1. 营业收入

根据对行业骨干企业所报数据的统计和分析，2019 年，全行业食品添加剂主要品种总产量可达 1269 万吨，比 2018 年增长约 5.8%；销售额为 1220 亿元人民币，比 2018 年增长约 5.5%（图 1）。

2. 利税

由于食品添加剂品种繁多，利税难以统计。总体来看，全行业总利税率在 15% 左右。大宗产品竞争更加激烈，利润水平低，小品种产品利润水平高一些。

（二）行业发展分析

随着现代食品工业的发展，我国食品添加剂和配料行业向着系统化、规范化、标准化、国际化方向发展，食品添加剂已经进入了保证食品安全规范发展的时代。

我国食品添加剂行业是食品工业中与国际法规和标准接轨最直接最完全的行业，我国现在是国际食品添加剂法典委员会（CCFA）的主席国，与国际发达国家一样，我国也制订了一系列较为完善的食品添加剂生产、使用和管理的法规和标准。

2019 年，全行业企业在扩大产能、技术改造、技术升级和在原料基地附近设立分厂等方式的基础上，使生产规模和实力不断增强，产量和销售额都有明显增长；另外，行业企业整体素质进一步提高。通过国家对食品添加剂行业监管的加强和媒体曝光力度的加

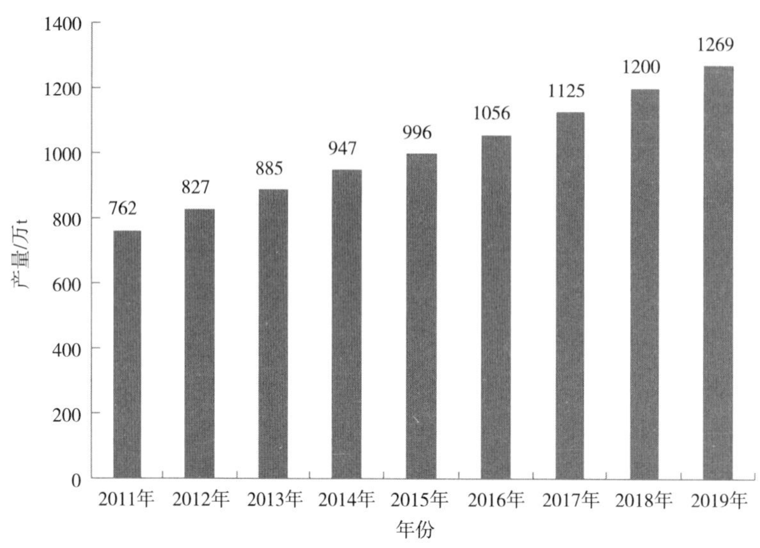

图 1 近些年来中国食品添加剂产量示意图

数据来源：中国食品添加剂和配料协会。

大，行业企业普遍认识到要可持续发展，必须在生产经营中诚信自律，必须严格遵守国家的法律、法规和标准。行业企业在运营中更加关注行业发展动向，注重标准工作，积极参与国家标准的制定，通过协会积极向政府有关部门反映行业情况，配合政府做好行业监督和管理工作。

2019 年，尽管行业企业的生产经营受到原材料、劳动力成本和环保压力增大等多种外界因素的影响，压缩了企业的利润空间，但大多数行业企业都把困难化作动力，坚持科技进步和管理创新，将提高产品质量、降低成本、新品开发、改进和提高销售及技术服务力度等作为工作重点，取得了良好成效。

1. 价格

由于食品添加剂品种较多，产品价格没有系统统计。2019 年，食品添加剂总体产品价格平稳，主要产品价格波动不大，但由于产能过剩，再加上员工成本增加等因素影响，使得企业效益也同比下降。

2. 市场

2019 年，我国食品添加剂产销两旺，能满足国内外市场发展的需要。行业基本实现产量和销售的同步增长。由于受国际经济增长复苏乏力、贸易摩擦、需求减少和国内出口产品退税政策调整等因素的影响，出口产品增长放缓。

3. 投资

食品添加剂是市场化较早的行业，投资多以民营或外资为主，在行业快速发展过程中，竞争十分激烈。食品添加剂企业规模一般都较小，投资不大，当一个产品市场好的时候很容易吸引资本进入，企业价格竞争的情况时有发生，一些出口产品竞争更加白热化，个别产品市场前景还不明确，很多企业就已蜂拥而上，整个产业都没有利润。经过多年的市场竞争，国家以及行业的积极引导，企业经营管理和自律加强，很多产品的发展已趋于平稳，产业结构较以前已有明显改观。

2019 年，全行业新增投资不多，只是个别行业和个别企业在技术改造和科研开发上有些投入，新增产能不大。一方面市场变化不大，绝大多数产品产能已经过剩，市场竞争激烈，产能没有扩大的空间；另一方面，从国家政策上对食品添加剂行业限制增加，新品种审批放缓，现有产品的扩大使用范围和扩大使用量也非常困难，企业投资意愿不足。虽然从产量、产值上看，食品添加剂行业在食品工业中所占的比例为2%左右，但其在食品工业发展中的作用是不容忽视的。食品添加剂行业品种繁多，单一产品产量不大，因此企业的规模小，比较分散，企业发展基础不强，在融资能力和贷款等资金方面遇到了许多困难。由于资金短缺，企业很难开展技术改造，产业升级困难，大多徘徊在低水平竞争上，新产品开发更是力不从心。

4. 区域分布

在很长一段时期内，食品添加剂产业集中分布在广东、上海、浙江、山东、江苏、天津等省市。近五年，一些中西部地区充分发挥各地资源优势和国家扶持政策，企业数量、规模和产品产量都有明显上升。同时受能源、环保和原材料等因素的影响，一些耗能大、原料成本比重高的产业逐步向中西部转移，并形成区域优势。

5. 行业集中度

随着《中华人民共和国食品安全法》及其修订稿的颁布实施，行业的生产经营管理日益规范，行业企业的规模和产品生产集中度进一步提高。单纯从企业数量来看，近 5 年不但没有明显增长，而且有一定程度的下降，尤其是一些小企业因成本、竞争力等因素退出行业。尽管企业数量减少，行业产品的产量和销售额却均有增长，这说明行业企业仍旧在通过扩大产能、技术改造和技术升级、在原料基地附近设立分厂等方式增加产能和销售额。同时，行业的骨干企业通过兼并、重组等方式扩大企业规模或组成企业集团，使行业企业的规模实力不断增强。

6. 进出口

2019 年，行业骨干企业出口额约 37 亿美元，与 2018 年相比基本持平。我国大多数食品添加剂产品在国际市场上占有主导地位，特别是一些大宗产品的生产量和国际贸易量均居世界前列，但以较成熟的产品居多，高端产品和新产品不多。其中，柠檬酸、苯甲酸钠、山梨酸钾、糖精、木糖醇、维生素 C 和维生素 E、乙基麦芽酚等品种在国际贸易中已起到举足轻重的作用，处于领先地位。目前国内的天然抗氧化剂如茶多酚、天然甜味剂如甘草提取物、天然色素和天然香料等天然提取物受到国际市场的青睐。

7. 重点行业

（1）着色剂　2019 年着色剂产销总量为 42.4 万 t，总销售额约为 38 亿元，同比基本持平。出口量约为 22436t，同比下降 1.65%；出口创汇约为 2.7 亿美元，同比增长约 11%。三大类产品中，焦糖色素产销量 40 万 t，产销量和产值与上年同期持平，出口额下降 1.5%；合成色素产销量 4000t，与上年同期持平，出口额下降 1.5%；天然色素 2 万 t，产销量和出口额同比持平。着色剂全行业 2019 年呈现稳步发展的态势，具体产品情况分析如下。

辣椒红色素：经历了连续三年的高速增长，2019 年产销量走向稳定，出口量和出口额出现一定程度的下滑。由于前几年的去产能、结构优化调整，使辣椒红色素加工产业集中度越来越高，优势产业资源得到发挥，行业发展稳定，但辣椒原料上涨导致辣椒红色素生产企业原材料成本增加，预计 2020 年辣椒红色素行业会承受部分压力。

焦糖色素：2019 年产销量继续与上年同期保持平衡，价格保持平稳态势。目前实际产能与市场需求基本吻合，利润率维持在合理空间，未来的上升空间较小。亮点是向东南亚国家出口规模达到了 1 万 t，形势喜人。但印度低质低价产品对国内焦糖色素企业也带来一定的市场冲击，行业隐患凸显。

红曲色素：红曲红色素和红曲黄色素的产销量均与上年同期持平。前几年去产能效果明显，行业形式趋于平稳。

万寿菊-叶黄素产业：叶黄素产销量经过连续三年的下降后，2019年出现了稳定局面，价格出现大幅度反弹。目前，云南的万寿菊基地已占到全国万寿菊基地的70%以上，使万寿菊的种植加工产业出现了南移，新一轮的产业竞争更为残酷，也更为集中。行业应合理安排万寿菊花种植面积，继续引导产业平稳有计划发展，走制剂化道路，向应用化发展，扩大叶黄素和叶黄素酯的应用范围，扩大市场消费量，使万寿菊-叶黄素产业平稳可持续发展；加强《叶黄素原料　万寿菊浸膏》团体标准制定工作，规范万寿菊原料。

栀子产业：2019年全年运行平稳增长，产销量和出口额比2018年同期均有一定幅度的增长。栀子蓝、栀子红表现稳定。原料栀子的价格也出现一定幅度的上扬，行业原料负担增加。栀子生产企业加快推进栀子红色素的国家标准制定工作。

姜黄素：2019年全年表现最为亮眼，产销量增幅达到316%。姜黄素有助于改善记忆功能，可预防和改善阿尔茨海默氏综合征，在医学界得到证实。姜黄素的功能性更大程度得到世界的认可和极大应用，姜黄素产量和出口额都有较大幅度的增长。但姜黄素的生产原料姜黄主要依赖从缅甸、泰国、印度、印度尼西亚等东南亚国家进口。而我国海关一直以姜黄为药材为由，要求色素生产企业提供药材进口许可证，这给生产企业带来了困难。中国食品添加剂和配料协会对加强《姜黄素原料　姜黄块茎》团体标准制定工作给予了强有力的文件支撑，希望问题得到有效解决。

水溶性花色苷色素（紫甘薯色素、甘蓝红色素、萝卜红色素等）：2019年行业运行出现分化现象，紫甘薯色素和甘蓝红色素出现下滑，萝卜红色素出现增长，主要原因还是产能问题。紫甘薯色素和甘蓝红色素出现了新的情况，分别以果蔬汁和全粉产品形态应用于食品行业。

（2）甜味剂　主要产品是功能性糖醇和高倍甜味剂。

高倍甜味剂：2019年销量可达11.5万t（不含复配产品），产销量与2018年基本持平。三氯蔗糖、甜菊糖和罗汉果甜苷销售形势良好，出口有所增长。主要品种1—11月的销售情况：甜蜜素销量3.6万t，同比下降2%，销售额3.4亿元，同比下降3%；安赛蜜销量0.61万t，同比下降2%，销售额4.8亿元，同比下降1%；阿斯巴甜销量0.92万t，同比下降3%，销售额9.6亿元，同比下降2%；三氯蔗糖销量0.73万t，同比增长8%，销售额27.8亿元，同比下降6%；糖精（钠）销量2.3万t，国内销售价格在3.5~5.0万元/t范围变化，价格总体平稳；甜菊糖销量0.5万t，同比增长4%，销售额7.6亿元，同比增长3%。受甜叶菊原料和中美贸易摩擦影响，各企业销售压力较大。罗汉果甜苷产量200t，但产能已达1000t/年。

功能性糖醇：2019年木糖产量增加较多，生产技术得到显著提升。木糖醇行业第一季度销售基本平稳，第二季度销售下滑明显，各企业出现库存现象。第三季度木糖平均价格16500元/t，木糖醇22000元/t。环保成本增加，价格下滑，库存增加，许多企业处于时开时停的状态，2019年效益均出现大幅下滑，有些企业处于亏损状态。价格下滑的主要原因是前几年的市场高涨，导致企业扩大产能，造成供过于求。2019年木糖产量在65000t，木糖醇58000t，其中70%出口。预计木糖醇行业2020年走势继续低位运行，目前的价格位于盈亏点上下，不会有大的起落。

总体来看，影响甜味剂和功能性糖醇行业的几大因素是：安全和环保督察力度加大、中美贸易摩擦、原材料涨价、产能明显过剩和管理问题。以天然植物为原料的产品甜菊糖也因为前处理过程中产生大量废水废物而面临更严格的环境监管。三氯蔗糖、甜菊糖苷、甜蜜素、罗汉果等品种产能过剩的状况没有得到根本改变，三氯蔗糖两家骨干企业金禾新上 5000t 产能，捷康在广西投资建厂已启动，产能过剩问题仍然突出。骨干企业产能和规模扩大，在成本和销售市场方面的优势进一步提高，中小企业受环保、安全及法规标准等严格管理的限制，加上自身在技术、市场和成本等方面处于劣势，生存难度加大，各品种逐步向集中化方向发展。

（3）食用香精香料　2019 年食用香精产品产销总体平稳，相较 2018 年同期没有明显变化。食用香精销量与 2018 年同期相比增长约 8%。国内销售市场竞争仍相当激烈，骨干企业在培育研发科技含量高的新产品，努力拓宽国内、国际市场，进一步提升自身的核心竞争力。由于受中美贸易摩擦的影响，出口美国的产品有所减少。

以安琪酵母为代表的酵母抽提物近几年发展较快，在食品、餐饮业的应用越来越广泛。尤其是在健康营养产业大发展的背景下，除了为食品增香外，其减盐功效也得到市场和消费者的认可，市场和产能都进一步提高，2019 年产销量同比增长 9%。

（4）防腐剂和抗氧化剂　2019 年防腐剂和抗氧化剂产品产销总体平稳，合成防腐剂和生物防腐剂的产销均略有增长。主要问题是原料成本、人工成本、环保成本增加较多，影响到产品价格和销售。中美贸易摩擦对产品出口有一定影响。

苯甲酸和苯甲酸钠产销量 10.3 万 t，同比增长 3%；原料价格不稳定，波动较大，产品销售受到影响；对美国市场的出口大幅下降。山梨酸钾国内外市场销售基本稳定，产能过剩。对羟基苯甲酸乙酯、乙酯钠、甲酯钠生产总体运行平稳，销售量略有下降，成本和价格均上涨。对羟基苯甲酸乙酯销量下降 3%，销售额增长 13%；对羟基苯甲酸甲酯钠销量与 2018 年同期相比增长约 4%，销售额同比增长 13%；对羟基苯甲酸乙酯钠销量与 2018 年同期相比下降约 10%，销售额同比增长 8%。

生物防腐剂乳酸链球菌素、纳他霉素、ε-聚赖氨酸盐酸盐产销形势良好。乳酸链球菌素市场需求旺盛，骨干企业因产能制约，产品供不应求，销量同比增长 11%，销售额同比增长 7%。纳他霉素销量同比增长超过 8%，销售额同比增长超过 10%。ε-聚赖氨酸盐酸盐销量同比增长 80%，但价格下滑，销售额同比增长 30%。

抗氧化剂异维生素 C 钠销售 24000t，同比增长 2%，发展平稳。主要生产企业有德兴百勤异维生素 C 钠有限公司和郑州拓洋公司。抗氧化剂特丁基对苯二酚（BHQ）预计产量 400t，较 2018 年同期增长 20%；销售额 3.7 亿元，同比增长 3%；产销平衡，但原材料成本上涨，销售价格下滑，效益下降。尤其第四季度，对印度产品的反倾销未能延期，受印度产品冲击，价格下滑明显。

（5）增稠剂、乳化剂和品质改良剂　2019 年增稠剂、乳化剂和品质改良剂产品产销形势平稳，全行业国内销售略有增长，出口同比持平。乳化剂主要品种（单甘酯、司盘、吐温）销量 5.2 万 t，同比增长 4%；销售额 5 亿元，同比持平。增稠剂（不包括淀粉产品）销量 1.6 万 t，同比下降 11%。变性淀粉销量 1.9 万 t，面粉改良剂销量 9.5 万 t，同比增长 13.6%。磷酸盐产品销量 4 万 t，同比持平。复配膨松剂（泡打粉）销量 3.6 万 t，同比持平；销售额 1.8 亿元，同比增长 7.7%。

（6）营养强化剂　2019 年营养强化剂单品和复合营养素类产品的产销稳步增长。维生素类产品继续处于世界领先优势，骨干企业浙江新和成公司、新昌制药厂等企业相关产品的销售额和利润均稳步提高。合成维生素E产品价格相较2018年同期下降较多，受益于企业的技术进步和成本降低，在产销量与2018年同期相比增长的同时，销售额也体现出较大的增长。维生素E、维生素A目前价格处于低位运行，随着环保投入加大，监管趋严，运行成本越来越高，预计2020年两种维生素价格小幅上升。总体来看，合成维生素E和天然维生素E产品产销平稳，稳中有升。在维生素类产品中，行业处于垄断地位，合成维生素E产品并没有被列入加税清单，所以中美贸易摩擦对此类产品影响不大。目前，我国的食物营养强化与发达国家相比差距还很大，与营养相关的如功能性配料的研发应用有待加强，而法规标准的滞后也亟待解决。在国家大力扶持营养产业发展，以及我国居民健康营养观念不断加强的基础上，营养强化剂和功能配料的市场将不断扩大，发展前景看好。

近年来功能性食品配料（包括功能性提取物）也获得长足发展，功能性提取物一直是国内企业出口的主要大类产品，多年来在国际市场上赢得声誉，具有较强的市场竞争力。功能性提取物尤其是植物提取物，我国的出口占有率从2008年起一直占据世界领先的位置，2019年可达到国际市场的30%以上。这类产品不仅仅是出口，在当今国家提倡国民营养大健康的背景下，功能性提取物产品在国内同样有广阔的发展应用前景。

8. 发展新亮点与新增长点

（1）我国植物提取物市场前景光明　植物提取物种类多样，功能也多样化。一种提取物往往具有不同的作用，大体上可分为四类：着色、风味输出、药理作用及保健功能。

植物提取物中的成分包括苷、酸、多酚、多糖、萜类、黄酮、生物碱等，这些成分在研究中多被证实具有生物活性，对人体健康具有不可忽视的功效。植物提取物保健功能的开发和利用已成为行业企业新的经济增长点。

（2）菊粉产业蓄势待发，我国10年需求量增长10倍　2019年，中国菊粉市场需求量大约近万吨，实现了约10倍的增长。在工艺上，国外以菊苣根为原料，去除蛋白质和矿物质后，经喷雾干燥等步骤获得菊粉。国内以菊芋（洋姜）根状茎为原料，去除蛋白质、胶质、粗纤维和矿物质，经水提取、离子交换、膜过滤、喷雾干燥等生产工艺得到菊粉，发展潜力巨大。

9. “三品”战略实施情况

近几年来，我国食品产业遵循“创新、协调、绿色、开放、共享”的发展理念，积极推进供给侧结构性改革，积极实施品牌战略，提升食品产业品牌形象；贯彻落实食品安全政策，在消费升级的推动下，保持健康稳定的发展态势。

（1）增品种　为满足消费者不断变化的需求，食品创新的特点之一就是要求口感新、风味新。这就要求行业企业不断开发新产品，坚持技术创新。食品添加剂生产企业必须对食品生产配方和工艺流程深入了解和认真研究，在研发复配新产品方面下功夫，才能在同质化产品中突出优势，形成不同于其他企业的核心竞争力。另外，由于社会对食品添加剂的偏见还没有彻底消除，产品的创新和应用的拓展受到一定程度的影响。

2019年，经过对食品添加剂新品种的评估审查，根据国家卫生健康委员会公告，全行业共有弯曲乳杆菌等3种产品被批准为新食品原料，另外有L-γ-谷氨酰-L-缬氨酰-甘氨酸、可溶性大豆多糖等28种产品被列为食品添加剂新品种或扩大使用范围的品种。

（2）提品质　食品添加剂和配料行业是食品工业体系中科技创新亮点频出、法规标准与国际接轨完善、生产经营监管较为严格的行业，一直走在食品工业技术进步和产品创新的前列，曾经荣获国家多项科技进步奖和技术发明奖。近10年来，食品工业中获得的国家级科技进步奖和发明奖很多都与食品添加剂和配料相关，许多食品新产品的开发也都离不开食品添加剂和配料新产品或新功能的出现。

浙江新银象公司不断优化主导产品的发酵和提取工艺，乳酸链球菌素、纳他霉素和聚赖氨酸在不增加成本的情况下发酵水平均有较大提升，获得省级重点研发计划项目立项，申请了6项发明专利；获得省级企业技术中心认定；其相关产品获得多项产品生产许可和批准文号，扩大了产品的应用领域。

南通醋酸公司进行新产品开发和现有产品的清洁生产技术改造，使产品质量大大提升。公司采用自主研发与国外技术团队、院士团队、高校团队合作的模式，开发连续化、密闭化、智能化的生产技术，从技术源头解决产品质量、安全和环保问题，实现安全生产和绿色节能。

上海染料研究所通过原料品质提升和工艺流程优化，提高产品质量的稳定性及生产效率；以超前的视角做产品技术储备，针对用户特殊需求提供个性化特色服务，拓展产品的应用领域。研究所针对环保要求不断对原有生产工艺进行优化和提升，引进先进的装备，减少生产过程中废渣和废水的排放，有效地降低治理成本。

（3）创品牌　随着市场经济体制的不断完善，激烈的市场竞争和强大的技术变革使越来越多的生产企业意识到品牌的重要性，并将品牌建设提升到企业竞争战略的高度，创建和提升品牌就显得越来越重要。2019年，行业企业注重树立品牌及宣传，利用期刊广告、发表技术论文、举办展会活动和行业专业会议等营销方式，扩大行业品牌知名度，创立并发展我国食品添加剂民族品牌，先后涌现出一大批知名企业和名牌产品，如上海爱普集团的香精香料、晨光集团的辣椒红色素、保龄宝公司的糖醇类产品、上海染料所的狮头牌合成色素、安琪酵母的酵母抽提物、新银象的生物防腐剂、南通醋酸的合成防腐剂、安徽金禾的甜味剂、美晨集团的乳化剂和复配产品、阜丰集团的味精和黄原胶等。行业企业在品牌建设方面均取得了很大成绩。

10. 智能制造、包装和装备

2019年，行业通过举办“第二届机械装备推动食品工业发展高峰论坛”，有力推动了行业企业智能制造、包装和机械装备更新换代，促进企业产业升级，提高企业技术装备和包装机械水平，使行业企业实现科技创新和可持续发展。目前，企业通过智能化工厂建设，提高智能化管理运营水平，实现了原料、研发、加工、市场、物流、环保、销售等全产业链的高效智能管理。并充分利用互联网和物联网技术，打造全产业链的智能化体系，对市场信息采集、品质监控和营销数据分析实现智能化控制，使行业企业在智能化管理、机械装备和包装水平上都有显助提升。

二、行业面临的问题

2019年行业整体生产经营随着食品工业的发展而稳步向前，同时也面临一些共性问题。

（一）政策与市场

1. 法规和标准在实施方面的问题

（1）从政策层面来看，国家相继出台了减税降费等扶持中小企业发展的政策措施，很多企业在这些政策落实中得到了实实在在的优惠。地方政府的一些支持企业发展的项目，如对标准建设、科技创新、企业成长等发展业绩突出的单位采取奖励措施等，激发了企业创新发展的热情，增加了企业发展的动力。对企业融资难的问题也采取了一些扶持措施，但据企业反映，有些措施落实情况不到位，融资难、融资贵的问题还在困扰企业。

（2）食品添加剂制剂类产品国家标准迟迟不能出台，没有国家标准导致企业无法申领生产许可证，影响生产和销售，阻碍了这一类符合行业发展趋势的高端化、标准化和方便化产品的发展。很多企业只能按“复配食品添加剂产品”的要求设计配方和生产，对这类产品的应用范围有很大限制。另一方面，国内对只含一种食品添加剂和植物油的产品（即单一食品添加剂+食品原料）不能生产和销售，而国外进口的同类产品却可以销售。食品添加剂原料、生产操作规程以及食品配料、功能性成分、天然提取物等品种的标准严重缺失，已困扰行业多年。

（3）食品添加剂中有很多来源于天然原料的胶体，如果胶、卡拉胶、刺槐豆胶、瓜尔胶等，部分特殊规格的产品，其蛋白质含量和纤维素含量均很高，在最后产品中可以成为重要的蛋白质和膳食纤维的来源。这一类产品的安全性都很高，都属于联合国粮食及农业组织和世界卫生组织食品添加剂联合专家委员会（JECFA）评估结果为每日容许摄入量（ADI）不限制的产品。在美国大多数产品都按照一般公认安全（GRAS）管理，而我国法规中一直按照食品添加剂进行管理，相对应的在标签和营养方面也有很多限制。

2. 企业生产成本上升，效益下降，中美贸易摩擦给行业带来一定影响

2019 年行业的产量有所增加，但销售额增长偏低且行业涉及的化工类原料、农产品原料价格逐步走高，企业员工工资、能源成本等也都居高不下，企业生产经营成本持续上升，使得企业效益下降。另外中美贸易摩擦给行业带来一定影响，部分食品添加剂产品如甜味剂三氯蔗糖、着色剂 β-胡萝卜素、防腐剂苯甲酸及钠盐、山梨酸及其钾盐、丙酸钙、水分保持剂磷酸盐等部分品种被征收25%的关税，使这些出口企业受到影响。

3. 产能过剩，同质化产品低价竞争现象依然存在

2019 年部分企业仍然存在盲目扩大产能和投资的情况，使行业部分产品的产能过剩状态一直未能彻底改善，导致市场供大于求，产品价格下跌。一些新进入行业的企业为扩大市场份额恶意低价竞争，破坏了正常的市场秩序，造成行业一些产品产销量的大起大落，阻碍了行业的健康发展。

（二）科技创新

目前我国的食品添加剂需要申请审批才可生产使用，新品种的审批申报又十分复杂繁琐，从申报批准到国家标准制定完成，需要漫长的过程，对条件有限的企业是一种难以完成的工作。由于我国消费者对食品添加剂认识的偏差，近年来食品添加剂新品种和使用范围、使用量的扩大很难得到批准，从而造成新产品的开发放缓，这给企业的科技创新造成很大影响，企业创新动力不足。

美国、欧盟、日本等国家和地区每年都有很多食品添加剂新品种被批准使用，中国也应鼓励食品添加剂的创新发展。建议简化食品添加剂新品种的审批申报程序。与此同时，在未来应构建稳固的产学研合作平台，建立良好的运作机制，充分发挥企业在科技创新中的主体地位作用，建立以企业为主体、市场为导向、面向生产的技术创新体系，开展关键技术和前沿技术攻关，推动相关产业实现重大技术突破，形成核心技术标准，支撑和引领产业技术创新，同时搭建好资源共享与信息交流平台，实现相关产业与标准、管理、监督等职能部门的良好沟通，从而促进食品添加剂产业增长方式的转变，增加食品添加剂新品种的研发。

（三）食品添加剂在食品中的不当标识问题

近年来，人为添加非食用物质造成的食品安全事件不断发生，由于消费者误解、媒

体不当宣传，导致舆论产生的风险已大大超过食品本身的安全风险。在此背景下，部分食品企业为追求经济利益，利用消费者对食品添加剂的忧虑心理，把“不添加或不含有食品添加剂”作为噱头，通过食品标识大肆炒作。这种食品添加剂反面标识（标注“不添加或不含有”字样）的泛滥，加深了消费者对食品添加剂的错误认知，扰乱了食品市场秩序，阻碍了食品添加剂产业的正常发展。

三、发展趋势

食品添加剂行业是一个朝阳产业，在今后一段时间内，行业在逐步进入经济新常态下如何转变思维、增强素质、调整产业结构，正确面对国内市场、适应国际市场、创新发展等，将成为行业发展的重中之重。

受全球新冠肺炎病毒疫情的影响，2020年全行业总体运行将基本保持平稳，但中小企业会受此冲击较大，举步艰难。未来几年内，预计全球食品添加剂市场增速放缓。

随着经济的不断发展，人民生活水平的不断提高，人们对食品的追求有了新的要求，营养保健、绿色健康食品等已成为消费市场的新热点。然而在这些食品中，食品添加剂仍然起着至关重要的作用。经历新冠肺炎病毒疫情对行业企业的冲击和影响，未来人们会更加注重食品的安全、营养与保健。食品添加剂工业将朝着天然、营养、功能性、复配制剂化等方向发展。

1. 天然食品添加剂

虽然化学合成的食品添加剂经过严格的安全风险评估，而且相对于天然食品添加剂其纯度较高，但由于公众的误解，人们普遍担心化学合成品的安全性，因此崇尚天然成为世界食品添加剂不可抗拒的发展潮流，天然提取的食品添加剂成为未来主要发展方向。

目前国家允许使用的食品添加剂中，有很多是从动植物中提取的成分，安全无毒，受到了人们的广泛欢迎，成为目前研究开发的重点。其中最具代表性的是天然色素、天然抗氧化剂、天然防腐剂、天然甜味剂等。我国地域辽阔，动植物资源丰富，有着几千年药食同源的传统，发展天然食品添加剂有着独特的优势。目前我国的天然抗氧化剂如茶多酚、天然甜味剂如甘草提取物和甜菊糖苷、天然色素辣椒红和天然香料等天然提取物食品添加剂已普遍在国内外食品工业中使用。

在市场上，很多天然提取的食品添加剂的价格是化学合成的几倍以上，而且出口到发达国家和地区的食品有许多要求其中添加的是天然提取的添加剂品种，所以天然提取的食品添加剂出口前景十分看好。天然食品添加剂是食品添加剂工业新的发展趋势。

2. 营养和功能性食品添加剂

传统食品在营养方面并不一定均衡，适当添加或调整食品中的营养元素对提高食品的营养价值、合理利用食品资源、增进人民身体健康是非常经济有效的措施。例如，有些无机元素对人体是必不可少的，但人们摄取的食物中含量可能会很少，为了保证人体的需要，可以合理地添加营养强化剂来保证人体的健康。所以，食品营养强化剂也是一个重要的发展趋势。食品营养强化剂有维生素、氨基酸与矿物质等。

另外，功能性食品添加剂也已成为各地企业和科研单位研究开发和选择课题的重点。我国食品添加剂发展的方向是天然、营养、多功能，且安全可靠。近年来，我国这类功能性食品添加剂和配料的品种和产量逐渐上升，虽然《食品安全国家标准　食品添加剂使用标准》（GB 2760—2014）分类中并没有功能性食品添加剂这一项，但确实有不少兼具生理活性的功能性食品添加剂，如着色剂红曲红、木糖醇等。随着我国健康产业的发展，功能性食品添加剂和配料必然越来越多地被人们所重视，也将成为食品行业发展的主流。

四、政策建议

（一）完善食品添加剂的标准建设和管理制度，继续加强食品添加剂相关标准的制修订工作

（1）允许制定食品添加剂企业标准并能够备案。

（2）加快制定食品添加剂中使用食品添加剂的相关标准或管理办法，解决包括制剂类产品在内的一批产品的生产许可问题。

（3）加快研究食品配料中使用食品添加剂的问题，使食品配料中使用食品添加剂的情况能够规范并得到解决。

（二）加强对食品添加剂生产过程的监管，在行业内推广良好操作规范（GMP）、危害分析与关键控制点（HACCP）等管理方法

在行业企业中鼓励推广GMP、HACCP等行之有效的管理体系和方法，将产品生产的安全隐患控制在整个生产过程中。

（三）政策积极引导，加大科技投入，促进产业升级

引导食品添加剂行业进行产业结构调整，构建产学研联盟和集约化经营，支持行业重点项目建设和示范产业基地的建设，扶持食品添加剂和配料行业龙头企业发展，带动行业整体提升，结合行业特点，给予中小企业一定的政策倾斜。

（四）严格禁止食品标签中对食品添加剂的不当标示，保证食品添加剂正常发展

经过近几年的广泛宣传和科普，社会以及政府有关部门对食品添加剂的理解趋于科学化和客观化，但普通消费者对食品添加剂的使用仍存有顾虑，一些企业为迎合消费市场的需要，在产品上不正确地标识没有或声称产品不加食品添加剂。对此，应该正确引导消费者，不应使消费者进入消费误区。

（五）开展有针对性的科普宣传教育，引导消费者正确认识食品添加剂

通过多种形式、多种途径加大对消费者关于食品添加剂科普知识的宣传教育，使消费者从科学层面上了解食品添加剂的真正含义，消除对食品添加剂的误解，引导消费者正确认识和理性对待食品添加剂和食品安全问题。

中国食品添加剂和配料协会

营养与保健食品制造业

在国家提倡大健康的背景下，近几年，中国保健食品行业迎来高速发展的时期。但由于“权健事件”“百日行动”等对企业生产经营行为产生极大影响，不少企业陷入低迷状态，行业总体增速放缓。据统计，2019年保健食品的销售额为4000亿元，下降率为24.5%。由于我国目前并无营养食品的明确定义和相关法规标准，且统计分类和食品监管分类有所冲突，因此本篇相关内容主要针对保健食品行业。

一、行业概况

（一）主要经济指标

保健食品行业是我国食品行业的重要支柱产业之一，是促进我国健康服务业和养老产业发展的重要行业，也是推进健康中国建设、促进“大健康”产业发展的重要组成部分。随着《中华人民共和国中医药法》《“健康中国2030”规划纲要》《国民营养计划（2017—2030年）》《健康中国行动（2019—2030年）》等一系列政策法规的出台，多个部委颁布保健食品相关法规及征求意见稿，保健食品在国民营养健康中的作用日益增强。但因为“权健事件”“百日行动”等均对企业生产经营行为产生极大影响，不少企业陷入低迷状态，行业总体增速放缓，保健食品企业受到较大的冲击，造成2019年保健食品行业迎来了“寒冬期”。

中国保健协会对127家保健食品生产企业进行抽样调查，从联合整治“保健”市场乱象“百日行动”对公司的保健食品业务是否有影响的结果（图1）可知，其中认为影响很大的企业占比为22.05%，影响较大的企业占比为38.58%。

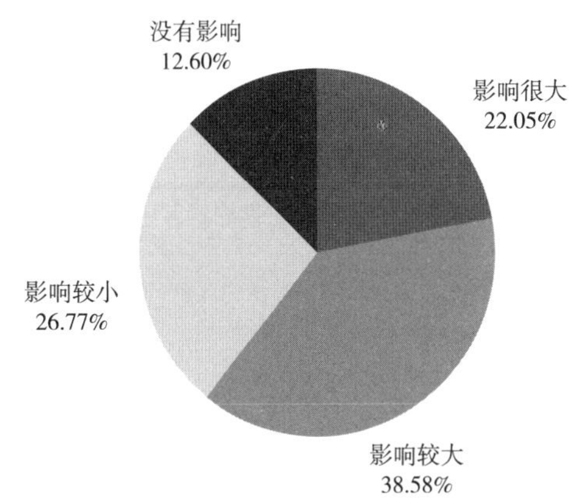

图1　联合整治“保健”市场乱象“百日行动”对保健食品企业保健食品业务的影响程度

数据来源：中国保健协会。

根据中国保健协会的调查分析，2018年我国保健食品销售额已达5300亿元，但2019年我国保健食品销售额为4000亿元，下降率为24.5%。在中国保健协会抽样调查的保健食品生产企业中，规模达到1000万元以上的企业数量达到54.01%，其中1亿元以上的企业数量达到22.83%。

从2019年度保健食品企业营业收入百分比结果（图2）可知，2019年我国保健食品企业营业收入为1000万元以上的企业占到被调查企业数的64.57%以上，其中保健食品业务收入达3000万元以上的企业占37.80%以上，亏损的保健食品企业占到0.79%。从

2019年度保健食品销售额增长情况可知，60%以上的企业年销售额较2018年有所下降，其中下降率超过10%的企业占比为40%以上。

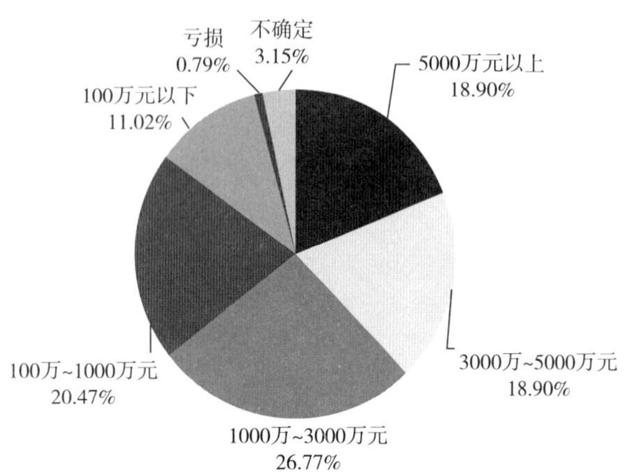

图2　2019年度保健食品营业收入百分比

数据来源：中国保健协会。

近年来，受政策变化等影响，保健食品注册速度较为缓慢，2018年仅有3款国产保健食品注册获批，进口保健食品则为0。但在2019年，积压产品在被逐步释放，新获批的保健食品共342个，全部为国产保健食品，这些获批产品申报时间集中在2013年和2014年，2015年及2016年各只有4个。从2019年保健食品获批情况可见，虽然新产品和延续注册产品获批较2018年有了很大的提升，但仍有大量的批文积压，相信2020年保健食品新注册审批会进一步稳定展开。

根据各省（自治区、直辖市）市场监督管理局的数据，自2017年7月27日原广东省食品药品监督管理局发布第一款国产保健食品备案公告，截至2019年12月31日，已有3259款保健食品获得备案凭证，其中，3195款为国产保健食品，64款为进口保健食品。其中在2019年，国产的备案制保健食品数量为1256款，进口的备案制保健食品为22款。

国产保健食品各地备案情况千差万别，其中山东省和广东省获得备案凭证的产品分别为663款和576款，备案数量位列第一和第二位，分别占据全国备案产品总量的20.75%和18.03%。已备案的国产保健食品分别来自363家企业。排名前三位的企业分别为威海百合生物技术股份有限公司、威海南波湾生物技术有限公司和汤臣倍健股份有限公司。保健食品备案产品剂型目前包括片剂、胶囊、口服液和颗粒。

虽然2019年保健食品行业经历了重创，但是也给保健食品行业带来了一定的机遇。从大的环境看，保健食品行业未来十年、二十年是非常朝阳的产业，投资机会非常多。相信在未来几年，我国保健食品行业销售收入仍将保持高速增长态势。

（二）行业发展分析

1. 研发投入

中国保健协会调查了127家保健食品企业，根据2019年度保健食品企业研究与开发（R&D）投入资金结果（图3）可知，投资金额在5000万元以上的企业数量占7.87%，投资金额在3000万~5000万元的企业数量占20.47%，投资金额在1000万~3000万元的企业数量占21.26%，投资金额在100万~10000万元的企业数量占23.62%，投资金额在100万元以下的企业数量占21.26%，不确定的企业数量占5.51%。

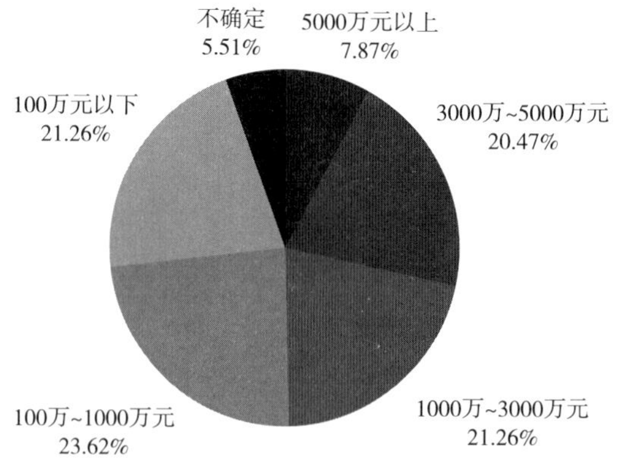

图3　2019年度保健食品企业研究与开发（R&D）投入资金

数据来源：中国保健协会。

2. 区域分布

从2019年申请产品注册的企业所在地看，各省（自治区、直辖市）批准注册保健食品产品数量不均，主要集中在经济较为发达的地区，具体区域分布详见图4。其中北京、广东明显高于其他省（自治区、直辖市），北京和广东两地注册总数占全国注册总数的28.2%。该现象与这些地方经济发达、企业规模较大、居民收入高且消费能力强有重要联系，同样与消费者健康与保健意识较强密不可分。此外，我国保健食品生产厂家的分布状况具有东多西少的特点，北京、广东、上海、山东、浙江等省市分布居多，而其他省区，如新疆、西藏、甘肃等中西部地区企业较少。

3. 进出口

进出口统计数据显示：2019年中国营养保健食品进出口额达到52.8亿美元，同比增长12.8%。

（1）进口　2019年中国营养保健食品进口额为30.4亿美元，同比增长0.9%。从市场上看，澳大利亚、美国、印度尼西亚、泰国和德国是前五大进口市场，自上述国家的进口额分别为7.3亿美元、6.8亿美元、2.4亿美元、2.3亿美元和2.2亿美元，前五大市场集中率为61.9%，由此看出中国消费者的市场消费偏好还是相对集中。从成长性来看，前五大市场中，因市场重视度、市场认知、竞争策略及尚未在中国形成知名品牌群等因素，自德国进口下降了19.6%，其他均呈增长态势，同比分别增长9.2%、10.2%、48.6%和29.2%。

从2008—2019年营养保健食品进口规模图（图5）看，我国营养保健食品进口规模呈现逐年上升的趋势。进口额从2008年的4.08亿美元增长至2019年的30.40亿美元，11年间年均复合增长率高达20.0%。

（2）出口　2019年中国营养保健食品出口额为18.8亿美元，较2018年同比增长12.5%。在出口市场上，美国、中国香港、日本、缅甸和泰国是我国营养保健食品主要出口国家和地区，出口额分别为3.0亿美元、2.9亿美元、1.1亿美元、0.86亿美元和0.82亿美元，前五大市场集中率为46.2%。一些龙头企业如艾兰得、仙乐健康、百合股份等通过海外并购、设立分支机构等形式布局全球，发展成为全球知名的膳食补充剂供应商。

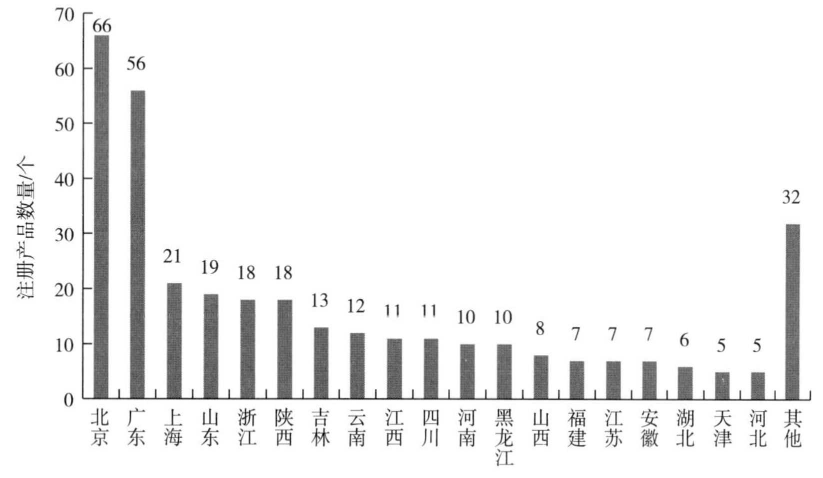

图4　2019年我国国产保健食品注册区域分布

数据来源：中国保健协会。

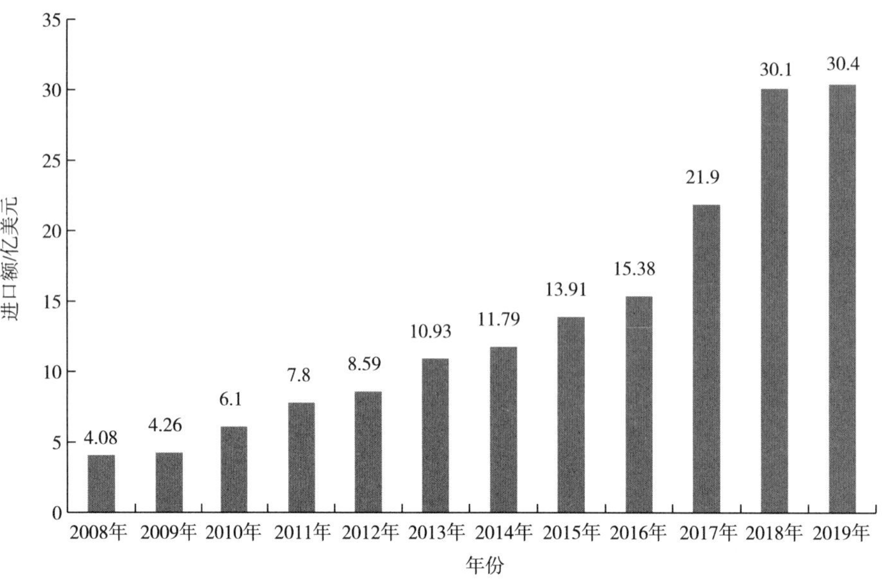

图 5　营养保健食品进口规模图

数据来源：根据海关数据整理。

从 2008—2019 年营养保健食品出口规模图（图 6）看，我国营养保健食品出口规模一直保持稳步增长态势。出口额从 2008 年的 3.08 亿美元增长至 2019 年的 18.8 亿美元，11 年间年均复合增长率高达 17.9%。

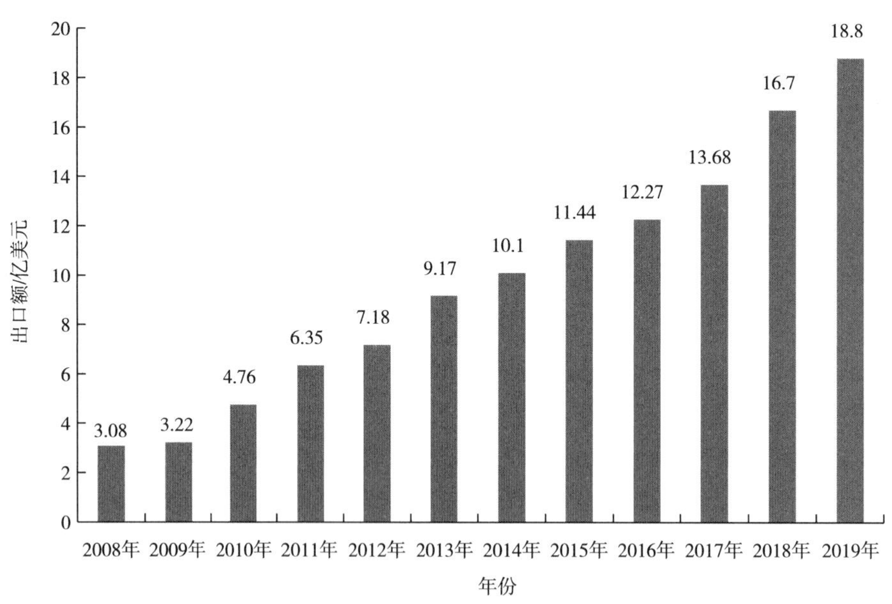

图 6　营养保健食品出口规模图

数据来源：根据海关数据整理。

根据中国保健协会抽样调查的生产的保健食品出口情况占比结果（图 7）显示，在被抽样调查的 127 家保健食品生产企业中，有 22.05%的保健食品企业表示不出口保健食品，25.2%的保健食品企业准备出口保健食品；在现阶段已有出口保健出口量食品业务的保健食品生产企业中，出口量超过 10%的占比为 35.43%。

4. 基本监管情况

（1）相关法规标准　2019 年，国家食品相关监管机构共发布了 11 项涉及保健食品的相关法规（表 1）。

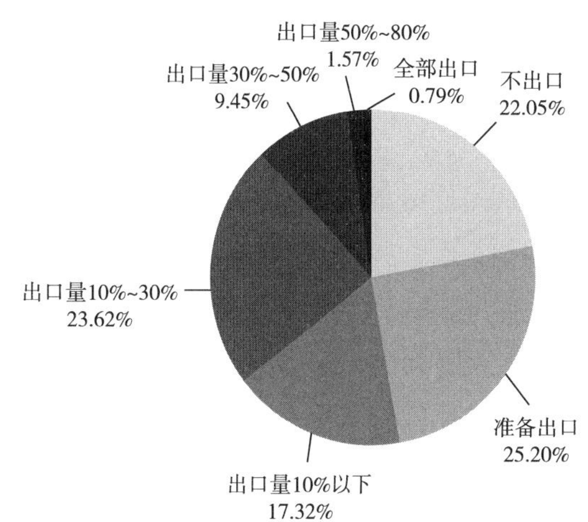

图 7　生产的保健食品出口情况占比图

数据来源：中国保健协会。

表 1　国家食品相关监管机构发布的保健食品法规汇总

法规标题	发布机构	发布日期
国家市场监督管理总局办公厅关于启用特殊食品注册专用章的通知	国家市场监督管理总局	2019-02-27
市场监管总局关于发布《保健食品标注警示用语指南》的公告	国家市场监督管理总局	2019-06-10
国务院关于实施健康中国行动的意见	国务院	2019-06-24
健康中国行动（2019—2030 年）	国家卫生健康委员会	2019-07-15
《保健食品原料目录与保健功能目录管理办法》	国家市场监督管理总局	2019-08-02
市场监管总局关于发布《保健食品中西地那非和他达拉非的快速检测胶体金免疫层析法》等 13 项食品快速检测方法的公告	国家市场监督管理总局	2019-09-27
《中华人民共和国食品安全法实施条例》	国务院	2019-10-11
《保健食品备案产品可用辅料及其使用规定（2019 年版）》	国家市场监督管理总局	2019-10-31
市场监管总局关于发布《保健食品命名指南（2019 年版）》的公告	国家市场监督管理总局	2019-11-10
关于当归等 6 种新增按照传统既是食品又是中药材的物质公告	国家卫生健康委员会	2019-11-25
药品、医疗器械、保健食品、特殊医学用途配方食品广告审查管理暂行办法	国家市场监督管理总局	2019-12-24

（2）国家食品相关监管机构监管执行情况　为了加强对保健食品的监管，国家食品相关监管机构 2019 年共发布了 6 次涉及对保健食品违法广告或生产企业加强检查的通知，详见表 2。

表 2　国家食品相关监管机构发布的加强查处保健食品违法广告或生产企业加强检查的通知

通知名称	发布机构	发布日期
市场监管总局关于印发《假冒伪劣重点领域治理工作方案（2019—2021）》的通知	国家市场监督管理总局	2019-01-03
市场监管总局关于开展联合整治“保健”市场乱象百日行动的公告	国家市场监督管理总局	2019-01-09
市场监管总局关于全面推进“双随机、一公开”监管工作的通知	国家市场监督管理总局	2019-02-01
市场监管总局关于深入开展互联网广告整治工作的通知	国家市场监督管理总局	2019-03-22
市场监管总局等部门关于印发 2019 网络市场监管专项行动（网剑行动）方案的通知	国家市场监督管理总局	2019-06-17
关于开展联合整治“保健”市场乱象百日行动“回头看”工作的通知	国家市场监督管理总局	2019-08-27

针对“保健”市场乱象，2019 年 1 月 8 日，市场监管总局等 13 个部门联合开展了整治“保健”市场乱象的“百日行动”，通过集中整治，对“保健”市场乱象已经形成全面打击的高压态势。

2019 年 8 月 27 日，由 13 个部门组成的工作组赴 14 个省（自治区、直辖市），针对 6 个重点行业及领域、4 类重点场所及区域和 10 类重点违法行为开展百日行动“回头看”工作，对各地“保健”市场整治工作进行全面检视和督导。2019 年，全国共立案 29688 件、案值 137.12 亿元，结案 22871 件、罚没款 9.9 亿元，结案率 77%。全国市场监管部门持续保持打击“保健”市场乱象高压态势，推进整治“保健”市场长效机制的建立健全，已取得明显成效。相关整治行动先后曝光了多起典型案例，包括利用会议销售等模式进行虚假宣传、保健食品虚假广告宣传以及未按注册的产品配方要求组织生产保健食品等行为，有力维护了保健食品市场经营秩序。

截至 2019 年 12 月底，国家市场监督管理总局在其官方网站上对 19 起虚假宣传的违法保健食品广告情况进行了通报。

2019 年国家市场监督管理总局在全国范围内组织抽检了 23741 批次保健食品样品，其中检验合格样品 23622 批次，不合格样品 119 批次，样品合格率为 99.5%。其中涉及的保健食品不合格指标包括质量指标（水分、钙等）、污染物超标（铅）、微生物（菌落总数、大肠菌群、霉菌和酵母）等。

5.“三品”战略实施情况

（1）增品种　2019 年，保健食品企业在国家政策法规的指引下，结合企业自身实际情况和市场发展情况，深度挖掘用户需求，适应和引领消费升级趋势，通过增加研发投入、技术转让、产学研结合等方式，开发新产品，为消费者提供更多选择。例如，康宝莱在增加产品的品种方面设立了康宝莱中国产品创新中心，旨在将营养科学领域较为前沿的科技成果快速转化为营养健康产品上市，同时强化本土创新研发能力。预计在五年内康宝莱新产品上市数量翻倍，新产品开发提速翻倍，该中心未来有可能会成为世界领先的营养科学技术孵化中心。此外，该中心将开展“从种子到餐桌”全流程创新，包括新原料、新产品、新包装探索，通过体内外安全和有效性的科学研究，结合科学的产品配方和工艺技术、多样的包装形式及设计推动产品升级。

（2）提品质　生产合格满意的产品，必须通过建立和落实严谨的质量控制体系来实现。营养保健食品企业积极采用先进的技术设备和严格的管理体系来提升产品的品质，以确保提供顾客满意的产品。例如，无限极秉承大质量管理的思想，始终坚守“100-1=0”的质量理念，将产品质量与安全管理贯穿到产品设计、原材料采购、生产制作、物流配送、质量服务等整个产品实现价值环节，构建了科学严谨的全产业链质量与安全管理体系。其质量管理体系建设始终保持与国际先进管理体系的接轨，现已通过多项体系认证，质量与安全管理水平获得国内与国际认可。另外，该公司在全国各地原材料产区建立了种植基地，通过现代化、规范化和标准化的中草药种植与管理，实现全程可管控、可追溯，形成独特的中草药种植管理模式；截至2018年年底，中草药种植管理模式已推广到18个省份的40个中草药种植基地。

此外，无限极响应国家智能制造的号召，建设中药口服液全流程智能制造工厂，构建多层次中药口服液智能制造信息化系统，从原料入库至成品出库全程实现自动化、信息化运作。

（3）创品牌　近年来，消费者对品牌的选择性不断增强，保健食品企业在创品牌方面的观念也日益提升。例如，碧生源集团在创品牌方面持续探索创新营销模式，加强互联网营销渠道来拓宽品牌推广路径。2019年3月，碧生源牌常润茶广告首次登录中央广播电视总台旗下中国之声、音乐之声频道，通过利用国家级广播媒体的高覆盖来提升品牌知名度；2019年9月，碧生源品牌及产品广告时隔几年后，再次重新登录CCTV-3、CCTV-8，利用国家级电视媒体的公信力、覆盖广度进行品牌传播，配合新潮传媒投放、中央广播电视总台广播等资源，打造新营销模式。

二、行业面临的问题

（一）市场状况

随着“大健康”理念兴起，保健食品的人均支出、消费人群有了显著提升，“大健康”政策利好行业发展。但相较发达国家，我国保健食品市场仍处于发展初期。在快速发展的时期也存在一些问题，如保健食品的报批注册时间久、产品创新能力不足、不正当宣传、消费者不信任等方面的问题还亟待解决。

（二）生产经营中存在的问题

1. 保健食品的审批速度无法满足市场需求

《保健食品注册与备案管理办法》实施以来，审批通过的保健食品数量屈指可数，但在2019年，审批速度有了较大的转变，尤其在2020年新冠肺炎疫情蔓延全国的前两个月，审批数量已达到2019年全年审批数量的1.3倍。由于前期积压的产品数量众多，国家审评保健食品的工作压力仍然较大，与近几年保健食品市场高速发展态势的匹配度不高，该类积压的保健食品无法进行生产，也就无法快速进入市场来满足消费者的需求。

2. 跨境电商渠道对一般贸易渠道不公平

现阶段，国家对于通过跨境电商的营销模式呈“包容审慎”的态度，跨境销售的保健食品无须走审批流程，而按照一般贸易渠道进口的保健食品需要走审批注册流程，耗时长且花费多；此外，有些跨境电商企业通过跨境平台对不属于保健食品的产品宣传保健食品功能，误导消费者，消费者食用后并未有其宣传的效果，导致消费者对保健食品的不信任。因此，现阶段的跨境电商渠道对一般贸易渠道销售的保健食品存在不公平现象。

3. 保健食品功能评价体系与标准体系有待完善

目前，《保健食品检验与评价技术规范》（2003年版）废止，新的评价体系没有做好衔接，导致整个保健食品行业从研发、生产到监管没有评价依据，很多在研的新品种不能继续开展研究工作；另外，保健食品原料提取物没有统一的国家标准，企业在生产的时候执行的标准不统一，严重影响了生产效率。有一部分植物提取物由于无据可依，则采取出口的方式，在国外加工成保健食品，再通过跨境的方式进入中国，造成低价出口高价进口的现象。

4. 产品同质化现象严重

目前，备案保健食品的同质化现象较为严重。由于通过备案的产品只能使用列入《保健食品原料目录》中的原料，因此，无论从原料、技术还是剂型方面，差异化较小，一方面限制了企业的生产创造能力，另一方面也引发低水平重复建设和恶性竞争等问题。

5. 保健食品欺诈和虚假宣传依然存在

2019年，通过“百日行动”联合整治“保健”市场乱象的举措，大大规范了市场上欺诈和虚假宣传的现象。但是一些中小型企业和个人仍然通过电商、微商等渠道对保健食品功能大肆宣传，这些销售方式较为隐蔽和难以取证，导致相关部门的监管和查处难度较大。还有一些保健食品企业发布未经审批的广告，宣传治疗疾病等内容来误导消费者等。

三、发展趋势

（一）中药类保健食品是未来的发展趋势

健康不仅是有病治病，更需要防病，即古人所谓“治未病”，做好健康管理，预防到位就可以晚得病、少得病、不得病。随着《中华人民共和国中医药法》的颁布实施以及《中医药发展“十三五”规划》《国民营养计划（2017—2030年）》《健康中国行动（2019—2030年）》等文件的出台，在目前“亚健康”人群越来越多、“治未病”呼声越来越高的背景下，中药类保健食品将是保健食品未来发展的重要方向之一。2019年年底，国家市场监督管理总局发布《关于对党参等9种物质开展按照传统既是食品又是中药材的物质管理试点工作的通知》，在国家政策和战略措施的引导下，相信未来保健食品产品线将越来越丰富，中药类保健食品占据的比例将越来越高；加上我国进入人口快速老龄化阶段，大量有消费能力的老年人群也必然拉动中药类保健食品市场的需求。

（二）保健食品监管将更加严格

2019年国家颁布了诸多保健食品相关指南，包括《保健食品命名指南（2019年版）》《保健食品标注警示用语指南》等，以规范保健食品市场。2019年，国家市场监督管理总局开展联合整治“保健”市场乱象“百日行动”，以及联合整治“保健”市场乱象百日行动“回头看”工作，切实解决了群众关心的热点问题，确保了人民群众消费安全，净化了保健食品市场。针对保健食品的广告，国家也相继出台了相关的法规，并发布了多起虚假宣传的典型案例，严厉打击了违法行为。2019年，国家市场监督管理总局发布了《关于征求调整保健食品保健功能意见的公告》，如果意见落地，将会有部分现有的保健食品功能被取消，保健食品市场将更加规范。可见在保健食品行业健康发展的大背景下，未来国家对保健食品整个行业，尤其在监督管理方面将加倍重视，保健食品行业将向更加有秩序的健康方向发展。

（三）备案制保健食品将向新的方向发展

保健食品备案制的实施，减少了行政审批流程，申报周期和费用均明显低于保健食品注册，因此备受保健食品企业青睐。但是，备案制保健食品的同质化现象相当严重。

2019年，国家发布了《保健食品备案产品可用辅料及其使用规定（2019年版）》，给保健食品企业带来了新的希望。与2017版辅料目录相比，新版辅料目录新增了17个可用辅料，包括磷脂、姜黄素等常见的食品添加剂和果蔬粉等常见的普通食品原料，都为丰富备案产品的口味、增强产品市场竞争力提供了更有利保障。此外，新增的28个辅料使用标准也为企业选择供应商提供了更大的空间。另一方面，待《辅酶Q10等5种保健食品原料目录、技术要求（征求意见稿）》正式通过后，在备案产品的原料选择和功能声称方面，企业也将获得更多的选择空间。

四、政策建议

（一）加快保健食品审批速度

国家相关审批部门应完善现有的保健食品审批制度及相关流程，降低注册成本、缩短注册时间，加快保健食品审批速度，鼓励保健食品企业积极参与，促进保健食品行业蓬勃发展。

（二）加强保健食品跨境电商规范化管理

相关政府部门在采取包容审慎的监管态度的同时，应积极推动跨境电商零售保健食品进口商品执行首次进口许可批件、注册或备案要求的制度，严格海外代购的行为监管，规范经营主体，一方面保护消费者的人身健康和消费权利，另一方面促进保健食品行业的平等有序发展。

（三）健全保健食品法规体系

建议国家相关部门尽快推出保健食品新的评价体系，做好评价体系的衔接工作，尽快结束因《保健食品检验与评价技术规范（2003年版）》废止所造成的混乱局面。加快推进保健食品标准体系的建设工作，尤其应该推动保健食品原料提取物国家标准的建立，从根本上解决保健食品原料（尤其是提取物）没有法律依据的现状。

（四）增加备案制保健食品品类

建议相关政府部门尽快落实《辅酶Q10等5种保健食品原料目录、技术要求（征求意见稿）》和《保健食品备案产品可用辅料增补名单（一）（征求意见稿）》的发布工作，加快备案制保健食品原料目录的扩增，适当增加备案保健食品的可选剂型，刺激企业加大研发力度，给企业提供更多的选择空间。

（五）全面加强消费者教育，普及相关知识

正确认识保健食品的身份和内涵，是产业焕发生机、良性发展的必要前提。建议国家相关部门引导并鼓励行业企业积极进行保健食品科普宣传活动，通过广播、电视、新媒体等多种途径发布保健食品消费提示，进行消费者保健食品识别教育；及时公布保健食品虚假案例，提高消费者辨识力和认知度，引导消费者科学合理的消费观。

中国保健协会

罐头食品制造业

罐头食品制造业是我国传统食品产业，一直以来在供应内需、出口换汇、服务“三农”等方面发挥着举足轻重的作用。2019年，罐头行业坚持以市场为导向、科技为支撑，努力提高食品质量，实施名牌战略，努力化解国际贸易摩擦、原辅材料、生产成本上升等不利因素影响，积极推动中国罐头行业持续较快发展。

一、行业概况

（一）主要经济指标

根据国家统计局对规模以上735家罐头企业统计的数据显示，2019年我国罐头行业累计完成产量919.13万t，同比下降9.01%；营业收入1282.08亿元，同比下降3.03%；利润总额78.71亿元，同比增长10.60%。

（二）行业发展分析

1. 价格

罐头产品的价格主要受原辅材料价格、汇率和人工成本影响。在原辅材料价格方面，2019年，部分果蔬由于天气原因减产或因种植面积增加而大面积丰收，导致果蔬类罐头原料价格较以往波动较大，而受非洲猪瘟影响，导致肉禽类罐头主要原料猪肉价格上涨较为明显；在汇率方面，2019年人民币汇率先升后降，下半年汇率下降较有利于出口。

根据海关数据计算，2019年我国罐头出口累计平均价格为1760.68美元/t，同比下降2.67%（图1）。

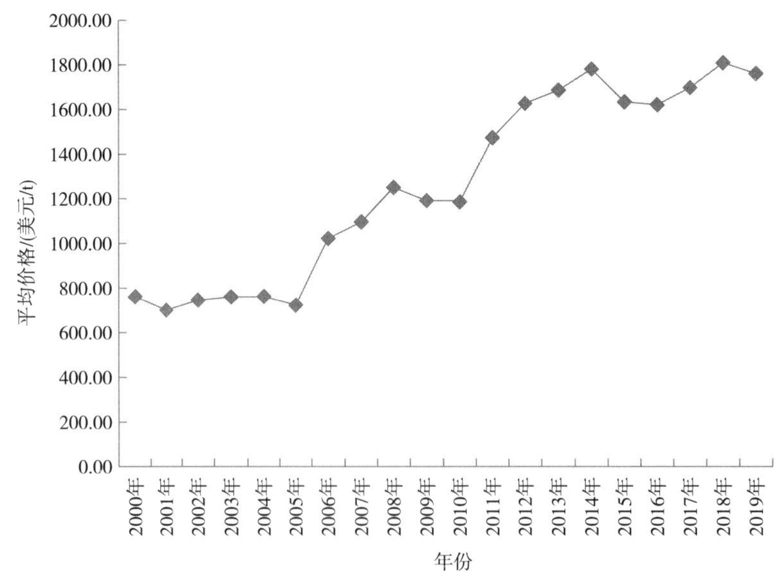

图1　2000—2019年我国罐头出口累计平均价格走势图

数据来源：中国海关。

2. 市场

我国罐头分内销、外销两个市场。在外销市场，我国作为国际上最大的罐头生产和贸易国，产品在国际上具有重要地位，近年来国际市场地位较为稳定。2019年我国罐头总出口量略有下降，同比上年下降1.16%，出口总量占国内罐头总产量的32%。2019年由于国际贸易不稳定因素过多，国际贸易摩擦形势加剧，影响罐头国际市场正常贸易，对出口罐头企业造成一定恐慌，企业愈发对国内市场重视。较为有利的一面在于随着近年来国家“一带一路”政策的实施，出口企业在产品出口、运输、金融等方面受益，产品市场竞争力和利润得以提升。在内销方面，罐头产品在零售、集团销售、餐饮及焙烤行业销量均逐年有所增加，但由于销售渠道、产品品牌力、影响力等方面并未完全培育成熟，市场依然有待进一步发掘，一些罐头品种由于主要依附于西式餐饮消费，如芦笋、金枪鱼、番茄酱等罐头产品，国内消费市场潜力也尚待发掘。

3. 投资

2019年全国规模以上罐头食品制造企业资产总计839.3亿元，同比下降0.92%；负债合计427.18亿元，同比下降1.48%，资产负债率50.96%；行业流动资产总计484.28亿元，同比增加3.06%。

4. 区域分布

我国罐头行业产量区域集中度较高，2019年福建省罐头产量297.96万t，占全国罐头总产量的32.42%，成为全国罐头产量最高的地区，之后依次为湖南、湖北、山东和新疆等。其中，前三省份罐头的产量占据全国产量的49.82%。

由于罐头产品的主要原料在未经加工时不便于贮存、运输，因此我国罐头企业的分布主要与当地原料及市场优势有关。例如，我国水产品类罐头的产区以广东、福建、浙江、辽宁等沿海地区为主产区；柑橘罐头以浙江、湖南、湖北等地为主产区；肉类罐头以上海、福建、四川为主产区；黄桃、白桃罐头以河北、山东、安徽和大连为主产区；蘑菇、芦笋罐头以福建、山东、河南为主产区；番茄类罐头以新疆、内蒙古、甘肃为主产区；竹笋罐头以浙江、福建、江西为主产区；粥类罐头主产区是浙江、福建和河北等地（图2）。

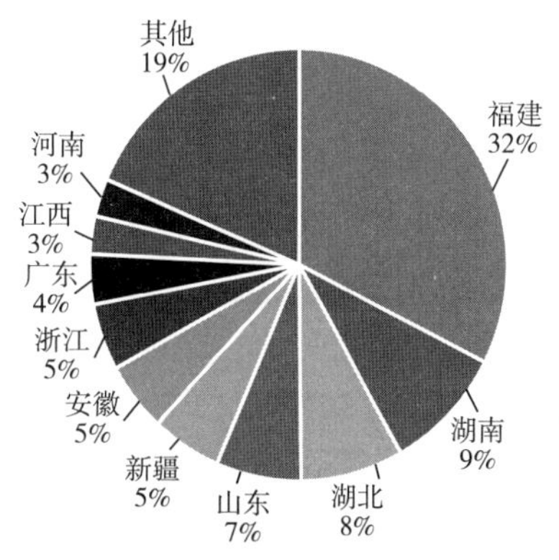

图2　2019年我国罐头行业产量地区分布

数据来源：国家统计局。

5. 行业集中度

2019年罐头行业延续了前两年发展趋势，行业集中度较上年又有所提高。我国罐头行业总体以中小企业居多，行业集中度普遍不高，主要由于加工原料供应、产品季产年销和人工劳动力的制约，难以形成规模效益。以柑橘、黄桃罐头为例，行业加工柑橘、黄桃罐头前十家企业加工总量不足行业的40%；番茄酱加工主要集中在新疆和内蒙古地区，由于原料较为充足和国际市场需求量大，行业集中度相对其他产品略高，行业前五家企业加工总量约占行业的70%；粥类罐头由于原料充足，可以实现全年生产，且机械化程度较其他品种高，是业内集中度最高的类别。近年来行业集中度在逐年提高，主要原因在于行业在政策和市场的引导下，对落后产能进行了淘汰，同时部分子行业尚处在洗牌期，兼并和重组的现象较多。

6. 进出口

（1）出口　据中国海关数据显示，2019年我国罐头出口总量为296.41万t，同比下降1.16%；出口总金额为52.19亿美元，同比下降3.80%。

2019年，由于国际贸易摩擦问题加剧，导致我国罐头出口部分国家总量有所下滑，但一方面我国罐头产品在国际市场由于长期占据主要地位，短期较难撼动，另一方面企业在积极拓展新兴市场，挖掘其他国家或地区的市场潜力，在国家“一带一路”政策的实施下，为出口企业营造了良好的出口环境（图3）。

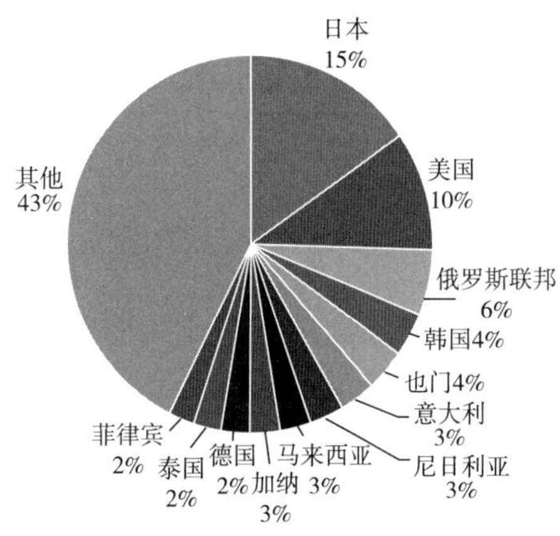

图3　2019年我国罐头出口主要国家和地区所占比例

（2）进口　2019年我国进口罐头产品总量为15.38万t，同比增长14.70%；进口额为3.12亿美元，同比增长2.25%。

近年来由于国内市场不断向好，吸引国外罐头食品进入中国市场日益增加，满足了一部分市场需求。另外一些针对外国人饮食习惯的罐头食品也逐渐出现在国内市场，主要针对有该类饮食需求的消费者，同时满足了一部分市场好奇需求，其特点为总体量不大，但价格稍高于国产同类罐头产品。

2019年国内进口罐头主要为果蔬和宠物类罐头，其中进口量较大的水果罐头品种为菠萝、黄桃和什锦罐头。进口黄桃罐头主要来自南非和希腊，由于其品质优良，色泽鲜艳，受到国内高端烘焙业和连锁快餐业的青睐。菠萝罐头延续了2018年国内市场紧缺的形势，进口量持续上升。进口罐头产品的价格在前几年攀升的情况下，于近年来价格回归，2019年我国进口罐头产品累计平均价格为2029.07美元/t，同比下降10.86%，进口罐头价格趋于平价现象较为明显。

7. 重点行业

罐头产品按原料分为肉禽类罐头、水产类罐头、果蔬类罐头和其他类罐头，其他类罐头主要包括粥类、汤类、调味类以及婴幼儿辅食类等罐头产品（表1）。

表1　2019年我国罐头各品类经济运行情况

项目	企业数量/个	营业收入/亿元	同比增长/%	利润/亿元	同比增长/%
肉禽类罐头	98	216.66	-8.88%	11.98	-3.75%
水产类罐头	47	84.92	-8.30%	7.79	11.65%
果蔬类罐头	527	861.00	-1.16%	50.15	19.61%
其他类罐头	63	119.51	-0.97%	8.77	-10.50%

数据来源：国家统计局。

各品类罐头主要产品情况如下所述。

（1）粥类罐头　粥类罐头是我国罐头品种中总量最大的单品，且行业集中度较高。根据国民饮食习惯，产品基本全部内销。粥类罐头生产的连续化和机械化程度高，能一年四季生产，所以产量较大，规模效益明显。粥类罐头同时也是罐头行业中产品创新较为活跃的品种，市场产品多样化较为突出。2019 年粥类市场延续了以往较好的市场发展趋势，在市场零售较好的基础下，在餐饮集团消费方面的需求不断提升，且增长较快。

（2）番茄酱罐头　美国、意大利和中国是世界上最主要的番茄酱罐头生产国。根据世界番茄加工委员会（WPTC）数据显示，2019 年全球共加工约 3726.6 万 t 番茄原料，比 2018 年增加 8.6%，其中中国加工 520 万 t。我国番茄酱罐头加工主要集中在新疆、内蒙古和甘肃地区，2019 年总产量约为 75 万 t，其中新疆 58.8 万 t，内蒙古 15 万 t 和甘肃 1.2 万 t，较上一年增长较为明显。主要由于 2018 年因环保整改降低了产量，且 2019 年总体天气条件较好，原料获得丰收，很多企业都实现了增产。

在市场方面，我国番茄酱罐头依然以国际市场为主。据海关统计数据显示，2019 年全年出口番茄类罐头产品共计 95.96 万 t，同比增长 3.59%；出口额 7.24 亿美元，同比增长 5.89%。其中大桶番茄酱（>5kg）出口量为 60.12 万 t，同比增长 10.72%，累计平均单价 740.53 美元/t，同比增长 6.81%；小包装番茄酱（≦5kg）出口量 32.47 万 t，同比下降 5.07%，累计平均单价 772.74 美元/t，同比下降 3.13%。在内销方面，近年来经过行业企业对国内市场进行深耕挖掘，国内市场销售国产番茄酱罐头取得了不错的效果，2019 年国内销售产品以番茄沙司、番茄酱和少量番茄罐头为主，主要供应餐饮、焙烤等方面，以及作为其他食品工业用原料，预计今后还将继续有所增长。

（3）桃罐头　我国桃罐头加工用原料及生产企业主要集中在安徽砀山、山东临沂、辽宁大连和河北保定等地。近年来，全国桃产业和市场总体呈现上升趋势，黄桃种植规模逐年扩大，国内市场持续增长，企业也加大了对品牌培养的投入，逐渐形成一批全国或区域市场的品牌企业。由于近年来市场需求旺盛，原料种植面积不断扩大，全国范围原料丰收，2019 年桃原料价格较以往偏低。据中国罐头工业协会统计，2019 年全国桃罐头年产量近 80 万 t，稳居世界第一。

在市场方面，我国桃罐头近四分之一用于出口。从国际市场看，我国桃罐头加工竞争对手主要是南非、希腊和阿根廷这三个国家。全球主要生产国的总加工量大体保持在每年 160 万 t 左右的规模。2019 年，我国桃罐头出口 13.41 万 t，比 2018 年下降 8.95%；出口额 1.46 亿美元，同比下降 12.75%；累计平均价格为 1086.72 美元/t，同比下降 4.17%。出口量、出口额均出现下降主要是由于国际贸易摩擦加剧，个别国家关税增加，进口国转向其他桃罐头生产国寻求低价产品。然而我国桃罐头在国际市场上体量庞大，出口量虽较以往有明显下滑，但其他国家桃罐头产业尚没有能力完全替代我国桃罐头的国际市场地位。我国桃罐头主要出口国家依次是美国、日本、俄罗斯、墨西哥和加拿大，其中对日本出口白桃罐头占较大比例。

（4）柑橘罐头　我国是世界上主要的柑橘罐头生产国和出口国，国际市场占有率一直保持在 70% 以上。柑橘罐头近年来国内市场发展较好，销售规模稳中有升。企业近年来重视柑橘罐头的连续化、机械化生产，有助于控制产品生产成本，保证了企业效益。在产品方面，柑橘罐头产品在包装、口感方面不断改善，在稳定既有消费群体的条件下，努力开发新品及扩展新的消费群体，从而促进了内销市场不断扩大。另外在柑橘去皮设备、原料综合利用方面近年有所突破，助力行业向上发展。2019 年由于天气原因，部分柑橘主产区减产，导致原料价格上涨，企业生产成本增加较为明显。

2019 年我国柑橘罐头出口量为 26.58 万 t，同比下降 18.43%；出口额为 3.08 亿美元，同比下降 22.17%；累计平均价格 1157.28 美元/t，同比下降 4.17%。下降的主要原因在于遭受国际贸易摩擦，进口商于政策调整前积极囤货，2018 年出口量价齐增，2019 年出现回复性下调，另外也由于国际市场贸易摩擦阴影导致企业对前景不明朗，企业减少生产。

（5）食用菌罐头　2019 年我国食用菌罐头总产量约为 50 万 t，主要集中在福建、四川和山东等省份。目前产品约一半用于出口，2019 年我国食用菌罐头总出口量为 25.45 万 t，同比增长 5.27%；出口额 8.91 亿美元，同比增长 54.73%；累计平均价格为 3502.03 美元/t，同比增长 46.97%。目前我国食用菌罐头出口方面依然没有摆脱受到美国蘑菇罐头多年的反倾销和多菌灵事件的阴影，造成中国出口美国的食用菌罐头受阻。食用菌罐头在国内市场上销售主要为调味类食用菌罐头，另外针对西式餐饮、快餐连锁和星级酒店，销售近年来表现较为抢眼，实现稳步增长。近年来企业为确保原料质量，控制农药残留，均建立智能化食用菌原料种植基地，引导集中种植，不仅提升了原料质量，同时也起到了节能、环保和降耗的效果。

（6）猪肉罐头　我国猪肉罐头以午餐肉、清蒸猪肉等罐头为主，以供应餐饮业为主，少部分进行零售。2019 年我国猪肉类罐头产业由于受到非洲猪瘟影响，原料供应不足且价格上涨过快，导致产品产量、出口量均出现大幅下滑。在市场方面，我国猪肉类罐头出口以东南亚国家和中国香港地区为主，2019 年我国共出口猪肉类罐头 2.90 万 t，同比下降 42.01%；出口额为 0.92 亿美元，同比下降 38.73%；产品累计平均价格为 3173.86 美元/t，同比增长 5.65%。在内销方面，猪肉罐头主要应用于餐饮行业，如猪肉午餐肉应用于火锅类餐饮。近年来，随着我国火锅餐饮业的迅速兴起，带动猪肉糜类罐头产品销量不断提升。前几年由于猪肉午餐肉产品市场较好，企业积极性较高，但 2019 年非洲猪瘟影响扩大，导致原料价格上涨过快，对市场也造成一定影响。

（7）金枪鱼罐头　2019 年全球金枪鱼市场延续以往需求大于供应局面。2019 年我国金枪鱼罐头（含金枪鱼鱼柳）共出口 12.34 万 t，同比增长 16.68%；出口额 5.03 亿美元，同比增长 3.69%；产品累计平均价格为 4072.22 美元/t，同比下降 11.13%。由于近年来国内消费者对金枪鱼罐头的营养成分逐渐重视，产品在国内消费中增长较快，我国进口金枪鱼罐头也处于增长态势。2019 年我国进口金枪鱼罐头 3103t，同比增长 8.18%；进口额 1520 万美元，同比下降 1.45%。

（8）鲭鱼罐头　2019 年我国鲭鱼罐头出口量为 8.63 万 t，同比增长 24.35%；出口额为 2.44 亿美金，同比增长 16.41%；产品累计平均价格为 2830.82 美元/t，同比下降 6.38%。鲭鱼罐头近几年国际市场发展较快，但 2018 年由于南美部分地区鲭鱼罐头产能逐步上升和我国鲭鱼罐头出口遭受贸易壁垒情况严重，对我国鲭鱼罐头行业向上发展造成影响，2019 年出现报复性出口增长。当前企业在逐步试水内销市场，在供应食品类鲭鱼罐头的同时，也开发生产了鲭鱼的宠物食品罐头。

8.“三品”战略实施情况

2019 年罐头企业在“三品”专项行动中积极落实，总体情况进展良好，并取得了不错的成绩。

（1）增品种　在增品种方面，企业以市场为导向，面向餐饮、零售等方面需求入手，弥补市场空缺的同时提升企业效益。福建紫山集团股份有限公司研发的三文鱼骨罐头、味噌及味付口味鲭鱼罐头成功出口日本；企业通过新产品开发和生产，优化了产品结构，拓展了市场空间，带动了技术改造和生产工艺的提升，有力地促进了企业转型升级。上海梅林食品有限公司在午餐肉罐头系列中，开发“猪大萌”经典午餐肉罐头，于2019 年年底成功上市。“猪大萌”作为梅林午餐肉家族中全新的一员，在产品外包装上采用与以往经典午餐肉罐头不同的粉色色系，更加趋向于年轻化和时尚化，更能吸引年轻消费者的眼球；在生产工艺上，猪肉原料来自企业自建牧场，冷鲜猪肉投肉量高达 90% 以上，优化了产品色泽和口感；同时在包装方面采用铝质易拉盖，与传统铁质易开盖相比更易开启。杭州娃哈哈集团有限公司依托国家级企业技术中心研发平台，于 2019 年在新产品研发上依据平衡膳食、均衡营养的健康理念，开发了以藜麦为主要原料的藜麦牛奶粥罐头，通过罐藏原料品种筛选和牛乳配伍研究，在提高藜麦口感风味的同时最大限度地保留了原料的营养价值，给消费者以全新的口感和营养，完成粥类罐头食品的升级换代。今后娃哈哈还将继续深入开展消费者洞察及需求研究，通过细分市场，开发针对银发族、年轻女性、上班族及儿童等人群的产品。如正在研发的低血糖生成指数（GI）罐藏食品，将对糖尿病、血糖异常、体重管理等人群的膳食具有重要意义。

（2）提品质　近年来罐头行业企业积极提升产品质量管理手段，升级产品检测手段和向着智能化方向发展，以提升产品品质。福建紫山集团股份有限公司先后顺利通过了 ISO2000、HACCP、BRC、IFS、清真哈拉年度换证审核以及国内海关的年度监督审核，根据美国食品与药物管理局（FDA）、斯里兰卡相关标准，更新水产罐头质量体系管控要求并予以贯彻实施，通过斯里兰卡的官方审核认证，积极参与标准的制修订，全年完成企业标准修订及备案 11 项，参与多项国家或行业标准的起草修订。杭州娃哈哈集团有限公司在质量管理覆盖新品开发环节、供方原材料进厂验收环节（IQC）、生产过程检验环节（IOC）、产品出厂检验环节（OQC）、产品通路运输环节及终端货架环节这六大环节，真正实现对产品全生命周期的全面质量管理（TQM），同时在业内率先配备了原料除杂设备和高速影像检测系统，采用智能化原料处理和成品检验系统，提高了生产效率和产品质量，实现了传统罐头食品向数字化、智能化的转型升级。

（3）创品牌　大力提升企业品牌价值是目前行业内多家企业的发展方向，在打造品牌价值过程中，以新媒体、新方式来传播品牌信息。福建紫山集团股份有限公司积极参加国内外高质量展会，以优质产品获得良好反响，同时将产品与当地特色产品挂钩，打造当地特色产品品牌；在传播方面，积极与新兴网络媒体平台对接，大力探索品牌在新兴市场的发展。上海梅林食品有限公司启动了品牌系统升级的工作，力求企业形象更规范，更适应时代变化，将传统与创新齐存并进，让老字号焕发新生命；紧跟互联网 3.0 时代的发展潮流，大力开展异业合作活动，在加深消费者对于梅林品牌原有的认识上，扩大品牌在其他领域的认知度，打造全新品牌生命力；对庞大的年轻消费客群，敏锐洞察市场方向，在舆论宣传和品牌推广上做出针对性改变；与此同时，也不忘持续开展线下展览活动，与存量消费群体进行深度互动。2019 年，杭州娃哈哈集团有限公司在品牌推广方面，针对热播的电视剧进行多种广告形式协同投放，总体曝光目前达 1.8 亿次，以新的传播方式将企业品牌信息传播给消费者。

9. 绿色制造、智能制造

近年来随着国家有关部门的引导及大力支持，绿色制造、智能制造已成为各个行业今后发展的必然方向，罐头行业也逐步进行转型升级，加大对绿色制造、智能制造方面的重视，积极响应绿色可持续发展。

在绿色制造方面，近年来行业在生产中推广以水排气替代蒸汽排气和循环用水，如杀菌冷却时以冷却水内循环代替冷却水外循环，冷却水一直在系统内部循环，不与外界接触，不存在微生物污染的可能性，且冷却水用量少。另外在杀菌过程中最大程度减少蒸汽的无效排放，提高杀菌效率，节约能源。以上种种措施的实施，有助于在生产中起到节能节水、减少污水排放的作用。

在智能制造方面，行业立足自身特点，近年来不断推动智能化制造，不仅在生产中注意智能改造，如自动称重、罐装机器、原料处理等设备的研发及投入使用等，在原料基地同样引进智能设备。如在蘑菇原料种植基地引进自动化智能设备，对基地内生产环境进行智能调节，实现科技管理。但在加工智能装备和互联网方面行业总体依然处于起步阶段，预测今后类似于柑橘分瓣等加工工序实现机械化后，行业智能化将得以实现。同时，智能化检测装备在今后将在行业内普及，将大幅度减少人工成本和提升产品品质。

10. 包装与装备

（1）包装　罐头产品由于其独特的杀菌工艺，对产品包装要求较高，包装材料的升级也体现了罐头行业的进步。当前罐头产品包装主要分为硬（马口铁、玻璃、铝等）和软（高阻隔塑料、铝箔、利乐纸等）两种包装形式。

我国以金属、玻璃材料制罐的技术已日渐成熟，制罐装备生产已接近国际先进水平。在包装材料方面，环保和节约成本的材料减薄一直是金属罐头包装的重要发展趋势，作为金属包装的高档产品覆膜铁，具有相对传统马口铁安全性较高、耐腐蚀等特点，目前也在行业内积极推广当中；利乐包装的罐头产品也逐渐从无到有，利乐包装以其安全、便于运输和外观新颖的特点，开始逐渐在罐头行业中出现。近年来随着食品接触类材料标准的要求逐渐严格，包装材料的内涂层也更加趋于安全的更高要求。在软包装方面，高阻隔塑料包装主要应用于水果类罐头，水果类罐头由于其外观诱人，部分产品在销售中采用透明、高阻隔包装材料，制成果杯或直立袋，携带方便且便于开启。各类高阻隔复合塑料杯（袋）装水果罐头产量和销量逐年提升，国内外市场发展前景十分广阔。

（2）装备　罐头装备主要包括空罐、实罐和包装三大部分，始终伴随罐头产业发展和进步，发挥着举足轻重的作用。罐头生产原料品种多、规格不一、加工期短等问题一直是制约我国罐头生产装备发展的障碍。随着国内人工成本的不断攀升，企业对机械化、智能化设备越来越重视。近年来罐头行业装备发展态势十分明显，高新技术得到逐步的推广与应用，随着市场的需求和企业研发能力的增强，高新机械设备逐步替代以往人工操作在罐头加工业中得到较为广泛的应用，如原料分拣、芦笋去皮机、黄桃去核机等机械目前正在行业中被广泛推广使用；近年研发成功的柑橘去皮机，去皮率达到90%以上，每台机器可代替6个工人，也在逐渐被企业采用。在自动罐装和称重方面，行业相关企业也在加大研发和投入力度，部分较为成熟的产品在黄桃、柑橘和鲭鱼罐头等生产中均已逐步投入使用，大大降低了人工成本。另外，为提升产品品质，目前异物检测等设备也不断受到企业重视而被引进使用。特别是随着国外先进设备的引进和消化，以及罐头加工产品的出口对产品的质量和加工技术水平要求较高，推动了高新技术的广泛引进和应用研究，原料装备落后制约生产自动化进程较以往有所缓解，但与国际上先进的自动化生产相比还有较大差距。

11. 发展新亮点与新增长点

（1）传统菜肴罐头化，自热罐头市场发展空间较大　罐头食品在供应餐饮消费方面提升较为明显，有利于降低餐饮生产成本，简化厨房工序。以午餐肉为代表的肉类罐头，在火锅等餐饮消费总体提升的带动下，行业产销量逐年提升；粥类产品由以往餐饮熬制变为由企业集中制成罐头，销往各个餐饮店，为餐厅节省时间及能源，且在安全等方面更加有保障；蘑菇、芦笋、番茄酱、金枪鱼等罐头产品，由于国内西餐化的普及，带动该类产品销量有所增加。另外，近年来由于罐头工艺的日渐成熟，与传统食品相结合，部分企业借助罐头工艺使部分传统中国菜肴工业化，如狮子头、红烧排骨、梅菜扣肉、面条、米饭罐头等产品均实现了工业化生产，带动罐头产品多样化。此外，在供应餐饮业的同时，行业积极开发自热罐头食品，满足零售端的消费需求。自热罐头食品具有食用、携带、操作方便，口味、营养均较好的特点，且以其新奇的食用方式引起诸多消费者的好奇心，产品在军需、救灾、差旅、日常等多方面均有消费需求，带动罐头产业消费升级。目前来看，自热罐头食品在口味、加热方式、包装等方面均有提升空间，市场潜力较好。

（2）高端罐头产品需求日益增加　近年来随着国民消费升级，对食品的品质、本身价值要求提升，带动一些高端罐头如燕窝、海参、生蚝、佛跳墙等罐头的消费需求，销量持续增加。主要在于罐头工艺较易于对食物进行储存，高端食材制成的罐头产品在销售、运输和食用方面都较为方便，弥补了市场对一些高端食品的货架零售消费需求，同时罐头产品也有助于降低食物的成本，具有一定价格优势。高端罐头食品由于利润较好，在市场宣传和渠道方面投入较多，同时借助新兴媒体的宣传，不仅应用于餐饮渠道，在零售市场也有较快发展。

二、行业面临的问题

（一）政策与市场

1. 原料种植缺少科学引导，全国种植面积波动性较大，导致每年原料供应量不稳定

近年来随着果蔬农作物市场向好，农户种植积极性不断攀升，部分农作物产量逐年升高，但由于各地部分农户在种植中信息不足，为求形成规模效益而盲目扩大种植面积，提高产量，导致部分农产品供过于求，市场不能及时消化，又由于部分农产品不利于储存，导致市场价格一路走低，农户受损严重，长此以往，农户种植积极性降低时减少种植面积，又会导致产品供小于求，从而价格飞涨，提高企业生产成本，形成恶性循环。如2019年黄桃由于大面积丰收，导致价格大幅下降，果农受损严重，而2019年橘子由于原料减产，价格上升过快，增加了企业生产成本。

2. 国内健康舆论向好，但彻底消除消费者对罐头误解依然任重道远

国内由于部分媒体对罐头产品缺乏了解和调查，听信一些谣言，误以为罐头产品在安全性、营养方面欠妥，便以讹传讹对其进行报道宣传，导致消费者对罐头误解很深，误以为罐头产品不够新鲜、营养价值不高或对人体有害。近年来在国家有关政策的支持下，中国罐头工业协会和行业企业加大宣传科普力度，努力消除市场上对罐头产品的误解，对罐头产品的贮藏原理进一步进行科学解读，媒体舆论风向有所改善，虽然取得了一定效果，但目前看来仍需不断努力。

3. 国际市场受技术性贸易壁垒、反倾销、高额关税制约，国内存在出口骗税现象，扰乱市场正常贸易

近年来，我国罐头产品年出口量基本徘徊在300万t左右，近总产量的四分之一。很多出口罐头品种如番茄酱、鲭鱼、芦笋、柑

橘罐头等在国际贸易中占据主要位置，在国际市场上具有总体质量好、价格低、占比大等特点。但产品在国际贸易中频繁遭遇技术性贸易壁垒、反倾销、被主要市场国征收高额关税等现象。如我国鲭鱼罐头在出口南美、果蔬类罐头在出口美国时均有遭受技术性贸易壁垒问题；我国柑橘罐头出口欧盟地区自2008年起便遭遇反倾销仲裁，被征收高额关税；美国自1998年起便对我国出口蘑菇罐头征收高额反倾销关税，诸如此类，等等。种种限制导致我国罐头产品虽然目前在国际市场占比较为庞大，但由于关税等原因导致利润极低，原有的价格优势无法体现。另外，如果产品遭遇技术性贸易壁垒，产品退柜，企业有可能遭受巨大损失，长此以往原先拥有的市场极有可能被他国所占据。此外，近年来，国内部分罐头出口企业在出口贸易中谎报产品价格，以虚假高额贸易金额骗取出口退税，而实际交易价格远低于市场均价，从中牟取不法所得。此现象不仅造成国家资金损失，也严重扰乱了我国罐头产品外贸市场秩序。同时，由于实际产品交易价格较低，产品质量差，也严重损害了中国产罐头在国际市场上的声誉，扰乱了市场秩序。

（二）科技创新

1. 企业新品研发力度加大，但总体创新力依然不足

2019年罐头行业在市场消费升级拉动下，部分企业在新品研发、升级产品内容物、包装等方面均不同程度较以往加大了创新力度，并针对市场不同需求，开发出针对不同消费群体需求的产品，满足各种消费需求，产品一经投放市场便取得了不错的反响，以往罐头产品缺少新包装、新口味的市场形象有所改善。但目前行业总体创新力依然不足，市场上的产品大多在包装、口味等方面缺乏创新，产品同质化竞争严重，缺乏差异化、新奇化，导致罐头在国内市场对新生消费群体的吸引力度不够，虽然产品物美价廉，但难以开拓新兴消费群体。不过近年来随着国际市场的饱和，企业不断重视国内市场，也对产品创新变得逐渐重视起来，并进行大胆尝试，如近年来市场上的功能糖类水果罐头、果冻类罐头、功能性罐头及方便主食罐头等新口味产品，在包装上也推出很多包装精美的礼品包装。目前行业创新力正在逐步改善，也已取得部分成果，因此，加大创新、进行品牌培养成为促进产业发展的关键因素。

2. 原料综合利用率总体不高，有待进一步提升

果蔬罐头在加工中普遍对原料废弃物的开发利用程度不够，而丢弃的加工废料如不快速处理，会导致环境污染，进而提升企业环保成本。在废弃物处理中如企业能利用科技手段提高原料综合利用率，一方面能够进一步降低生产成本，减少原料浪费，另一方面也有利于节能环保。目前，行业对原料综合利用方面均有所重视，如柑橘罐头生产中产生的废料柑橘皮，用来作为原料生产果胶、香精油、陈皮等产品，芦笋罐头的废料芦笋皮等用来做芦笋汁饮料、芦笋酵素，均取得了不错的成果和市场效益。但行业目前总体废弃物利用率不高，科技支撑力度不够是当前废弃物利用率不足的主要原因。

三、发展趋势

2019年罐头行业总体发展向好，努力化解各种压力，积极稳住现有市场，开拓新兴市场，也取得了一定成绩。然而自2020年年初，新冠肺炎病毒疫情全球性暴发，预计将对我国罐头行业各个方面均产生严重影响。受疫情冲击，以往以供应餐饮销售为主的罐头企业将在疫情期间举步维艰；有关零售，除以礼品销售为主的内销罐头销售困难外，由于疫情期间以居家饮食为主，家庭囤积食品尤其国外囤积罐头食品现象较为普遍，罐头作为较易储存且安全美味的食品，在为居

民提供方便的同时，销量将得以补充。罐头食品在疫情期间作为食物储备，销量增长的同时也得以宣传和科普，吸引到部分新的消费群体，但疫情导致的囤货式消费增长极有可能在今后带来报复性回落。受疫情冲击，中小企业生存困难，预计新冠肺炎疫情之后行业企业集中度将加快提升速度，同时在机械化、智能化方面将更为重视。加快机械化、智能化的技术改造，提高生产效率，发展规模化效益和节能环保方面完成技术改造，将成为发展趋势。

四、政策建议

（一）科学引导农户对原料品种的种植

对农户种植品种增加科技引导力度，鼓励罐头企业与当地扶贫工作对接，建立合作机制，保障农户收益，指导农户共同建立原料基地，科学种植。

（二）加大对罐头企业的科技支持力度，助力企业更好地解决开发产品、原料废弃物综合利用问题

通过政策扶持、资金奖励等综合手段，鼓励企业与科研单位、大专院校联合，组成产学研一体的研究体系，对大宗果蔬加工产品的废弃物再利用进行科研攻关，并将成果在行业内进行推广普及。

（三）以罐头便于贮存、运输等特性，推广宣传罐头食品作为国民家用常备防灾物资

在向公众普及抗震减灾等相关知识的同时，鼓励国民在日常生活中多给家中贮备一些罐头食品作为应急食品，以备不时之需，将灾难可能带来的损失进一步降低。

（四）支持出口企业应对技术性贸易壁垒，严厉打击虚高价格出口贸易骗取退税行为

在出口企业面对国际贸易中出现的技术性贸易壁垒时，联合相关行业协会，为企业提供必要的政策、技术、信息及资金等方面的支持，避免企业单打独斗。

（五）优化罐头行业金融服务，加大企业融资支持等金融政策

在罐头企业购买农副产品原料方面给予企业融资、贴息贷款等金融政策支持。

中国罐头工业协会

焙烤食品糖制品行业

一、行业概况

据国家统计局统计及行业测算，2019年国内焙烤食品糖制品行业（含糕点/面包、饼干、糖果巧克力、蜜饯、方便面和冷冻饮品）规模以上企业共2708家，比上年减少279家；主要产品产量合计约为2573.36万t（行业测算）；营业收入为5568.58亿元，同比增长3.92%；利润总额为465.09亿元，同比增长1.62%；出口交货值为195.98亿元，同比增长12.61%。

2019年，国家统计局继续规范规模以上工业企业统计范围，剔除重复计算和剥离非工业生产经营活动等数据，行业经济运行数据与2018年相比虽略有下降，但同比仍然稳步增长。从发展趋势来看，行业仍然处在良性发展的轨道上。目前，焙烤食品糖制品行业正在由高速增长阶段转向高质量发展阶段，转型与创新既是企业生存发展的动力，也是行业发展的必由之路。

2019年，行业发展呈现以下特点。

（1）生产平稳增长，行业规模、实力不断增强。经过多年的积累和发展，国内焙烤食品糖制品行业产量、营业收入在逐年增长，行业规模在不断扩大。业内许多骨干企业的生产设备、检测水平和生产环境都有了较大改善，规范化管理意识逐步增强，为保证产品质量奠定了良好基础，也为市场提供更多、更好、更安全的产品创造了先决条件，为行业的持续发展奠定了较为坚实的基础。

（2）产品质量稳定，提供安全优质的产品已成为行业的共识。近年来，在国家加强食品安全管理的政策方针指导下，在相关政府部门的监督指导下，业内的食品安全理念和意识不断增强，为消费者提供安全、优质的产品已成为行业共识。焙烤食品糖制品行业基本没有大的食品安全事故发生，日常抽检的合格率也在不断上升，并且产品质量保持稳定。

（3）品牌消费趋势明显。近年来，随着消费者文化层次、收入水平、消费观念的不断提升，为满足消费者高级需求的“品牌消费”愈加明显，“品牌消费”正在成为中国消费市场最明显的特征，食品领域的品牌消费趋势更加明显。

从以上行业数据及运行特点可以看出，虽然与前几年相比增速有所下降，但全行业依然处在良性发展的轨道上，显现了本行业经过多年的发展，已经奠定了较为坚实的基础，也具备了一定的抗风险能力和持续发展的潜力。

（一）主要经济指标

1. 营业收入

根据国家统计局统计数据显示，2019年焙烤食品糖制品行业规模以上企业营业收入为5568.58亿元，同比增长3.92%，增速比上年同期下降2.2%。各子行业增速有升有降，其中糕点面包、饼干、方便面行业增速微幅下降；糖果巧克力行业增速下降10%，降幅明显；其他方便食品制造业增速小幅增长；蜜饯、冷冻饮品行业增速较明显，尤其在2018年负增长的情况下，2019年增长幅度超过10%。

2. 利润

2019年，焙烤食品糖制品行业规模以上企业实现利润465.09亿元，同比增长1.62%，增速比上年同期下降11.13%。其中有三个子行业增速呈现负增长，糕点面包业实现利润114.61亿元，同比减少0.17%，增速较上年同期下降9.21%；饼干业实现利润112.92亿元，同比增长4.14%，增速较上年同期下降16.96%；糖果巧克力业实现利润90.20亿元，同比减少5.54%，增速较上年同期下降20.17%；蜜饯业实现利润30.29亿元，同比上涨1.12%，增速较上年同期上涨4.98%；方便面业实现利润71.21亿元，同比增长7.82%，增速较上年同期下降19.57%；其他方便食品制造业实现利润26.28亿元，同比减少4.03%，增速较上年同期上涨5.79%；冷冻饮品业实现利润19.58亿元，同比增长25.74%，增速较上年同期上涨18.84%。从行业利润来看，蜜饯、其他方便食品与冷冻饮品业增速上涨，尤其冷冻饮品行业的增速上涨近20%，而其他子行业都出现较明显的增速下滑（表1）。

表1　焙烤食品糖制品行业2019年经济运行情况

行业		焙烤糖制品	糕点面包	饼干	糖果巧克力	蜜饯	方便面	其他方便食品	冷冻饮品
企业数量	累计	2708	895	656	385	267	129	236	140
	2018年	2987	903	731	415	358	143	266	171
产量/万t	累计	2573.36	(400)	(660)	329.82	(194)	573.26	(170)	246.28
	同比增长%				4.05		-6.65		0.54
主营业务收入/亿元	累计	5568.58	1120.58	1317.33	1180.58	387.38	790.93	474.62	297.14
	同比增长%	3.92	6.27	3.38	0.37	8.20	2.13	5.58	9.40
利润总额/亿元	累计	465.09	114.61	112.92	90.20	30.29	71.21	26.28	19.58
	同比增长%	1.62	-0.17	4.14	-5.54	1.12	7.82	-4.03	25.74
出口交货值/亿元	累计	195.98	19.26	26.50	72.20	61.01	5.65	10.23	1.13
	同比增长%	12.61	38.48	5.50	3.97	25.59	13.06	-5.55	-2.20

数据来源：国家统计局规模以上企业数据统计（即年主营业务收入2000万元及以上工业法人企业）。

注：括号内数字是行业测算数据。

（二）行业发展分析

1. 价格

当前，我国面临错综复杂的国内外形势，经济发展下行压力不容忽视，但长期向好的总趋势并没有改变。2019年党和国家陆续出台了民营企业融资优惠、减税降费、降低养老保险费率等多项政策，从政策层面给行业企业疏解了一定困难，但由于人员成本增加、部分原材料价格上涨、环保投入持续增长、运输成本以及经营成本增加等多重因素影响，行业产品价格呈现小幅上涨的趋势。

随着我国经济的发展和人均收入的提高，消费者对食品消费的需求已发生了质的变化，食品消费已经从温饱和物美价廉升级为对产品安全、营养、时尚、美味的诉求，因此，行业产品价格出现一定幅度的上涨对市场消费影响不大。

2. 市场

伴随着全球经济一体化的深度融合，人们的消费习惯也发生了较大改变。舌尖上的消费不再局限于传统的中式餐饮和面点，对于口感丰富、款式多样的焙烤食品越来越青睐有加。尤其是 80 后、90 后这些年轻消费群体现已经成为我国食品消费市场的主体，其饮食习惯也因工作节奏的加快、生活质量的提升发生着巨大变化，焙烤食品糖制品消费需求在不断增长，使得行业的市场规模始终呈现出稳步发展的态势。在食品制造业中，焙烤食品糖制品行业已成为占比最大的行业，所占比例超过 25%。糕点、面包、糖果、巧克力、蜜饯、方便面、冰淇淋等食品已成为人们日常消费中不可或缺的组成部分。

从世界范围看，我国焙烤食品的人均消费量还远低于欧洲、美国等西方国家和地区，即使和日本、韩国、新加坡相比，我国的人均消费量也有较大差距。随着年轻一代生活习惯的改变，未来仍存在较大的增长空间。目前，中国人均焙烤食品消费量正在呈逐年升高的趋势。

3. 投资

焙烤食品糖制品行业 2019 年总体资产投资额保持平稳态势，与 2018 年相比增长 0.57%，除糕点面包、糖果巧克力、方便面行业投资额略有下降外，其余子行业均保持平稳，略有增长。其中冷冻饮品行业投资额增长最高，为 6.98%。2019 年焙烤食品糖制品行业规模以上企业数量 2708 家，亏损企业数量 342 家，亏损面 12.63%，亏损面较上年略有上升；从子行业来看，依然是冷冻饮品行业亏损面最大，为 21.43%（表 2）。

表 2　2019 年焙烤食品糖制品行业资产及亏损变化情况

行业		焙烤糖制品	糕点面包	饼干	糖果巧克力	蜜饯	方便面	其他方便食品	冷冻饮品
企业数量		2708	895	656	385	267	129	236	140
资产总额/亿元	累计	3830.59	932.85	820.03	987.35	271	572.16	283.66	234.54
	同比增长%	0.57	−1.21	3.77	−0.78	0.23	−2.06	2.87	6.98
亏损额/亿元	累计	19.00	9.48	2.21	2.29	0.64	0.67	1.71	2.00
	同比增长%	−2.36	2.10	−14.80	−25.49	−12.28	−23.86	11.17	47.26
亏损面%		12.63	15.53	10.67	11.17	5.99	10.08	13.14	21.43

4. 行业集中度

（1）糕点面包　糕点面包行业集中度较低，基本情况是规模以上大型企业占据一、二线城市的中高端市场，占有较大市场份额，中小型企业的中低端产品通过批发流通渠道销往中小城镇和农村市场，覆盖全国各地。市场被众多中小品牌瓜分，不同层次品牌分割不同的市场。一线品牌，如达利食品、盼盼食品、北京稻香村、桃李面包、好利来等年营业收入超过 10 亿元的大型企业市场占有率尚不足 10%，剩下的份额被二线及众多的三线品牌瓜分。总体看，我国糕点面包行业虽然初具规模且发展较快，但行业还存在着整体规模偏小、行业集中度较低等问题。在可预见的未来，行业集中度还将进一步提升，市场容量及发展前景巨大。

（2）饼干　饼干行业因其产品具有较长保质期的特点，具有一定的区域集中特征。

从营业收入上看，饼干行业河南、湖北、山东、福建、河北、广东、上海位居前列，以上七省营业收入占全国规模以上饼干行业营业收入总额的70%以上。

从市场占有率来看，外资、港台企业以及少数国内大型品牌企业占据市场的主要份额。如亿滋、康师傅、徐福记，以及达利集团、嘉士利、美丹等国内大型品牌企业的市场占有率达到60%左右。

（3）果冻　我国果冻行业经过30多年的发展，目前已形成以喜之郎、蜡笔小新、亲亲、徐福记、旺旺、马大姐、巧妈妈、樱桃小丸子和雅客等一批具有一定规模的骨干企业为主，以中小企业为辅的行业格局。这些大型企业注重经营理念的创新，在产品研发、加工技术和生产装备水平等方面不断提升。果冻行业中规模以上企业的产量和销售额约占行业总量的70%以上，市场集中度较高。

（4）蜜饯　蜜饯产品生产企业的地域性较强，有些产区的产品只在本地区和周边地区销售，市场集中度较低。近几年，由于技术、设备以及工艺的改进和提升，以及新产品的不断开发，使得行业发展速度较快，充满活力。蜜饯行业的主营业务收入年增长率持续保持在10%以上。2018年和2019年，受统计局数据调整的影响，出现下滑，但行业并没有大的波动，依然保持良好的发展势头。同时，蜜饯行业为焙烤食品糖制品行业的整体出口交货值贡献了较大份额，近几年始终保持较好的国际贸易形势。从蜜饯行业市场消费来看，梅子系列的蜜饯产品购买频率最高，也是产品较丰富的品类。

（5）糖果　全国糖果品牌集中度较高，生产企业主要集中在福建省、广东省和上海市，全国各地的销售分布比较均匀。

（6）巧克力　目前，巧克力行业基本上是外资品牌占有绝对优势，占据中高端市场份额，国内巧克力生产企业主要以生产代可可脂巧克力产品为主，与大型外资企业相比不具有竞争力。

（7）膨化食品　一、二线城市销售的膨化食品基本以外资、台资品牌以及国内大型民营企业品牌为主，如百事、旺旺、好丽友、上好佳、达利、盼盼等，市场占有率达到80%以上，三、四线城市，特别是批发市场销售的产品以国内中小品牌居多。

（8）冷冻饮品　冷冻饮品行业经过多年的发展，已经基本形成了以伊利、蒙牛等国内大型企业以及和路雪、雀巢等外资企业为龙头，遍布各地的中小型企业产品为辅的行业格局，行业集中度较高。

5. 进出口

近年来，进口食品销售在我国呈连年上升趋势，产品也从中高端消费逐渐向大众消费靠拢，焙烤食品糖制品也同样受到进口同类产品的冲击。

在出口方面，我国焙烤食品糖制品行业的国际贸易状况一直不是很理想，出口量值始终不大。2019年，焙烤食品糖制品行业整体出口交货值增长12.61%，其中糕点面包行业有较大比例增长，达到38.48%，蜜饯行业增长25.59%，其余子行业出口交货值有升有降，变化不大。

6. 重点行业

近年来，在国家加强食品安全管理的政策方针指导下，在相关政府部门的监督指导下，业内的食品安全理念和意识不断增强，而且经过多年的积累和发展，业内许多骨干企业的生产设备、检测水平和生产环境都有了较大改善，规范化管理意识逐步增强，为保证产品质量奠定了良好基础，使得产品质量稳步提高，为消费者提供安全、优质的产品已成为行业的共识。

（1）糕点面包业　糕点面包行业是焙烤食品行业的重点行业，其特点是生产厂家数量多，遍布全国各地，其中大多数是中小型企业，产业集中度不高。行业以工业化工厂和饼店（面包坊）两种生产经营模式为主。糕点工厂是传统生产经营模式，而饼店业是改革开放后发展起来的经营模式，现已成为我国焙烤食品行业的重要组成部分，经营形式也逐步由前店后厂的生产作坊转变为由中央工厂统一配送、门店售卖的连锁型企业。

2019 年，全国规模以上糕点面包生产企业的总产量约为 400 万 t（行业测算数据），主营业务收入 1120.58 亿元，同比增长 6.27%，增速同比下降 2.67%；利润总额 114.61 亿元，同比减少 0.17%，增速同比下降 9.21%；出口交货值 19.26 亿元，同比增长 38.48%，增速同比上涨 39.39%。从以上数据看出，2019 年糕点面包行业依然保持着良好的发展趋势，尤其出口交货值增速表现抢眼。

总体来看，我国糕点面包行业经过多年的积累，已经奠定了较为坚实的基础，形成稳中向上的发展格局。当然，行业整体规模偏小，经营分散化、产品同质化、缺乏创新活力等问题，也在困扰着糕点面包行业的发展。如何看待行业所面临的机遇和挑战，如何从大趋势中把握创新方向，成为行业共同面对的问题。

（2）饼干业　2019 年全国规模以上饼干生产企业的总产量约为 660 万 t（行业测算数据），主营业务收入 1317.33 亿元，同比增长 3.38%，增速同比下降 3.12%；利润总额 112.92 亿元，同比上涨 4.14%，增速同比下降 16.96%；出口交货值 26.50 亿元，同比增长 5.50%，增速同比下降 2.97%。从以上数据看出，饼干行业 2019 年虽然保持稳定发展，但从增速看均有不同程度下滑，表现出行业经过多年高速发展，已进入平稳发展阶段。

饼干行业的主要特点是外资和港台企业占据中高端市场的主导地位，领跑行业；内资企业发展不乏亮点，竞争实力逐步增强。外资和港台企业如亿滋食品（上海）管理有限公司、康师傅控股集团、东莞徐记食品有限公司、好丽友食品有限公司等一些企业的产销量和市场占有率逐年增长，而且占据着国内饼干行业的高端市场，它们依托自身的雄厚实力和多年打造出来的品牌优势，不断加大投入力度，以占有更多的市场份额。国内的民营企业如福建达利食品集团有限公司、广东嘉士利食品集团有限公司、北京美丹食品有限公司等都已经具备了持续发展的实力和基础。但我们也应看到，内资企业与国外跨国公司相比，在人才引进和使用、企业管理、新产品开发和市场营销等诸多方面还存在较大差距，若想实现超越和突破，仍需不断努力，任重道远。

7. “三品”战略实施情况

（1）增品种　产品花色品种日益丰富，较好地满足了消费需求。随着消费理念的日益成熟，人们对食品的消费意识也在向着有利健康、安全营养、美味方便、适应个性化需要的方向转变。消费观念的更新推动了企业研发、生产的新思路。随着“三品”战略的推进，近年来，市场上焙烤食品糖制品的花色品种越来越丰富。

广东喜之郎集团有限公司 2019 年开发了 22 个果冻新产品，将果冻和具有中国特色的茶粉相结合，开发出茶味果冻，开拓了果冻的新领域，引领了行业的新方向，2019 年新产品销售额近 2 亿元，全年果冻销售额近 20 亿元。北京康贝尔食品有限责任公司 2019 年增加“焙仙君”“味来情报局”“爱漾果冻”“喵享脆”、芒果软糖等 50 多种新产品，并合作菲尼、julie’s 等全球品牌 11 家，引进国际化产品 30 余种。其中马大姐咸蛋黄麦芽饼上市 3 个月，热销 6000 万袋，2019 年新产品销售额近 1.2 亿元，全年销售额 13 亿元。北京稻香村食品有限责任公司 2019 年开发新产品 24 个，新产品全年贡献销售额 4300 万元，另外开发节日、节气新产品 17 个，年度贡献销售额 1000 万元。江西天凯乐食品有限公司 2019 年加大创新和自主研发力度，投入研发资金 500 多万元，推出 10 多种新产品，新增专利 19 个，其中“女神红”“脏包包”、水北豆腐等新产品销量达 8000 多万元。

（2）提品质　产品质量稳步提高，生产经营安全、营养的优质食品已成为行业的共识。行业规范化管理意识逐步增强，骨干企业的技术设备、生产环境得到较大改善。随着国家进一步强化食品安全的日常监管，行业对于食品安全的重视程度和风险意识都有了空前的提高。骨干企业陆续引入 ISO 9001 产品质量管理体系、ISO 14001 环境管理体系以及 HACCP 管理体系等管理模式，为保证产品质量奠定了良好基础，也为为市场提供更多、更好、更安全的食品创造了先决条件，为今后的持续发展和走向国际化奠定了基础。

北京稻香村食品有限责任公司 2019 年通过英国 BSI 质量体系监督审核，并按照 FSSC 22000 食品安全体系认证的要求建立了完善的供应链管理体系；原辅料、包装物验收及成品检验的信息均实现了云端实时共享，进一步推进无纸化记录进程；产品礼盒上增加溯源二维码，实现有效防伪，让消费者放心购买；检测中心获得认可项目 89 项，自主检测项目 160 多项，确保出厂产品质量安全。北京康贝尔食品有限责任公司积极搜寻全球最好的原料，选用新西兰进口黄油、美国杜邦乳酸菌、中粮集团面粉等上百种好原料，并增设研发中心，为产品的优良品质保驾护航。江西天凯乐食品有限公司 2019 年进一步完善 ISO 9001 质量管理体系和 ISO 22000 食品安全管理体系，工厂车间从上至下严格依据 GMP 标准执行，加强人才培养和引进，进一步提升质量管理人员的整体素质和专业技能水平，引进更先进的质量检验检测设备，确保让消费者吃到 100% 合格的冰淇淋产品。

（3）创品牌　积极增强品牌意识，提高品牌竞争力，推进品牌国际化。

喜之郎集团积极参与“一带一路”建设，在东南亚、俄罗斯等地拓展海外业务，考察印度尼西亚等海外市场，与各地华人商会建立广泛联系，参加海外商会举办的产品展销会，推广公司产品，调查海外市场，研发出符合海外地区消费者的饮食风味产品，为企业开拓当地市场做准备，也为推动行业走向国际市场探索经验，产品在海外市场已实现百万元人民币的营业额。北京康贝尔食品有限责任公司通过投放互联网及传统媒体广告、跨界联合、网红直播、抖音挑战赛、拍摄传播情感微电影等多方面、多维度、多平台、多样化的宣传，每年曝光量高达上亿次，近亿万人品尝马大姐美食。北京稻香村食品有限责任公司与故宫博物院的文创团队合作推出联名款糕饼礼盒，通过跨界助力提升产品“颜值”，借助故宫深厚的文化底蕴提高了产品的文化附加值，进一步提升了北京稻香村品牌，巩固了公司在北京旅游纪念品、京味传统食品领域的销售地位；还充分利用自身的门店渠道和顾客资源，通过举办多项中华传统文化推广互动活动，提升品牌影响力，如元宵开摇仪式、包粽子大赛、月饼烘焙、传统文化进校园、传统文化小记者等活动。

8. 包装与装备

（1）包装　行业内大型包装生产企业的综合实力逐渐增强，生产经营逐步走向专业化和大型化。骨干企业在引进国外先进生产设备的同时，对原有设备进行了技术改造和升级。目前，包装生产企业的生产环境、装备水平、技术创新、产品品质以及管理能力等方面都有了较大提高，在保证食品安全、保鲜、保质的同时，也使得焙烤食品糖制品行业的包装实现了专业化、多元化的格局，许多新颖、独具特色的包装层出不穷，这也在一定程度上促进了产业的提升和发展。

（2）装备　经过多年的积累和发展，行业内的骨干企业近年来在技术、设备的引进和对现有企业基础设施的改造等方面都投入了相当大的热情和力度，其整体装备水平都有了较大提高。行业的生产设施、装备水准和技术水平的整体情况可分为三个层次：龙头企业、大中型骨干企业、中小企业。

龙头企业：主要包括一些大型外资或合资、港澳台资企业以及国内大型企业，这些企业的生产设备、技术水平与国际同行业水平相当，代表了行业中最先进的设备和技术水准。这些企业数量虽然不是很多，但他们的产能较大，高端市场占有率较高，市场份额较高。

大中型骨干企业：生产设施和装备仅次于少数龙头企业的是占比例较大的大中型内资企业，它们的生产环境已经得到了较大改善，装备水平是国产设备或部分进口设备，其设备技术水平应用在产品生产上，基本可以满足目前的消费需求，是目前行业装备水准的主流。与国际水准的外资企业相比，其产品价格相对便宜，但生产的设备稳定性和精准度稍差。另外，员工综合素质和技术管理水平差距较大，有待于逐步提高。

行业中小企业：行业中一些规模以下的中小型企业，特别是小型企业，其生产设备水平较差，人员素质偏低，主要市场在偏远地区的中小城镇和农村，市场份额较小。随着行业的发展，预计这些企业将在不远的将来或被淘汰，或被兼并，经过改造整合得以提升和发展。

二、行业面临的问题

（一）产品同质化现象仍存在，差异化经营是行业面临的机遇与挑战

焙烤食品糖制品行业门槛相对较低，企业固定资产投资相对较小，技术难度不高，市场消费受经济大环境影响不大。因此，导致小企业数量众多，众多中小企业甚至一些大企业创新乏力，奉行简单的拿来主义，仿冒跟风现象比较普遍，致使产品同质化现象比较严重。这必然导致市场的恶性竞争，面对市场竞争不断升级，企业机遇与挑战并存。目前我国焙烤食品糖制品企业尚处于发展阶段，与国外产品相比，在新产品研发、口味多样化、包装个性化等方面都存在较大差距。因此，随着行业竞争升级，市场对焙烤食品糖制食品提出了更高的要求，只有不断创新和走差异化道路才是行业健康发展的方向。近年来，一些企业逐步认识到差异化经营的重要性，不断有企业加大投入，注重创新与研发，走差异化经营之路，这些举措给行业和市场带来活力的同时，企业效益也得到同步增长。

（二）企业经营成本持续增加，中小企业经营状况艰难

2019 年，企业的原料成本、用工成本、运输成本以及经营成本呈持续上涨趋势，由于市场竞争激烈以及品牌劣势等因素，又很难提高产品价格，使得绝大部分中小型企业利润明显下降，经营状况比较艰难，发展壮大更是困难重重。

（三）众多中小企业实力不足，品牌消费和品牌培育的矛盾凸显

目前，在我国焙烤食品糖制品行业中，中小型企业所占行业企业总数 90% 左右。行业里为数众多的小型企业规模不经济，资源利用不合理，技术和管理水平不高，产品质量得不到可靠保证，人才相对缺乏，农产品价格及原辅料、交通、能源价格上涨，生产成本持续增加，小型食品企业获利艰难。另外，小企业信用等级低，信贷困难，普遍存在资金不足问题，严重制约企业技术创新的步伐。

随着品牌消费的理念越来越深入人心，大型跨国企业对中国市场的关注度和投入力

度越来越大，市场占有率也日渐增加，而对于近年来崛起的大批民营企业来说，品牌培育的难度和艰辛可想而知，品牌消费和品牌培育的矛盾是整个行业进步和发展的“瓶颈”之一。

（四）转型升级是行业的共识，但真正实现突破任重道远

对于焙烤食品糖制品行业来讲，产品技术含量相对较低，真正创新难度较大，跨行业转型的难度和风险较大。近年来，屡屡出现跨行业投资转型失败的先例，使得许多行业企业对待跨界转型发展始终持谨慎乐观的态度。

近年来，随着我国人口结构变化及人力成本快速上升的影响，行业自动化和人工智能代替人工的经济性和安全性需求凸显。目前看，行业骨干企业在自动化升级改造方面投入逐年增长，但由于产品品类较多，单品产量较小，自动化人工智能升级难度较大。

转型升级是行业的共识，但真正实现突破难度较大，任重道远。

尽管如此，我们应该清醒地认识制造业转型升级的真正内涵。其实，企业发展过程本身就是一个持续转型升级的过程，转型升级也绝没有一个标准化的路径，它是基于本企业的现状，借鉴其他企业的成功经验，不断探索出来的个性化的唯一。落实到具体实践中，其实是从很多小步骤开始不断转变的，如精益管理改善、经营方向转变、经营范围扩展等。至于到底转型升级到什么程度，还是要看企业自己的实际情况，不管是走一步，还是两步、三步，对企业来说都是在进步。

三、发展趋势

我国焙烤食品糖制品行业的发展将紧密结合消费者需求的个性化、全面化以及消费内容的科学性和文化性，积极引领和创造消费，引导健康消费和经营模式的创新。

品牌国际化程度、产业链控制的水平、专用装备与生产线的自主化能力、自主创新的深度依然是行业综合实力的重要标志。加快焙烤食品糖制品行业健康、有序的发展，是满足、丰富、提高我国人民物质文化生活需求、增强国际食品市场竞争力的重要体现。追求安全、营养、美味、时尚依然是我国焙烤食品糖制品行业未来发展的主要方向。

总之，在可预见的未来，我国焙烤食品糖制品行业还将进一步发展壮大，在设备、技术、管理水平、从业人员素质以及自主创新能力等各个方面逐步缩小与发达国家的差距，在国际消费品市场上也将具有一定的竞争实力。

随着人民群众生活水平的不断提高，生活方式和消费理念都在不断变化，对食品消费的要求也会越来越高。在消费模式和经营模式发生重大变化的当下，焙烤食品糖制品行业挑战与机遇并存，相信行业会与时俱进，稳步发展。

四、政策建议

（一）相关政策、法规、标准等制修订时，应给企业充分的准备和过渡时间

由于相关政策、法规和标准等制修订的变化，致使相关企业被迫对产品包装进行改版和更换，但企业在法规、标准等实施前不能提前执行，只能在实施日更换包装，这对相关企业造成了较大的损失。希望相关部门在发布和实施相关政策、法规和标准时，应给予企业充分的准备和过渡时间，以避免人为造成不必要的经济损失和资源浪费。

（二）继续加强网上销售食品的安全监管工作

近年来，随着网络科技的发展，在网上购买食品逐渐成为人们生活消费的又一重要

方式，但由于网上销售食品渠道的特殊性，对其进货、贮存和加工等环节的全面监管难度较大。网上违法销售自制食品、进口食品、假冒伪劣食品的现象依然较多，存在较大食品安全风险隐患，建议有关部门继续加强和完善网上销售食品的安全监管工作。

中国焙烤食品糖制品工业协会

调味品制造业

2019 年，调味品行业规模不断扩大，效益保持稳定增长，各品牌企业快速适应新业态，细分产品不断迭代更新，经营模式逐渐多样化，销售渠道不断涌现新模式，既满足了新老消费群体的消费需求，又取得了企业自身的长足发展，同时促进了调味品行业的可持续发展。

一、行业概况

（一）主要经济指标

根据国家统计局对规模以上企业统计的数据分析，2019 年调味品行业主营业务保持增长，调味品及发酵制品营业收入达到 2526.4 亿元，酱油、食醋及类似制品达到两位数增长，味精制造产业利润增长最为明显。酱油、食醋及类似制品制造利润增长达到 8.3%，而其他调味品及发酵制品制造利润同比下降 0.3%（表 1）。

表 1　2019 年调味品及发酵制品经济效益

项目	企业数量/个	营业收入/亿元	同比增长/%	利润总额/亿元	同比增长/%
味精制造	69.0	358.6	2.6	44.5	51.9
酱油、食醋及类似制品制造	315.0	761.5	10.5	104.2	8.3
其他调味品发酵制品制造	746.0	1406.3	10.4	108.6	-0.3

资料来源：国家统计局。

根据中国调味品协会对著名品牌 100 强企业统计（100 家）得知，总产量与销售收入的同比增长率回归两位数，2019 年度产品总产量在 10 万 t 以上的企业有 26 家，占总数的 26%；总产量在 5 万～10 万 t 的企业有 24 家，占总数的 24%；总产量在 1 万～5 万 t 的企业有 34 家，占总数的 34%；总产量在 1 万 t 以下的企业有 16 家，占总数的 16%（图 1、图 2）。

2019 年调味品著名品牌企业 100 强企业统计分析显示：调味品行业总产量与总销售收入均达到 10%以上的增长率。百强企业产量的增速从 2018 年的 7.54%上升到 2019 年的 10.1%，销售收入的增速从 2018 年的 10.8%下降到 2019 年的 10.7%。统计的 12 个分支产业，除鸡精（鸡粉）、香辛料及香辛料调味品产业产量下滑之外，其余产业产量均呈现上升趋势，其中增速较快的产业依次为蚝油、酱油、复合调味料等分支产业（图 3）。

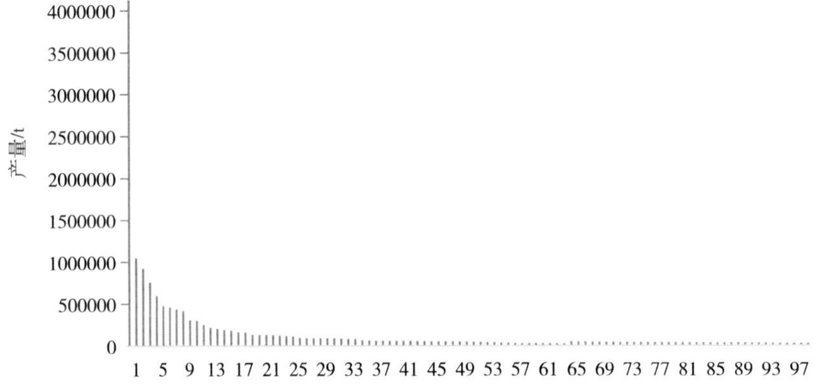

图 1 2019 调味品企业生产量

资料来源：中国调味品著名品牌企业 100 强 2019 年度数据统计汇总分析（100 家）。

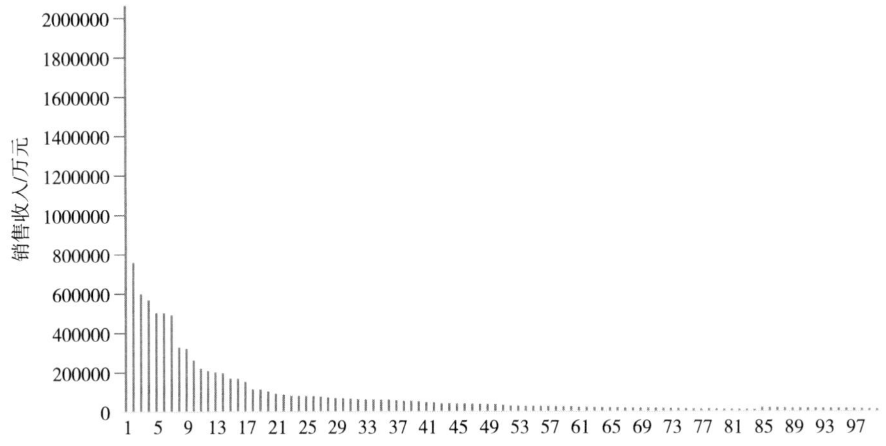

图 2 2019 年调味品企业销售收入

资料来源：中国调味品著名品牌企业 100 强 2019 年度数据统计汇总分析（100 家）。

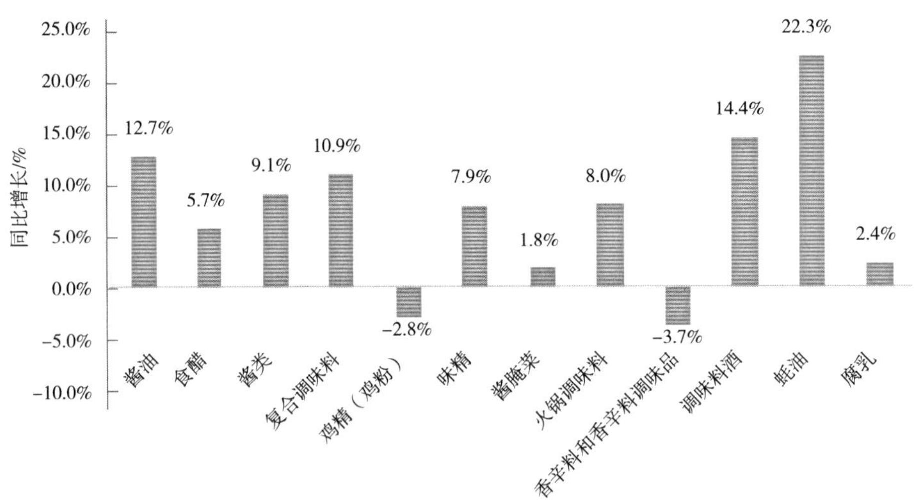

图 3 2019 年调味品行业重点细分产业产量及增长率

资料来源：中国调味品著名品牌企业 100 强 2019 年度数据统计汇总分析（100 家）。

（二）行业发展分析

1. 价格

2019年，调味品产品平均价格延续2018年的上涨趋势。行业内上市公司年报显示，酱腌菜、食醋、酱油、复合调味料、香辛料等主要调味品品类的价格都有不同程度的上涨。导致调味品价格上涨的原因主要有两方面：一方面，2019年调味品企业原料、人工、包装以及物流、环保等各个环节的价格都有不同程度的上涨，生产成本的增加是造成调味品价格上涨的重要原因之一；另一方面，调味品企业适应消费升级的趋势，针对市场推出具有高附加值的产品，高端产品比例提高，推动调味品的平均价格上涨。

2. 市场

我国调味品产业发展趋势良好，消费升级意愿明显。但我国调味品企业的集中度还不够，海天味业、李锦记、老干妈、太太乐和美味鲜五家大企业的市场占有率大于20%，其中市场占有率最大的海天味业销售额达到近200亿元人民币。而国际上雀巢、百事等企业的规模已达600亿美元以上，日本龟甲万的规模在60亿美元以上。

市场潜力尚待开发，供给侧改革与调整同步进行。品牌企业上酱油项目和特色酱油项目（如非转基因大豆酱油和有机酱油等）较多。

3. 投资

上市公司已成为调味品产业发展的风向标。2019年，调味品行业上市公司（表2）营业收入总和为651.08亿元，同比增长15.46%；利润总额总和为141.78亿元，同比增长11.73%；净利润总和为122.81亿元，同比增长11.27%。

表2　2019年调味品行业上市企业经济效益

单位名称	营业收入/百万元			利润总额/百万元			净利润/百万元		
	2019年	2018年	同比增长/%	2019年	2018年	同比增长/%	2019年	2018年	同比增长/%
海天味业	19797	17034	16.22	6377	5223	22.09	5356	4367	22.65
梅花生物	14554	12648	15.07	1168	1215	-3.87	1004	1020	-1.57
安琪酵母	7653	6686	14.46	1109	982	12.93	940	900	4.44
中炬高新	4675	4166	12.22	928	793	17.02	791	681	16.15
苏盐井神	4190	2764	51.59	323	182	77.47	260	146	78.08
湖南盐业	2272	2303	-1.35	192	218	-11.93	163	173	-5.78
加加食品	2040	1788	14.09	192	144	33.33	162	115	40.87
涪陵榨菜	1990	1914	3.97	712	778	-8.48	605	662	-8.61
恒顺醋业	1832	1694	8.15	397	370	7.30	330	304	8.55
天味食品	1727	1413	22.22	346	311	11.25	297	267	11.24
千禾味业	1355	1065	27.23	232	285	-18.60	198	240	-17.50
安记食品	421	339	24.19	49	48	2.08	43	39	10.26
佳隆股份	297	319	-6.90	34	42	-19.05	28	35	-20.00
日辰股份	286	238	20.17	100	81	23.46	85	70	21.43
总计	65108	56389	15.46	14178	12690	11.73	12281	11037	11.27

海天味业、梅花生物、安琪酵母分别以197.97亿元、145.54亿元、76.53亿元位列调味品行业上市企业前三位。

海天味业、中炬高新、安琪酵母、千禾味业、涪陵榨菜、恒顺醋业、天味食品、日辰股份、梅花生物和加加食品等企业各有特色，并取得了相应的成绩。下一步调味品行业可能上市的企业有北京王致和、鹤山东古酱油、山西紫林醋业、河南仲景等。

从目前调味品消费市场的发展趋势看，海天味业、中炬高新、李锦记、欣和食品、千禾味业和加加食品的高档酱油价格仍有较大的上升空间。企业的长足发展有赖于企业在结构调整、质量提高、保持风味和供给侧结构性改革方面的不断创新和突破。

4. 区域分布

据中国调味品协会企业数据库数据显示，山东、广东、湖南是调味品三大省，拥有相关企业数量占全国近30%，拥有独特口味偏向的四川排名第四。

各区域调味品优势细分产业有所差异。酱油、食醋等大产业分布较广，而香辛料调味品等产业各地差异较大。随着产业升级，各地的调味品小镇（园区）建设也逐渐形成规模，如成都安德镇、山西清徐县、广东阳西县、山东乐陵市、四川眉山市、江苏宿迁、贵州遵义等地都建立了以调味品为支柱的产业基地。

5. 行业集中度

中国调味品行业近三年行业集中度提高，尤其表现在酱油、食醋、调味酱、复合调味料产业。2019年，行业内出现几起并购案：千禾味业收购镇江恒康，百胜中国收购黄记煌，益海嘉里投资建成酱油厂。行业内也涌现出一批靠特色杀出来的“黑马”，如虎邦辣酱、饭爷辣酱。行业加速洗牌，优胜劣汰趋势愈加明显。

中国调味品著名品牌100强2019年度数据统计汇总分析显示，百强企业销售收入首次突破1000亿元。2019年度上市公司（16家）总销售收入为484.16亿元，占统计内企业总销售收入（100家）的46%，与2018年相比总销售收入占比继续提高。

2019年度产品总产量在10万t以上的企业有26家，占总数（100家）的26%；总产量在5万~10万t的企业有24家，占总数的24%。总销售收入在10亿元以上的企业有20家，占总数（100家）的20%；总销售收入在5亿~10亿元的企业有20家，占总数的20%。

6. 进出口

根据2019年1—8月联合国数据显示，欧美国家对调味品进口需求较为明显，同比增长呈正向趋势，其中增长最快的有希腊、西班牙、波兰，而希腊、墨西哥和危地马拉三国跻身全球调味品行业前二十大进口国。出口同比增长最快国家是苏丹，其次为索马里、美国、西班牙、俄罗斯，而加拿大、比利时、意大利、澳大利亚出口骤减。

我国从“一带一路”国家进口的调味品总量占比一直较高且稳定，每月的进口额保持在1000万~2000万美元。综合来看，“一带一路”国家调味品进口额占我国调味品进口总额的34%。

7. 重点行业

2019年，调味品行业的酱油、食醋、酱类、复合调味料等重点细分产业发展平稳。

（1）酱油　酱油产业是我国调味品行业的第一大产业，产销量和企业规模均居调味品行业首位，涌现出多家龙头企业。2019年，酱油大型企业经营状况良好，产业集中度进一步提高。

2019年酱油企业（33家）生产总量达到520.05万t，同比增长12.66%。排名前三位的企业为佛山市海天调味食品股份有限公司、广东美味鲜调味食品有限公司和烟台欣和企业食品有限公司，产量分别为224.17万t、80.21万t

和 39.74 万 t。湖北土老憨调味食品股份有限公司以 124.00%的增长率、湖州老恒和酿造有限公司以 44.84%的增长率、上海味美思调味食品有限公司以 42.86%的增长率位列酱油产量增长率前三位。12 家企业出现负增长，占总数的 36%（图 4、图 5）。

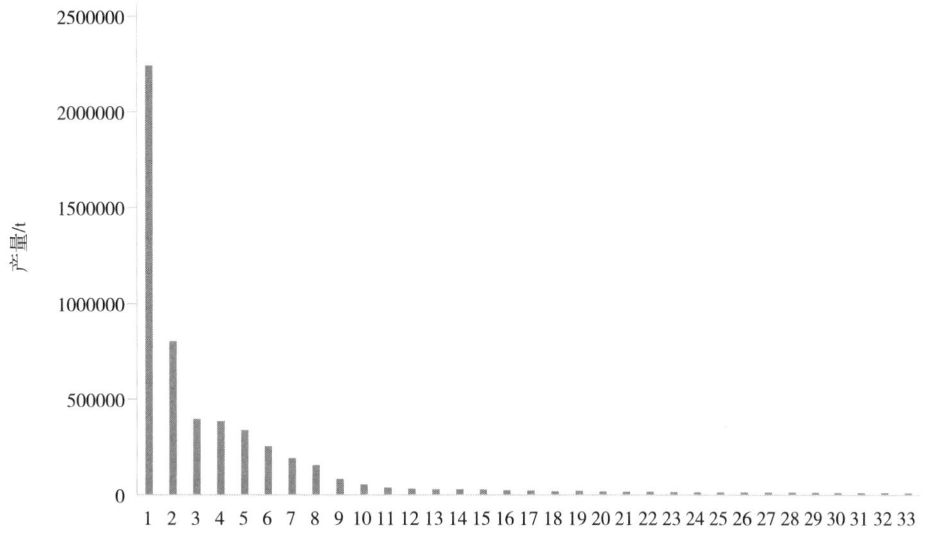

图 4　2019 年酱油产量

资料来源：中国调味品著名品牌企业 100 强 2019 年度数据统计汇总分析（100 家）。

图 5　2019 年酱油产量同比增幅

资料来源：中国调味品著名品牌企业 100 强 2019 年度数据统计汇总分析（100 家）。

（2）食醋　食醋企业积极开展产品创新，从烹饪、佐餐向保健等方向发展。

2019 年食醋企业（37 家）生产总量为 170.53 万 t，同比增长 5.72%。排名前三位的企业为江苏恒顺集团有限公司、山西紫林醋业股份有限公司和佛山市海天调味食品股份有限公司，产量分别为 33.18 万 t、18.86 万 t 和 16.51 万 t。山河醋业有限公司以

107.22%的增长率、辽宁郑友和国际贸易有限公司以100.00%的增长率、湖北土老憨调味食品股份有限公司以35.54%的增长率位列食醋产量增长率前三位。10家企业出现负增长，占总数的27%（图6、图7）。

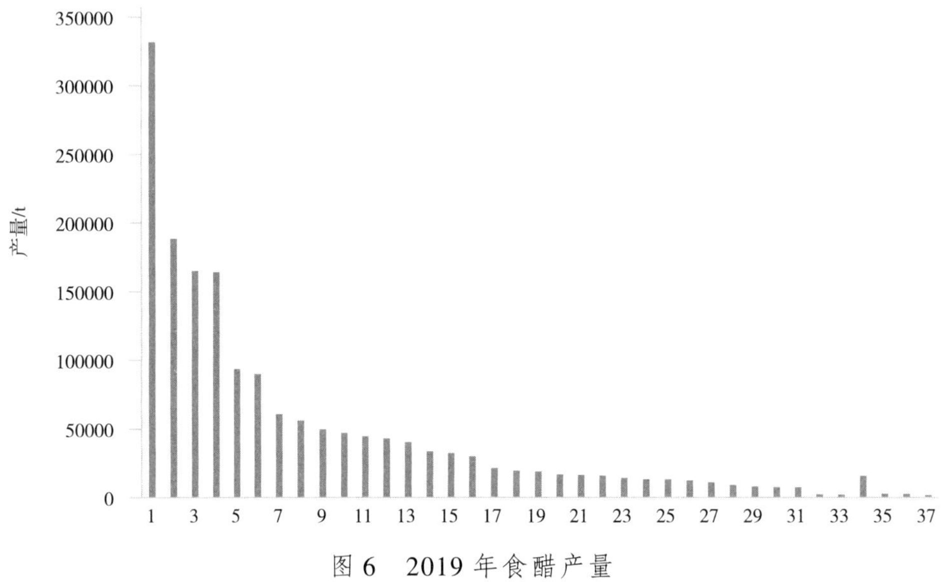

图6　2019年食醋产量

资料来源：中国调味品著名品牌企业100强2019年度数据统计汇总分析（100家）。

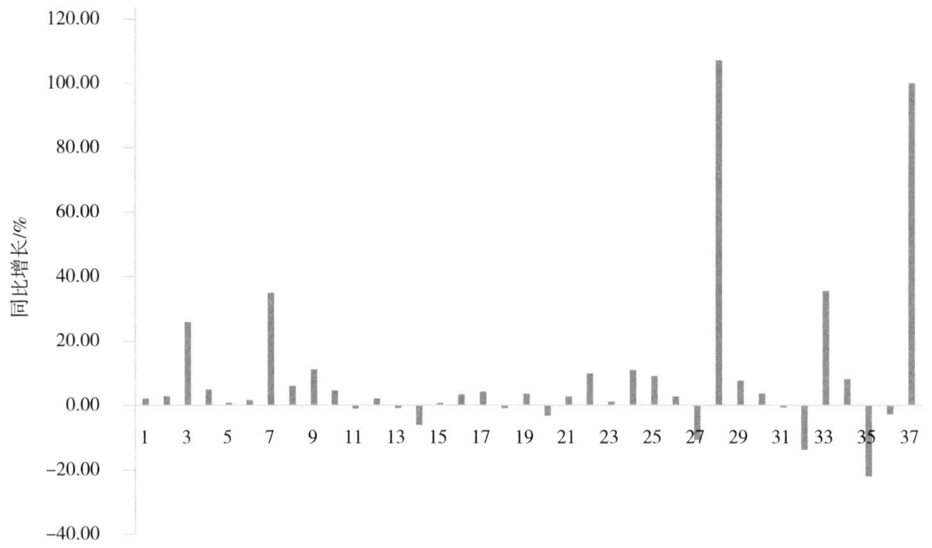

图7　2019年食醋产量同比增幅

资料来源：中国调味品著名品牌企业100强2019年度数据统计汇总分析（100家）。

（3）酱类　随着社会的进步和人民生活水平的提高，消费者对于调味酱的需求正在从满足基本需要向追求更高品质转变。需求更加多元化、高端化。

2019年酱类企业（34家）生产总量为91.49万t，同比增长率为9.06%。排名前三位的企业为佛山市海天调味食品股份有限公司、天津市利民调料有限公司和烟台欣和企业食品有限公司，产量分别为 27.04 万 t、11.69 万 t 和 8.11 万 t。宁夏红山河食品股份有限公司以 39.13%的增长率、四川天味食品集团股份有限公司以 25.67%的增长率、安记食品股份有限公司以 23.87%的增长率位列酱类产量增长率前三位。8 家企业出现负增长，占总数的 24%（图 8、图 9）。

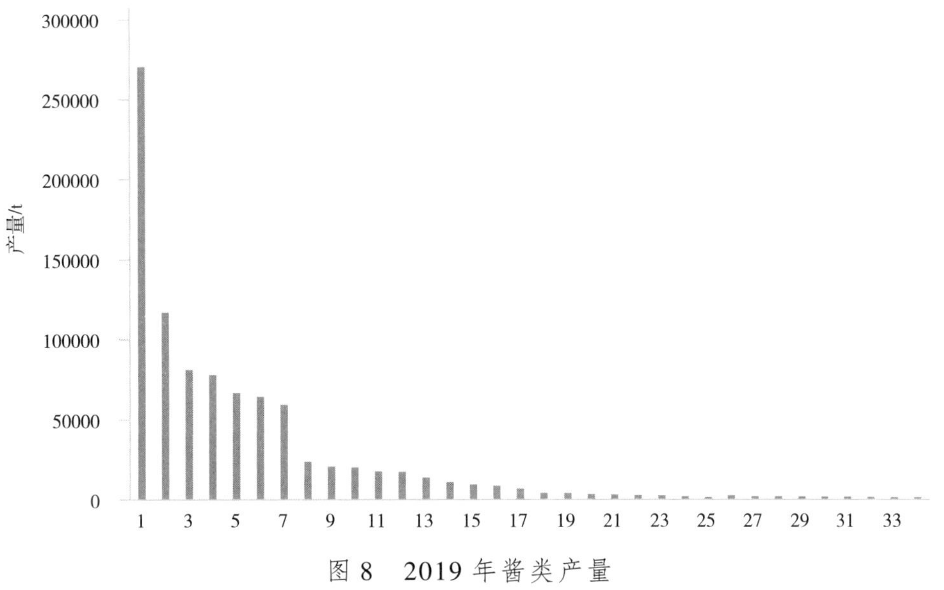

图 8　2019 年酱类产量

资料来源：中国调味品著名品牌企业 100 强 2019 年度数据统计汇总分析。

图 9　2019 年酱类产量同比增幅

资料来源：中国调味品著名品牌企业 100 强 2019 年度数据统计汇总分析（100 家）。

（4）复合调味料　复合调味料是近年来增长最快的调味品产业之一。随着人民生活水平的提高和生活节奏的加快，消费者对餐饮的多样化和便捷性都提出了更高的要求，复合调味料的发展正好契合这一市场发展趋势。

2019 年复合调味料企业（33 家）生产总

量为 71.09 万 t，同比增长 10.91%。排名前三位的企业为李锦记（新会）食品有限公司、安徽强旺调味食品有限公司和河北鸡泽县天下红辣椒有限公司，产量分别为 11.20 万 t、9.23 万 t 和 6.88 万 t。天津市利民调料有限公司以 446.00%的增长率、杭州市食品酿造有限公司以 116.39%的增长率、宁夏红山河食品股份有限公司以 68.83%的增长率位列复合调味料产量增长率前三位。7 家企业出现负增长，占总数的 21%（图 10、图 11）。

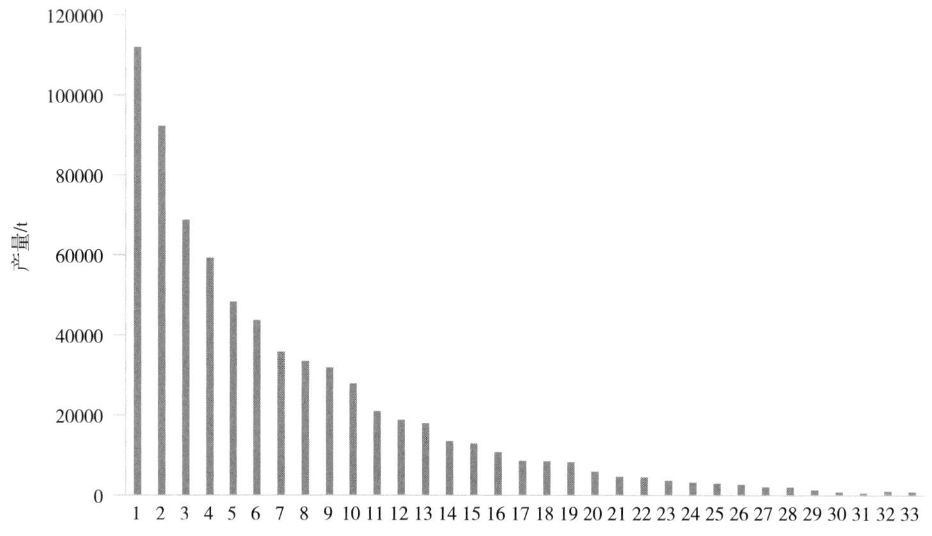

图 10　2019 年复合调味料产量

资料来源：中国调味品著名品牌企业 100 强 2019 年度数据统计汇总分析（100 家）。

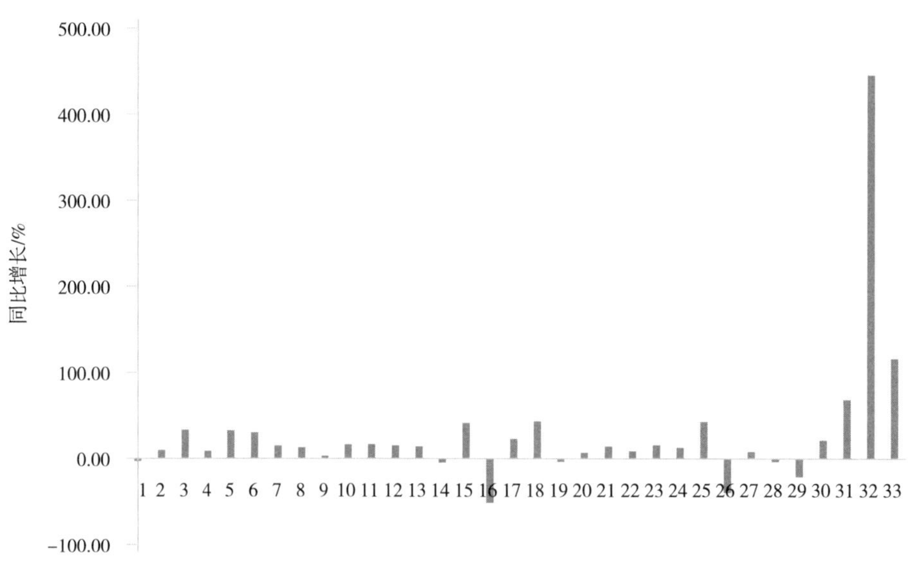

图 11　2019 年复合调味料产量同比增幅

资料来源：中国调味品著名品牌企业 100 强 2019 年度数据统计汇总分析（100 家）。

8. “三品”战略实施情况

2019 年，中国调味品协会积极落实国家“三品”战略，通过展览、报告等多种形式推动行业内企业增品种、提品质、创品牌。

（1）增品种　2019 年，行业顺应时势地开发了新产品，例如，加加酱油重新发力，重新在市场上找准产品的定位，针对餐饮行业广阔的市场开发出“热炒鲜”“蘸食鲜”和“红烧红浓”酱油；太太乐以鲜味为基础开发综合调味品系列产品，其中包括“原味鲜”酱油；美乐开发“辣可以”酱新产品；欣和 9 月推出 10 个新品；亨氏的“贝比鲜”用可爱的造型吸引新一代消费者。这些新产品的出现都是调味品企业把握市场需求的证明。

调味品行业自身积极发展并不断开发新品的同时，相关行业或者其他行业的企业也开始关注调味品行业。例如，益海嘉里推出“丸莊”酱油，长寿花推出新品黄豆酱，旺旺食品推出蟹黄蚕豆豆瓣酱等。

（2）提品质　提升产品品质既是国家对食品生产企业的要求，也是企业的核心竞争力。2019 年，中国调味品协会、出口产品内外销“同线同标同质”促进联盟携李锦记、安琪酵母、东莞永益、太太乐、绿杰、广东盐业、利民、山河醋业、天佳、江苏盐业、李记酱菜、百味佳等知名企业共同发起“健康中国　绿色调味”倡议，争做高品质的健康产品。在提升品质方面，调味品行业企业更加注重技术手段的应用，行业龙头企业已经开始从原料采购到产品销售全程应用信息技术，保证从源头到餐桌的食品品质可追溯。

（3）创品牌　经过多年的发展，调味品行业涌现出了不少家喻户晓的品牌，既有老字号品牌，也有不少互联网品牌。

海天味业无论是在资本市场还是在消费市场都颇受关注，更是以 3000 多亿的市值成为食品饮料行业的明星企业。广东美味鲜、李锦记、恒顺醋业、千禾味业、安琪酵母等表现也较为突出。

李锦记集团在品牌建设方面也颇有建树，该企业坚守“100-1=0”的品质管理理念，品牌形象深入到各个领域，有关系到新一代学子的“希望厨师”项目，有在中国航空航天事业上的品牌宣传和投入，还有世界各地孔子学院的深入合作。

9. 智能制造

2019 年，中国调味品协会召开了调味品行业智能制造高峰论坛，专业人士与知名企业通过多个生动、直观的案例，从多个角度分享人工智能、边缘计算、工业智能等概念，为合力解决流程、领域智能化转型的现实问题提供参考，为推动智能制造产业集聚、功能提升提供有力支撑，为推进制造业的转型升级发挥了积极作用。

海天味业作为行业智能制造标杆企业，通过智能制造的应用，生产效率迅速翻倍，参与生产的人员由以往的 1 万名降低到只需要 2000 人，大大降低了企业成本，提高了生产效率和品质。海天作为调味品市场极具品牌价值的企业，始终坚持每一瓶酱油的生产酿造成色不打折扣，用实际行动践行智能制造的初衷，并计划在时机成熟之际主动走出去，积极开拓全球市场，将中国“智能制造”的海天酱油传遍全世界。

10. 发展新亮点与新增长点

餐饮定制成为产业发展新动力，很大一部分调味品企业在做相关渠道开发的产品，一方面是菜品定制，如与小龙虾、麻辣香锅、火锅麻酱、鱼调料、麻辣烫、冒菜、黄焖鸡、自热小火锅等相关的复合调味料包；另一方面是渠道定制，如快餐门店、外卖、酒店、交通餐、团餐等相关的产品开发。餐饮定制调味品的开发给餐饮业带来极大便利，因为标准化管理，在保证食品安全的基础上有了标准化口味，还能节约时间，降低成本。

连锁餐饮对餐饮定制有着极大的需求量，如西贝莜面、和合谷、吉野家、呷哺呷哺、老娘舅等连锁餐饮企业。一部分连锁餐厅有专属定制产品，有自己的调味品事业部，例如“海底捞”，自己研发调味品和火锅底料；另一部分企业在寻求外部的合作，例如“胖哥俩”，更是以调味品促进餐饮发展的典型案例。除此之外，更多的餐饮新品牌对餐饮定制需求越来越旺盛，为整个调味品行业的新品研发和综合服务提供了广阔的市场空间。

二、行业面临的问题

（一）多样媒体形势下的内容输出需严谨

近两年，抖音、快手等短视频平台快速发展，个别食品相关视频的输出误导了消费者的认知。例如，一些个人号以哗众取宠的方式获得观看量与点赞量，传播面较广，其对专业知识的曲解给企业带来不利影响，也影响了消费者购买的信心。

（二）社会化服务体系有待完善

调味品行业的招聘、培训、科技、法律、知识产权、营销策划等服务都主要围绕行业的大中型企业，适合调味品中小企业的社会化服务体系尚未建立。例如，近年来随着行业的发展，调味品行业人才的数量和质量都有所提高，但总体而言，调味品行业人才仍然比较匮乏，尤其是大量的中小企业存在招人难、留人难的问题。

（三）行业标准建设亟待加快

虽然调味品行业属于食品工业，但是调味品行业所用原料复杂，产品种类繁多，标准工作有其特殊性，专业性极强，需要制定适宜的产品类标准以指导企业生产，规范行业健康发展。由于种种原因，自 2013 年至今，大量已完成的国家标准、行业标准不能发布实施，很多亟须修订的国家标准和行业标准也不能根据行业的实际发展进行修订，已经对行业的发展造成了影响，甚至造成行业内认识上的混乱，严重制约了调味品行业快速健康发展。

三、发展趋势

（一）健康低盐，产品研发新风向

国务院发布的《关于实施健康中国行动的意见》中，明确提出居民饮食要向低盐、低油、低糖的方向发展。因此，越来越多的调味品企业适应消费升级的需求，推出低盐调味品，如薄盐酱油、低盐豆瓣、低盐榨菜、低盐泡菜、低盐腐乳等。

（二）行业定位新格局建立

随着餐饮定制调味品需求的快速增长，为客户提供“调味解决方案”的品牌企业快速崛起，如新上市的日辰股份，它不是传统品牌，也不是市场终端品牌。日辰股份从食品原料、食品配料做到餐饮定制，单一调味品（如酱油）成为了它的生产原料（上游）。

生产商与品牌商的专业细分进一步加强，专业化分工的趋势明显，市场中品牌的力量更加强大。一部分酱油、食醋产业的企业品牌集中度在提高，专注于品牌效应与形象的提升，其辐射能力和对渠道的把控能力更强，这些品牌直接对接终端消费者；另一部分企业有良好的产能和技术把控能力，就成为专业的生产提供商，而不专注于品牌运营。这两类的分工趋势逐渐显现，一些大型品牌企业在各地收购产能和技术良好的工厂生产自有品牌的系列产品，包括山西醋、火锅调料等的收购，既发挥了品牌优势，也加强了专业制造加工效能。

由此，整个调味品行业企业的格局已悄然发生变化，呈现了品牌商、生产商、风味解决方案提供商三种定位。未来，这三个角色各司其职，在各自领域发挥效应，尤其是风味解决方案提供商将会成为新的趋势。

（三）多样带货方式促进企业品牌营销

随着各类自媒体的发展，多样的带货方式也渗透到传统的调味品行业。例如，“饭爷”林依轮联合天猫网红薇娅带货，20 分钟销售额突破 100 万元；山河醋业的老板京东直播卖货，带消费者走进醋业生产工厂；涪陵榨菜牢牢抓住热点事件，在抖音直播吸引了一大批消费者。一部分企业已经成功尝到甜头，一部分企业正在尝试，相信未来会有更多的企业去接触新的传播与带货方式。

（四）内容营销和品牌的结合

内容营销是品牌增值、产业增值的方向，它将品牌、价值观和群体理念相结合，既能提高品牌的忠诚度，又能带来相对应粉丝的精准定位，还能传播品牌的文化、概念，更好地提升品牌的价值和附加值。

（五）调味品美味生活新概念

随着消费群体和消费形式的改变，调味不只是调味，它是品味、是滋味、是美滋美味的生活。行业里部分企业以调味品为基础，打造了与美味生活新概念相关的创意。如厨邦的咸鲜味冰淇淋、加加的酱油蘸荔枝、欣和的酸酸咸咸冰淇淋、东莞永益从番茄酱到番茄汁的产品、饭爷的故宫礼盒、饭爷与膳魔师合作的保温杯，老干妈的国民女神卫衣，冷酸灵推出的火锅味牙膏，涪陵榨菜赞助马拉松竞技，这些概念无不体现了对生活的更多追求与体验。

四、政策建议

（一）加大科普力度，有序管理短视频内容

建议加大抖音、快手等短视频平台的食品素材审查审核，尽量避免无资质、无从业经验的个人发表专业领域的相关言论。

加大专业领域科普知识短视频内容的输出，以浅显易懂的表达方式传达正能量、加大科普力度，增加消费者对产品的了解，让消费者买得放心、用得安心。

（二）发展和完善行业社会化服务体系

发展和完善行业社会化服务体系是调动社会各方面力量，进一步推动调味品行业迅速发展的一项重要措施。调味品行业的发展离不开服务体系的完善。建议大力鼓励行业协会和企事业单位整合社会资源，通过采取加强行业人才队伍建设、健全公益性服务体系、建设信息化平台、完善教育培训、加大对专业组织扶持力度等多种措施，解决服务体系建设中的诸多问题。

服务体系的建设建议多元化，涵盖政策咨询、教育培训、科技服务、法律咨询、信息数据等多个领域，覆盖大中小型各类企业，满足行业企业尤其是中小企业的需求。对于相关平台的建设给予政策和资金的支持，提供补贴及减免税政策。

（三）进一步规范调味品标准建设，促进调味品行业健康发展

调味品行业标准工作只有在深入了解调味品产业的基础上，才能做到专业、权威和科学。应进一步规范调味品领域标准的制修订工作，尤其是团体标准的制定流程，加强团体标准的统筹管理工作，在已有行业组织的情况下，应明确行业组织制定本行业直接相关的标准（包括团体标准），杜绝标准制定过程的混乱状况。在标准的制定过程中，尤其是立项阶段，应将征集对应行业组织的意见作为关键环节，避免因为一味的市场驱动，而使立项的标准计划、制修订的标准与行业认知相违背，造成行业混乱，误导消费者，影响行业发展。

中国调味品协会

茶加工业

面对年度经济发展过程中内外环境和条件的复杂变化，中国茶产业在2019年总体保持平稳发展——茶叶总产量、总产值、内销量、内销额、出口量、出口额等多项指标均创历史新高；一二三产业各环节发展基本顺畅；茶业助力精准脱贫的主力军作用继续凸显。但与此同时，困扰产业发展的产销矛盾日益突出——消费人口与消费总量增速持续趋缓，市场存量继续增多，企业经营压力不断加大，行业创新亮点不多，产业注资热度明显降温。

一、行业概况

（一）主要经济指标

1. 产业规模

（1）茶园面积仍在扩大　据统计，2019年全国18个主要产茶省（自治区、直辖市）茶园面积4597.87万亩，同比增加202.30万亩，增长率4.60%。其中，可采摘面积3690.77万亩，同比增加213.99万亩，增长率6.15%。可采摘面积超过300万亩的省份有5个，分别是云南（604.65万亩）、贵州（470.10万亩）、四川（446.24万亩）、湖北（370.00万亩）和福建（309.39万亩）。未开采面积超过100万亩的省份有3个，分别是贵州（228.60万亩）、四川（128.76万亩）和湖北（125.00万亩）。

（2）茶叶产量继续增加　2019年，全国干毛茶产量为279.34万t，同比上年增加17.74万t，增幅6.78%。产量超过20万t的省份依次是福建（41.20万t）、云南（40.00万t）、湖北（33.54万t）、四川（30.10万t）、贵州（28.60万t）、湖南（22.31万t）；四川首度突破30万t，保持第四；贵州大增8.67万t，一举取代湖南，位居第五。增产逾万吨的省区分别是贵州（8.67万t）、湖北（2.09万t）、陕西（1.81万t）、广西（1.53万t）和福建（1.04万t）。

（3）农业产值保持增长　2019年，全国干毛茶总产值同比增加238.65亿元，达到2396.00亿元，增幅11.06%。干毛茶产值超过200亿元的省份有4个，分别是贵州（321.86亿元）、福建（297.27亿元）、四川（279.69亿元）和浙江（224.74亿元）；产值增长超过30亿元的省份有5个，依次是广东（60.65亿元）、福建（39.30亿元）、贵州（40.86亿元）、四川（33.64亿元）和云南（33.56亿元）。

（4）茶类结构变化不大　2019年，全国六大茶类产量均出现不同幅度增加，尽管绿茶、乌龙茶占比继续向下微调，但总体格局不变。具体来看：绿茶产量177.29万t，占总产量的63.47%，同比增加5.05万t，增幅2.93%；黑茶产量37.81万t，占比13.54%，同比增加5.92万t，增幅18.59%；红茶产量30.72万t，占比11.00%，同比增加4.53万t，增幅17.29%；乌龙茶产量27.58万t，占比9.87%，同比增加0.46万t，增幅1.70%；白茶产量4.97万t，占比1.78%，同比增加1.60万t，增幅47.41%；黄茶产量0.97万t，占比0.35%，同比增加0.17万t，增幅 225.56%。

2. 营业收入

据国家统计局数据显示，2019 年，茶叶加工规模以上工业企业为 2083 家，营业收入为 2137.6 亿元，比上年同期增长 48.9 亿元，增长率为 2.3%。

据中国茶叶流通协会 2019 年度行业调查数据显示，2019 年中国茶叶百强企业年主营业务收入总额为 463 亿元。主营业务收入在 10 亿元以上的茶企达到 11 家，比 2018 年增加 1 家，行业内龙头企业发展势头猛，成长速度快。

3. 利润

据国家统计局数据显示，2019 年，2083 家茶加工业规模以上工业企业的利润为 170.4 亿元，比 2018 年增加 3.2 亿元，同比增长 1.9%。

据中国茶叶流通协会 2019 年度行业调查数据显示，茶叶加工企业纳税形式以一般纳税人为主，百强企业年利税总额 23.8 亿元，企均 2380 万元。年利税 1 亿元以上的茶企 4 家。七成以上百强茶企的年利润率超过 5%，两成企业年利润率在 15% 以上，大型茶叶加工企业总体盈利水平较为稳定。

（二）行业发展分析

1. 内销市场和价格

（1）内销总量稳中有升，茶类格局基本不变　2019 年，中国茶叶国内销售量达 202.56 万 t，同比增加 11.50 万 t，增幅为 6.02%（表 1）。其中，绿茶内销量 121.42 万 t，占总销量的 60.0%；黑茶 31.86 万 t，占比 15.6%；红茶 22.60 万 t，占比 11.2%；乌龙茶 21.63 万 t，占比 10.7%；白茶 4.22 万 t，占比 2.1%；黄茶 0.83 万 t，占比 0.4%（图 1）。

表 1　2010—2019 年中国茶叶内销总量（不含进口茶叶）

年份	2019 年	2018 年	2017 年	2016 年	2015 年	2014 年	2013 年	2012 年	2011 年	2010 年
内销量/万 t	200.56	191.05	181.70	171.06	167.91	150.25	133.83	124.01	109.61	98.81

数据来源：中国茶叶流通协会。

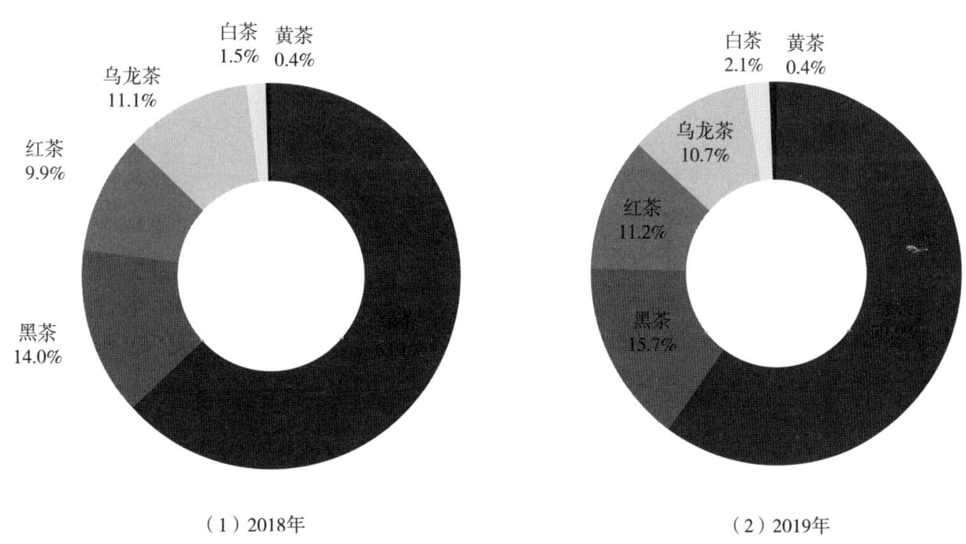

图 1　2018 年、2019 年全国茶叶分茶类销量对比

数据来源：中国茶叶流通协会。

（2）内销均价有所下调，内销总额增速变缓　2019 年，中国茶叶内销均价为 135.25 元/kg，同比减少 4.04 元/kg，减幅 2.90%。各茶类中，绿茶均价 131.50 元/kg，红茶 178.98 元/kg，乌龙茶 131.39 元/kg，黑茶 93.73 元/kg，白茶 149.11 元/kg，黄茶 120.45 元/kg。

2019 年，中国茶叶国内销售总额为 2739.50 亿元，同比增加 78.40 亿元，增幅 2.95%。其中，绿茶内销额 1596.74 亿元，占内销总额的 58.3%；红茶 570.26 亿元，占比 20.8%；乌龙茶 296.87 亿元，占比 10.8%；黑茶 202.72 亿元，占比 7.4%；白茶 62.92 亿元，占比 2.3%；黄茶 9.98 亿元，占比 0.4%。

（3）内销运行平稳　从销售数据看，内销市场依然是拉动中国茶业经济增长的主动力源；但内销量额持续缓增，均价出现回调，反映出供大于求的压力不断增大。从茶类结构看，总体格局保持稳定，但产销量占比持续变化，显示流转速度趋缓；名优茶仍是创造茶产业价值的主力军，保守估计内销额贡献率不低于 70%，使商品茶处境尴尬。从销售通路看，线上销售份额继续扩大，连锁渠道逐步化身新零售，批发市场功能弱化、转型在即，商超卖场辅助功能有待提升；传统茶馆发展定位不清、路径不明，有待破茧重生；新中式茶饮延续产业创新担当，但已出现明显分化迹象。从消费市场看，饮茶人口数量与消费需求量的增速远低于供给侧增速，消费宣传不足、引导不力、内容肤浅、包装过度，使消费提振、产业营销成为大势所趋。

（4）品牌效应持续提升　品牌化是近几年茶叶消费市场的主要发展趋势和升级方向，自 2013 年我国茶叶消费市场品牌茶销售额超过非品牌茶以来，品牌茶的市场份额始终保持稳步增长。高质量消费的驱动下，茶叶品牌消费意识持续巩固，品牌茶叶的市场占有率保持稳定，2019 年品牌茶叶市场销售额接近 2500 亿元，占茶叶市场销售额的 90% 以上；而非品牌茶叶的市场份额压缩至不到 270 亿元，进一步被挤压。

（5）消费群体平稳增加，偏好加速演变　2019 年，我国茶叶消费群体已经达到 5.2 亿，消费人群的中老龄化和产区化特征依然存在。近两年，行业将拓展重点聚焦到新中产和青年消费群体上，倾注了大量的宣传资源，也收获了一定成果。但相较于近几年呈爆发式增长的新式茶饮，原叶茶消费群体总数的攀升速度仍十分缓慢。内销市场年人均饮茶量已达到 1.36kg/人，尽管维持在稳定增长的过程中，但涨速偏慢。现有消费群体的消费能力已近饱和，如何通过饮茶场景与方式的多元化吸引更多消费者是未来市场拓展的重点。电子商务平台日趋成熟，逐步形成了茶产业拓展年轻一代茶客的最前沿阵地。

2. 投资

2019 年，茶行业投资领域的表现持续下行，市场主体投资较为平缓，新式茶饮颇受资本青睐。

（1）A 股和港股企业多已转型　在上市企业中，标明以茶叶为主营业务的仅有 A 股的深深宝 A，以及港股的天福、龙润茶和区块链集团（2017 年由“坪山茶业”更名为“区块链集团”）。2019 年，多家上市茶企有重大变动。2 月，深深宝 A 公司证券简称由“深深宝 A”和“深深宝 B”变更为“深粮控股”和“深粮 B”，公司更名后，证券代码不变；10 月 3 日，龙润茶公司发布公告称，公司股份已被联交所于 2019 年 9 月 9 日上午 9 时除牌，中国茶第一家上市公司股市之路到此告一段落。在剩余 3 家上市茶企中，区块链集团自 2018 年 11 月 19 日停牌至今，据最新公告，公司正寻求实行重组；深粮控股自更名以来，已对茶及天然植物精深加工业务进行整合重构，人员进行调配，通过整合，部分茶叶业务初步实现止损或扭亏目标，实质上公司经营重心已逐步转向粮油；故上市公司中以茶为实际主营业务且正常运营的仅天福控股一家，也是唯一一家盈利的企业。2019 年中报显示，天福实现收入约 8.4 亿元，同比增长 2.5%；纯利 1.25 亿元，同比减少 4.02%；每股基本盈利 0.11 元。

（2）新三板市场难以为继　2019 年，新登陆“新三板”的涉茶企业仅有 2 家，但有 10 家已上板的涉茶企业停牌，包括七彩云南、三十九铺等知名茶企，使2019 年新三板涉茶企业数量再次出现了“负增长”。目前，新三板共有 62 家涉茶企业。在新三板上市的涉茶公司大部分资产规模在亿元以上；2018 年营收达到亿元以上的茶企有美灵宝、松萝、谢裕大、茗皇天然等，其余公司多在千万元级别。从上市茶企的公司现状看，多数茶企的净资产回报率常年维持在同一水平，增长缓慢。长此以往，估计难以持续受到股民和资本的青睐。

（3）传统茶行业资本分散　传统茶行业在资本市场的关注度历来都不高，部分茶企成功挂牌 A 股、港股或新三板后的尴尬处境，进一步放大了传统茶企在资本市场眼中的尴尬地位。从传统茶行业的现状看，产业集中度较低，难以快速形成成熟完善的产业链，故资本介入的形式也较为分散与随机。特别是 2018 年以来，八马茶业、中吉号茶业、七彩云南等茶企先后终止挂牌，更加映射出我国茶叶行业缺乏品牌化和标准化运作，因此难以获得资本青睐。目前，依然没有出现一个真正的巨头型茶企。

（4）新兴业态成为资本“宠儿”　以新式茶饮为代表的新兴业态近年来持续受到市场追捧。新式茶饮赛道近两年异常火爆，引起了资本的强势关注和押注。自 2018 年以来，新式茶饮赛道的融资事件 20 余起，可查总融资金额近 30 亿元，天图资本、达晨创投、IDG、刘强东等投资机构和投资人纷纷入局。据不完全统计，2019 年新式茶饮头部企业喜茶、茶颜悦色、乐乐茶等均有新融资动态，众多资本领投、跟投。茶饮市场头部效应进一步显现，尤其在一线城市的品牌竞争日趋白热化。

3. 区域分布

种植上，我国许多省（自治区、直辖市）都出产茶叶，但主要集中在南部各省（自治区、直辖市），分布在东经 94°～122°、北纬 18°～37°的广阔范围内，有浙、苏、闽、湘、鄂、皖、川、渝、贵、滇、粤、桂、赣、琼、台、陕、豫、鲁、甘、藏等省（自治区、直辖市）的上千个县（区）。茶树最高种植在海拔 2600 米的高地上，最低则仅距海平面几十米。在不同地区，生长着不同类型和不同品种的茶树，形成了颇为丰富的茶类结构。我国茶区辽阔，通常划分为 3 个级别，即：一级茶区，系全国性划分，用以宏观指导；二级茶区，系由各产茶省（自治区、直辖市）划分，进行省（自治区、直辖市）内生产指导；三级茶区，系由各地区内划分，具体指挥茶叶生产。国家一级茶区分为 4 个，即华南茶区、西南茶区、江南茶区和江北茶区。

生产上，我国的茶叶加工企业主要集中于 18 个茶叶主产省（自治区、直辖市）。在各级政府的扶持推动下，全国各主要产茶省（自治区、直辖市）均培育出一批大型茶叶加工企业。从 2019 年度百强茶企分布来看，基本覆盖了全国主要产茶省（自治区、直辖市）。但各省（自治区、直辖市）数量有着明显差距——福建、安徽、云南三省的企业几乎占据了百强企业的半壁江山。其中，福建省内的全国百强茶企数量最多，达到 20 家。百强茶企中还有 35% 集中在浙江、湖北、河南、广东等地区，其余分布于湖南、北京、广西等地。同时，有近 60% 的百强茶企分布于长江经济带沿线，50% 的百强茶企位于服务“一带一路”战略的国内重点区域。

从消费市场分布看，广东仍居茶叶第一大消费省的地位，年消费量 20 万～25 万 t；

福建、安徽、浙江等茶叶主产省消费水平也在上升，产茶省优质名优茶的外流比率有所下降；华北、东北、西北等地区的消费群体继续呈上升趋势；茶叶消费质量不断提升，品牌效应逐步显现，二、三线城市饮茶率明显上升。

4. 行业集中度

我国规模以上茶企近年来发展迅速，稳定在2000多家，但由于茶企总数为6万余家，规模以上企业占比仅3.2%，行业中绝大多数为中小型企业，企业规模小、生产集中度差仍然是困扰茶加工业发展的实际问题。规模化茶叶企业生产资源占有率为6成，产品供应达到全行业的70%。百强茶企的产品供应量、市场销售量和市场销售额均占到行业的30%左右。

5. 进出口

（1）进口茶叶继续增加　据海关数据显示，面对国产茶叶内销趋缓的局面，2019年中国进口茶叶数量仍在继续增加。据中国海关统计数据，2019年1—12月，中国进口茶叶4.34万t，同比增加22.25%；金额1.87亿美元，同比增长5.06%；均价4.31美元/kg，同比下降13.97%（表2）。

表2　2018—2019年中国茶叶进口量和进口额对比

项目	2018年	2019年	增长率/%
进口量/kg	35450102	43414212	22.25%
进口额/美元	178435023	187225159	5.06%

数据来源：中国海关。

①分茶类看：红茶进口量3.64万t，同比增长23.33%，占进口总量的83.9%；绿茶0.41万t，同比增长29.12%，占比9.3%；乌龙茶0.26万t，同比增长14.48%，占比6.1%；花茶0.03万t，同比下降10.06%，占比0.6%；普洱茶45t，同比下降76.29%，占比0.1%（图2）。

红茶进口额1.26亿美元，同比增长7.07%，占进口总额的67.3%；绿茶0.18亿美元，同比增长0.82%，占比9.4%；乌龙茶0.39亿美元，同比下降0.02%，占比20.7%；花茶0.03亿美元，同比下降7.79%，占比1.9%；普洱茶0.01亿美元，同比增长101.10%，占比0.7%（图3）。

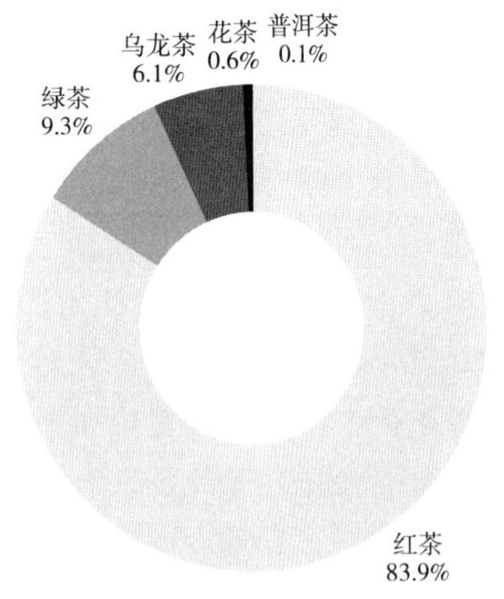

图2　2019年中国进口茶叶分茶类占比

数据来源：中国海关。

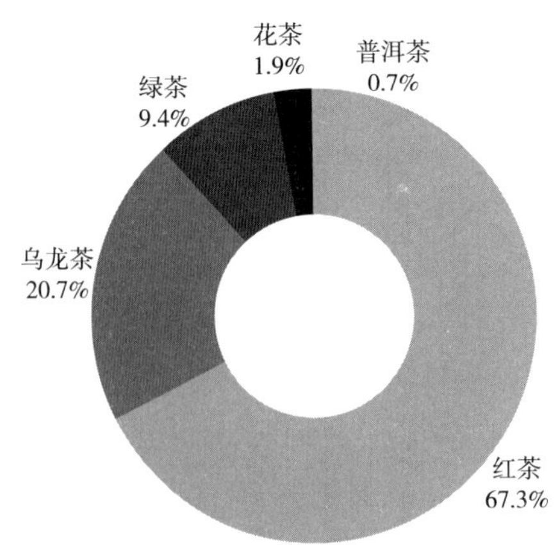

图3　2019年中国茶叶进口额分茶类占比

数据来源：中国海关。

红茶进口均价 3.46 美元/kg，同比减少 13.18%；绿茶均价 4.35 美元/kg，同比减少 21.92%；乌龙茶均价 14.67 美元/kg，同比减少 12.67%；花茶均价 13.65 美元/kg，同比增加 2.52%；普洱茶均价 27.43 美元/kg，同比激增 748.16%（图 4）。

图 4　2018 年、2019 年茶叶分茶类进口均价对比

数据来源：中国海关。

②分省区看：2019 年，中国进口茶叶逾千吨的省（自治区、直辖市）共计 8 个，依次是浙江（0.93 万 t）、福建（0.89 万 t）、江苏（0.76 万 t）、广东（0.55 万 t）、上海（0.48 万 t）、北京（0.28 万 t）、广西（0.26 万 t）和安徽（0.12 万 t）。

与进口量呈正相关，2019 年中国进口茶叶金额最大的 8 个省（自治区、直辖市）亦同上，排序则是上海（0.51 亿美元）、福建（0.42 亿美元）、广东（0.25 亿美元）、浙江（0.22 亿美元）、江苏（0.20 亿美元）、广西（0.10 亿美元）、北京（0.09 亿美元）和安徽（0.04 亿美元）。

（2）出口再创新高　2019 年，面对摩洛哥、欧盟、美国等传统市场的可预见性下降，中国茶企及时调整战略布局与结构，全年茶叶出口呈现出总量盘整、价额大增的态势，量价额均创历史新高。据中国海关统计数据，2019 年 1—12 月，中国茶叶出口量 36.65 万 t，同比增长 0.52%；出口额 20.20 亿美元，同比增长 13.61%；出口均价 5.51 美元/kg，同比增长 13.14%。

①分国别看：传统市场面临调整，战略转移初见成效。

传统市场：2019 年，中国茶叶在传统市场面临了严峻挑战。导致出口在局部市场出现下降的两大因素是技术壁垒和关税壁垒。

在技术壁垒方面。一是中国茶叶对摩洛哥这一最大传统市场的出口量仅为 7.43 万 t，同比下降 4.2%，主要原因是该国于 2019 年 10 月 1 日起正式实施进口茶叶农残限量新标准；二是欧盟不断增加农残检测项目，提高农残限量标准，使中国茶叶对欧盟出口量仅为 2.8 万 t，出口额 1.2 亿美元，同比分别下降 1.5% 和 12.1%。

在关税壁垒方面，2018 年，美国是中国茶叶出口（量、额）的第四大贸易国。受贸易摩擦影响，2019 年 9 月 1 日起，美国对中国茶叶征收 15% 的关税，致使 2019 年中国对美国出口茶叶 1.47 万 t，出口额 0.70 亿美元，同比分别下滑 5.2% 和 21.35%。

新兴市场：面对传统市场出现的变化，2019 年中国茶叶对东盟及“一带一路”沿线国家和地区的贸易成为新亮点。

据海关统计，2019 全年对东盟出口茶叶 2.3 万 t，同比增长 25.6%，出口额 4 亿美元，同比增长 55.7%；对“一带一路”沿线国家和地区出口茶叶 9.4 万 t，同比增长 4%，出口额 5.6 亿美元，同比增长 30.7%。

②分茶类看：绿茶仍是中流砥柱，出口

品种有待丰富（表3）。

出口量：绿茶保持优势，红茶稳中趋升，其他茶类下降。

绿茶出口量30.39万t，同比增长0.33%，占出口总量的82.9%；红茶3.52万t，同比增长6.67%，占比9.6%；乌龙茶1.81万t，同比下降4.73%，占比4.9%；花茶0.65万t，同比下降5.80%，占比1.8%；普洱茶0.28万t，同比下降6.67%，占比0.8%。

出口额：绿茶地位稳固，各茶类占比变化不大。

绿茶出口额13.18亿美元，同比增长7.77%，占出口总额的65.3%；红茶3.49亿美元，同比增长24.20%，占比17.3%；乌龙茶2.36亿美元，同比增长31.11%，占比11.6%；花茶0.65亿美元，同比下降1.52%，占比3.2%；普洱茶0.52亿美元，同比上升85.71%，占比2.6%。

出口均价：各茶类均价不同程度上涨。

绿茶出口均价4.34美元/kg，同比上涨7.43%；红茶均价9.91美元/公斤，同比上涨16.59%；乌龙茶均价13.04美元/kg，同比大幅上涨36.97%；花茶均价10美元/kg，同比上涨4.49%；普洱茶均价18.57美元/kg，同比激增96.72%。

表3　2019年中国茶叶分茶类出口量价额统计

茶类	出口量/万t	同比增长/%	出口额/亿美元	同比增长/%	出口均价/(美元/kg)	同比增长/%
花茶	0.65	-6.18	0.65	-2.39	9.96	4.05
绿茶	30.39	0.34	13.18	7.80	4.34	7.43
乌龙茶	1.81	-4.31	2.36	30.83	13.01	36.73
普洱茶	0.28	-5.91	0.52	88.11	18.54	99.92
红茶	3.52	6.62	3.49	24.23	9.92	16.52
总量	36.66	0.50	20.20	13.60	5.51	13.04

数据来源：中国海关。

③分省份看：格局大体不变，中西部正在崛起。

出口量：浙江继续保持领先，四川首度突破万吨。

2019年，中国茶叶出口量突破万吨的省份共有七个，依次是：浙江，15.88万t，同比减少5.76%，占出口总量的43.32%；安徽，6.00万t，同比增长1.35%，占比16.37%；湖南，3.90万t，同比增长7.14%，占比10.65%；福建，2.40万t，同比减少0.41%，占比6.55%；湖北，1.74万t，同比增长42.62%，占比4.75%；江西，1.45万t，同比增长8.20%，占比3.97%；四川，1.08万t，同比增长14.89%，占比2.94%。

出口额：福建持续大幅攀升，广东有望进入前十。

2019年，中国茶叶出口额达到1亿美元以上的省份有五个，依次是：浙江，4.84亿美元，同比减少7.46%，占出口总额的23.95%；福建，4.55亿美元，同比增长31.50%，占比22.54%；安徽，2.48亿美元，同比增长0.40%，占比12.28%；湖北，2.14亿美元，同比增长47.59%，占比10.62%；湖南，1.03亿美元，同比增长8.42%，占比5.12%。

6. 重点行业

（1）茶加工业　至 2019 年，“六大茶类”中，绿茶在保持茶叶主体地位的同时，占比略有萎缩。黑茶是近几年茶叶消费市场的热点茶类，近年来发展迅速，已成为市场第二大茶类。乌龙茶处于低迷期，茶类内部岩茶类热度不断上升，成为拉动产业发展的最主要品类，北方销区对其接受度上升。红茶连续几年震荡后市场趋于稳定，传统红茶市场相对稳定增长，新兴产区产品逐步被市场认知认可，但面临进口茶威胁；目前，中国茶叶流通协会正筹组成立红茶专委会，以期有效助力红茶行业资源整合，实现更快发展。白茶经过几年热销之后，市场认知和产销规模均有大幅提升，且热度仍在逐年攀升，整体产值迅速增长。作为极小茶类的黄茶，其主产区湖南、四川、浙江等地纷纷出台相关政策予以刺激，使黄茶产业正走上高速发展的快车道。

（2）茶配套业　茶配套业是市场对茶具、茶包装等与茶相关的配套产业的通俗称呼，尚无准确定义。随着经济不断发展，人们对茶配套产品的需求不断增多，使得茶配套产品品类不断丰富，功能不断完善，茶配套业已成为茶产业链的重要组成部分。近年来，在“一带一路”倡议下，茶配套产业随着茶产业的发展迎来了重要发展机遇。但应该看到，尽管我国茶配套产业发展优势显著，但龙头品牌缺乏、服务理念滞后、文化内涵挖掘不足及专业人才缺失等问题也困扰着其发展。如何不断提升茶配套产品质量和功能品质，建立成熟完善的标准体系，注重茶配套企业品牌形象的建设和宣传，全面提升茶配套产业在国际茶配套市场的影响力和竞争力是当前中国茶配套产业的发展方向。

（3）精深加工业　开展茶叶深加工是实现茶叶资源高效利用、提高茶叶附加值、促进茶产业转型升级、拓展茶叶消费领域的重要突破口。目前，我国茶叶精深加工领域受到政府的积极关注，科研团队也在积极研究，加之企业努力探索，取得了长足的进展，但终端消费市场仍然较冷。中国茶叶科学界自 20 世纪起已陆续开发了多类茶叶深加工产品，但难以在市场上形成有影响力的品牌产品，与市场需求仍存在着不匹配的问题，需要进一步创新发展。精深加工是未来的趋势，但企业要切入上游生产端和下游消费端都存在着较大风险。

（4）茶饮服务业　茶饮服务业目前主要存在两种形态，即中式茶饮（传统茶馆）和时尚快饮（新式茶饮），并在 2019 年加速分化。中式茶饮的传统营销模式受到互联网时代下快消文化的冲击，进入艰难的“静默期”；茶馆行业守正出“新”，开始拥抱互联网，拓宽经营范围，调整盈利模式，如：老舍茶馆与百度大脑联合打造的全国首家 AI 茶馆落地，引入人工智能为传统文化带来全新体验。而以新式茶饮为代表的现代茶叶服务业蓬勃发展，作为近 20 年来发展出的新型茶饮服务业，新式茶饮业已进入头部品牌竞争时代，产品多元化、服务精细化、饮品健康化成为 2019 年茶饮行业竞争焦点。

（5）其他新业态　从大农业的角度看，新业态主要有：第三产业的休闲农业、会展农业、景观农业和创意农业；创新型的生物农业、智慧农业、农业大数据的应用等新业态；社会化的农机服务组织、农技服务、众筹、订单农业、社区支持农业、土地托管、私人订制等；以及农业旅游、民宿等一二三产业融合的新业态。茶产业领域的订单农业、创意农业、智慧农业、茶庄园、特色小镇、茶旅一体化等新业态近年来不断涌现。时尚、健康、体验成为茶产业的业态创新爆发点，以智能化管理的业态更加普遍，产业功能的拓展与转换进程加快，产业正在从单纯的农业产业转换为生态、健康、休闲产业，三产融合的发展趋势更加明显。2019 年，茶产业与休闲、旅游、文化、科普教育、养生养老深度融合进一步显现，已成为茶产业未来发展的重点领域。

7. “三品”战略实施情况

近年来，我国茶产业稳步发展，茶叶品种不断增加，产品品质稳定提升，品牌建设不断推进，产业集群逐步形成，连续多年实现企业增效、茶农增收、财政增税、产业持续发展、全行业盈利的良好局面。2019 年，茶叶行业“三品”战略持续稳定推进，取得了明显效果，具体体现在以下几个方面。

（1）增品种　当前，我国消费者更加注重食品创新，茶叶行业深度挖掘消费需求，开发具有独特功能或使用价值升级的创新产品，适应和引领消费升级趋势。除传统六大茶类外，茶叶深加工产品、茶叶衍生品不断推陈出新，旨在通过开发适销对路的产品，更好地满足不同层次、不同消费群体的需求。

随着市场多元化消费需求的不断增大，各企业相继调整产品研发与生产思路，聚焦“多样化”发展，在开拓便捷化、年轻化等新路径的同时，深挖产品风味、区域特色、制造工艺、传统文化、消费方式等多种元素，催生出以“陈皮茯茶”等为代表的 2019 年度多款新品。除传统茶类外，科技含量较高的深加工产品已成为市场新宠，茶饮料、茶食品、速溶茶、袋泡茶满足了人们日益加快的工作节奏需要，茶多酚、茶氨酸、茶色素等茶叶提取物产品成为许多人保健的首选。茶叶深加工领域市场拓展空间巨大。

（2）提品质　近年来，随着国家对于食品安全的高度重视，在政府部门、行业组织等多方努力下，我国茶叶不断推进科技创新，尤其是跨界融合发展，加强传统行业与智能化的结合，充分调动和培育创业者的企业家精神，发挥研发团队的工匠精神，茶叶质量安全水平不断提升。据国家市场监督管理总局报告，茶叶及相关制品 2019 年下半年抽检合格率为 99.2%，高于大宗食品合格率，茶叶质量安全水平稳定向好。

2019 年中国茶行业进一步开展了低氟茯砖茶、青砖茶、四川边茶的加工技术优化与示范生产，集成组装 1 套低氟青砖茶加工技术，并在湖北赤壁中试示范，制成的青砖茶氟含量均低于 300mg/kg。研发了机采机制颗粒型绿茶加工、大众红茶加工、武夷岩茶新品种精制拼配工艺等多条新工艺生产线，开发了多个新产品，实现了茶业提质增效。云南省市场监督管理局还部署开展“普洱茶放心消费”专项行动，从鲜叶到成品、从工厂到市场终端，全方位提升普洱茶品牌质量。福建安溪县通过制定并推行“四个标准体系”，多举措筑牢茶叶品质支撑体系。

（3）创品牌　目前，我国茶叶品牌体系建设在各方的积极推动下，已建立起公共品牌、企业品牌协同发展格局，其中，公共品牌在各级政府和行业组织的大力宣传推动下发展迅速。企业是推动产业发展的重要引擎，作为生产和贸易流通的中坚力量，企业更承载着创新驱动产业供给侧结构性改革的重要使命和任务，近年来茶行业企业品牌建设水平不断提升，行业品牌的消费者认知度逐步增强。

2019 年，各地多措并举，多层次、多角度、多形式宣传推介，加快打造特色区域公用品牌和企业品牌。江西省加强品牌整合，拓展茶叶市场，以实际销量排名靠前的绿茶、红茶等企业为主体，推进现有区域公用品牌的整合；采取产品统一标准、统一包装、统一宣传、统一销售等方式，进行品牌管理和运营；以“江西茶·香天下”为统一宣传口径，集中支持江西茶叶品牌宣传推介。

企业品牌方面，随着茶企的持续发展和品牌化战略的贯行，茶企品牌影响力与日俱增。以竹叶青为例，竹叶青是 20 世纪 60 年代创制的名茶，而与其他名茶不同的是，“竹叶青”三字既是品类名，更是品牌名。经过多年的经营和发展，竹叶青峨眉高山绿茶已经连续 12 年领先国内高端绿茶行业，在保证品质的同时，竹叶青持续打造品牌价值，2019 年通过签约明星代言、与分众传媒展开战略合作等形式，竹叶青实现销量增长 35%，其最高端产品“论道”系列增长 64%。

8. 绿色制造、智能制造

我国茶叶机械制造基础薄弱、起步较晚，与国外先进的制茶装备生产商相比有较大差距。经过 50 多年的持续耕耘，如今，随着中国制造业的不断发展，茶业制造业也在高速发展。茶行业企业越来越重视生产线的智能化发展，一些行业龙头企业在近几年纷纷推动智能化生产线、无人工厂等项目的落地实施，不少已经建成投产。这也为我国制茶设备企业带来利好，相关制造商也着力开展技术攻关，改变现今制茶设备质量参差不齐、科技含量低、智能化程度低等一系列问题，推进茶叶生产的机艺融合，提升茶叶加工设备制造业的整体水平。

2019 年，中国茶的龙头品牌“小罐茶”联手世界智能制造企业 IBM 共同打造的“AI 挑茶机器人”亮相。这是 IBM 的认知视觉检测技术在茶叶加工场景里的首次创新应用。智能挑茶机器人的开发从整体上推动了茶叶筛拣工作全面实现自动化与智能化，投产后将大幅度提高茶行业的加工生产效率，也将大幅提升茶行业整体的现代化水平。

9. 包装与装备

随着茶叶产品向多元化方向发展，我国茶叶包装业也得到了快速发展，且逐渐呈现出多元化趋势。根据茶叶的形态和不同的包装需求，目前茶叶包装分为茶叶真空包装、袋泡茶包装、内外袋茶叶包装、带棉线茶叶包装、带标签茶叶包装、三角袋茶叶包装、双折袋茶叶包装等类型。随着轻奢流行趋势的发展及茶叶产品形式的变化，近年来茶叶产品包装整体趋势为由繁到简、由奢华到实用。2019 年，茶叶产品包装呈现出重特色、绿色化、多功能的发展趋势。

挖掘包装特色成为高端茶叶产品创新的重要方向。包装特色变化体现在高端产品包装材质精益求精和整体密封性、观赏性、便携性的提升。绿色化是大众茶叶产品包装发展的主要方向，牛皮纸等纸质材料成为新兴材质，具有自封口功能、适合日常自饮消费产品的小规格自封袋伴随着中低端产品消费量的上涨成为新的主流包装。原先多在传统高端礼品中出现的木质、皮质大礼盒则逐渐退出包装市场。部分产品加大了以包装为媒介对消费者日常生活的渗入力度，兼具笔记本、笔筒、纸巾盒甚至盆栽等功能的包装成为产品丰富消费体验的另一途径。

此外，随着调饮茶、药茶等产品在市场逐渐流行，实用型袋泡茶的发展速度也相当迅速，也带动了相关茶包装机械制造业及印刷业的发展。中国袋泡茶未来有很可观的发展空间。

10. 发展新亮点与新增长点

（1）小茶叶大扶贫　近几年，茶产业通过日益成熟的规划发展，已成为各地助农增收的致富产业、生态产业，成为小康路上的支柱产业，点亮了万千茶农的幸福生活。全国 832 个贫困县（区）中有 337 个与茶相关，这其中又有近 1/3 县（区）的农民以茶叶为家庭收入的主要来源。

茶业扶贫不是以完成脱贫任务为导向的短期行为，而是一项具有战略意义的长期工作。只有将扶贫与产业可持续发展紧密结合，定位于整个产业链的重要环节，确保茶农收入的长期持续稳定增长，才能保证脱贫不返贫，确保永久脱贫。

（2）茶乡旅游蓬勃发展　近年来，茶乡利用生态优势与当地的风土人文融合打造的茶文化旅游正在将消费者引向这片色香味俱全的“世外桃源”。“茶+茶园基地”“茶+文化基地”等各式“茶旅游+”的模式不断创新，生态茶旅、休闲茶旅、养生茶旅、修行茶旅、亲子式茶旅、游学式茶旅等各式主题日益丰富，茶乡旅游正成为满足不同层面、不同类别消费人群的新旅游业态。

依托茶旅振兴茶经济。在单一的旅游观光中融入多样性、立体化的元素，实现从单一到多样化的发展，构建茶乡旅游产品新的生态圈。在消费者不断追求休闲式旅游、度假化旅游、精品化旅游的前提下，茶乡旅游正迎来快速发展。茶产区更加重视茶乡旅游，全力推进茶旅工作的局面正在形成，茶旅产业发展正在步入快车道。

（3）电商成为前沿阵地　随着电子商务平台日趋成熟，电商领域已成为茶产业拓展年轻一代茶客的最前沿阵地。在电商渗透率持续增加的时代背景下，品牌茶叶企业的渠道建设更加贴近社会消费升级的大趋势特征。目前茶叶网上销售额约为年销售额的10%，电商贡献销售额大幅增长的背后是电商渠道投入的增加。2019年4月，淘宝发布《春茶消费数据》称：2019年的淘宝春茶季比往年更加火爆，3月份的春茶成交同比2018年再涨两成，“淘宝茶客”的战斗力一年更比一年强。淘宝上年轻人对春茶的热情更是高涨，过半春茶消费者都是85后、90后。各大茶企也越来越重视春茶季期间在各大电商平台上的“博弈”，各类促销活动花样繁多，直播卖茶成为一大新亮点。

（4）新式茶饮持续火热　中国的茶饮行业具有历史优势，茶饮市场空间巨大，新式茶饮已成为新的重要增长点。据36氪研究院与“奈雪的茶”联合发布的《2019新式茶饮消费白皮书》测算，目前饮品行业包括咖啡和茶饮在内的市场规模有5000亿～6000亿元，其中茶饮的总市场规模占比超过咖啡的市场规模，新式茶饮的市场规模有500亿元。

外卖行业的快速发展，移动APP、小程序帮助现制茶饮店在线上便捷触达消费者，这些都扩展了现制饮品消费场景。数据显示，2016—2018年，我国现制茶饮外卖订单数季度复合增长率为38%。2018年，我国现制茶饮门店数量达到45万家，一年内增长了74%。现制茶饮门店快速扩张主要来自消费者对常规饮料的替代和消费群体对“健康茶饮”的需求。伴随着消费升级的逐步下沉，现制饮品业未来在二、三线城市拥有巨大的市场发展空间。城市级别越低，现制茶饮门店增长越快速。两年时间，二线城市现制茶饮门店数增长幅度达120%，三线及以下城市门店数增幅高达138%。

二、行业面临的问题

（一）政策与市场

在内销方面，销售压力持续加大。尽管我国茶叶内销量连年增长，但增长速度还是不及产量的增长速度和体量。此外，据贝恩公司与阿里巴巴联合发布的《2019年中国快消品线上策略人群报告》，茶叶在中坚力量、新势力、蓝海人群这三类潜力消费人群中的渗透率均较低。其中，除了部分品牌通过产品“新精致”吸引中产群体外，行业在青年群体和小镇人群中体现出明显的扩张乏力。

在出口方面，贸易壁垒严重阻碍发展。近年来，主要茶叶进口国对我国茶叶的执行标准不断提升，近乎严苛，中国茶企在出口贸易中遭遇的各种技术性贸易壁垒越来越多，不仅使中国茶叶出口规模明显减少，出口成本增加，更严重地影响了中国茶叶的产品形象。

（二）科技创新

长期以来，受产业发展模式影响，茶叶生产加工技术水平和科研转化的整体布局不够合理，产业机械化程度低，科技应用转化速度不够快，新科技研发速度跟不上产业发展步伐。产业创新能力不强，行业整体知识产权意识弱，新产品互相模仿抄袭现象时有发生，导致产品同质化严重，抑制产品创新热情。

（三）品牌升级

随着消费升级，中国消费者越来越注重产品附加值尤其是品牌加持的消费，这需要通过建立好的品牌形象来实现，我国茶叶企业在品牌定位、形象建立、品牌营销以及体验式消费方面存在着明显短板。众多茶叶企业正面临进行品牌打造与品牌升级困难的局面。

三、发展趋势

（一）产业链整合

中国茶行业目前已基本形成完整的产业链，未来将通过整合上中下游资源，同时注重技术开发，不断提高茶叶种植和生产质量，开拓全方位销售渠道，形成种植、生产加工到销售的一体化全产业链。

（二）深度挖掘消费潜力

我国消费市场潜力大、韧性强、成长性好的基本特点是茶叶消费板块在自我变革中健康协调发展的重要基础和有利环境，未来，新消费领域的开拓将成为茶行业竞争的新热点。

（三）线上比例增加

2020 年年初新冠肺炎疫情的爆发加速了茶行业电商布局的步伐。在“互联网+”的推动下，传统茶产业的组织形式、商业规则、产业链条、竞争格局、销售模式等都随之发生了重大变化，许多新的茶叶电商商业模式将陆续涌现。

（四）产品创新赢得市场

当前，中国茶行业同质化现象严重。未来，通过细分消费群体和市场，深层次地了解不同消费者的行为特征和需求，并围绕这些来设计产品和创新产品的茶企将赢得消费者青睐，获得稳定的市场份额。

四、政策建议

（一）控制茶园面积过快增长

建议国家有关部门尤其是农业主管部门要因地制宜，做好行业发展规划，制定政策适度控制茶叶种植面积，加快农村城镇化建设和农业产业结构化调整，适度控制茶叶种植面积，鼓励通过栽培、管理技术来提高单位面积茶叶的产量和经济效益。同时，应加大对农业生产资料的扶持力度，建立农资价格监控体系，同时政府和行业协会应积极主动拓宽茶产品流通渠道，并建立完整的茶叶价格信息体系和透明的市场价格体系。

（二）支持茶业科技创新

建议国家科技创新及农业部门着重扶持茶树品种、茶园建设、安全生产、茶叶加工、茶叶机械、茶叶深加工、产品功能化、茶与相关产业等新技术的研发与推广应用。同时，协调构筑茶学科学术交流高地，既要茶学科内交流促进，也要茶学科外与其他学科交流；既要茶学科国内交流，也要茶学科国际交流平台，特别是要构筑茶科技的国际联合实验室，提升茶叶技术的国际化一流水平。

（三）建立健全茶叶质量安全体系

建议由农业部门牵头健全从茶叶种植至加工的全过程质量安全控制体系。组织开展病虫害监测，加强相关职能部门的信息沟通，及时向茶叶种植的茶农发布警示信息，指导茶农提前应对；加强对茶叶生产加工过程质量安全管理人员培训，确保从源头种植户直到产销企业管理者都强化茶叶安全卫生意识，确保茶叶质量安全。建立茶叶质量安全示范区建设，鼓励茶农开展农业合作，不但可以使资源的利用率最大化，还能提高抗风险能力，通过示范区建设促进茶叶的规模化、集约化生产。加大政府部门联合监管力度，坚决打击劣质产品，维护市场秩序，避免损害中国茶叶的声誉。

中国茶叶流通协会

淀粉加工业

淀粉加工是农产品加工的重要方面，发展淀粉加工业对推进农业产业化、发展现代农业、促进粮食增产、拉动内需、带动农民增收和改善城乡居民生活具有重要意义。2019 年，全行业产能扩张接近尾声，在国内外经营环境复杂多变的条件下寻求变革与发展，淀粉加工业整体运行情况保持平稳。

一、行业概况

（一）主要经济指标

1. 总产量

2019 年，淀粉加工业继续保持快速、平稳发展。据中国淀粉工业协会年报统计，全国各类淀粉总产量为 3216.63 万 t，同比增长 6.89%；淀粉深加工产品总产量为 1737.27 万 t，同比增长 6.41%（图 1）。

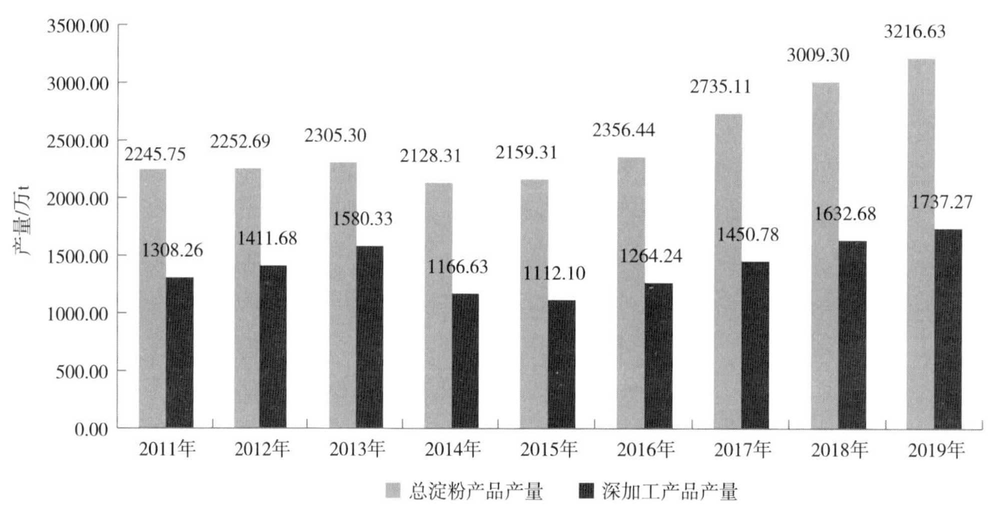

图 1　2011—2019 年中国淀粉及深加工产品产量示意图

数据来源：中国淀粉工业协会。

淀粉产品中，玉米淀粉产量 3097.43 万 t，同比增长 10.04%，产量占淀粉总产量的 96.29%；马铃薯淀粉、木薯淀粉、甘薯淀粉及小麦淀粉等产量分别为 45.49 万 t、20.27 万 t、22.85 万 t 和 30.58 万 t，产量同比均有所下降。

深加工产品中，淀粉糖产量 1435.46 万 t，同比增长 5.97%，产量占深加工产品总产量的 82.63%；变性淀粉产量 175.78 万 t，同比增长 5.98%；糖醇产量 126.02 万 t，同比增长 12.35%（表 1）。

表 1　2019 年淀粉及深加工主要产品产量

类别	产量/万 t	同比增长/%
玉米淀粉	3097.43	10.04
马铃薯淀粉	20.27	-22.85
木薯淀粉	45.49	-23.15
甘薯淀粉	22.85	-10.64
小麦淀粉及其他	30.58	-63.31
淀粉产品合计	3216.63	6.89
淀粉糖	1435.46	5.97
其中：F42 果糖	68.81	-5.97
F55 果糖	420.81	11.61
麦芽糊精	87.72	1.74
结晶糖	450.70	10.82
变性淀粉	175.78	5.98
糖醇	126.02	12.35
其中：山梨醇（70%）	90.34	14.41
深加工产品合计	1737.27	6.41

数据来源：中国淀粉工业协会。

2. 出口量

2019 年我国淀粉产品出口贸易量保持增长。在出口退税政策鼓励下，国内玉米淀粉出口继续放量，2019 年出口量增长至 70.41 万 t，同比增长 35.66%；淀粉类产品出口总量约 76.05 万 t，同比增长 34.82%。

2019 年我国淀粉深加工产品出口量为 176.11 万 t，同比持平。其中，淀粉糖出口量 152.72 万 t，同比持平；糖醇及变性淀粉出口量分别增长 2.18% 和减少 2.07%。

（二）行业发展分析

1. 价格

（1）玉米淀粉　2019 年，玉米淀粉价格仍以玉米成本定价为主，受非洲猪瘟影响，全国玉米价格疲软无力，玉米淀粉价格波动平缓。2019 年产区玉米淀粉平均价格 2437 元/t，销区价格在 2624 元/t 左右，与 2018 年基本持平。

从生产区域的价格来看，华北黄淮地区 2019 年玉米淀粉平均价格 2439 元/t，同比持平；西北依然是三大主产区内最高价格，平均价格为 2561 元/t，比 2018 年减少 25 元/t，同比略降 1%；东北地区玉米淀粉平均价格 2312 元/t，同比持平（图 2）。

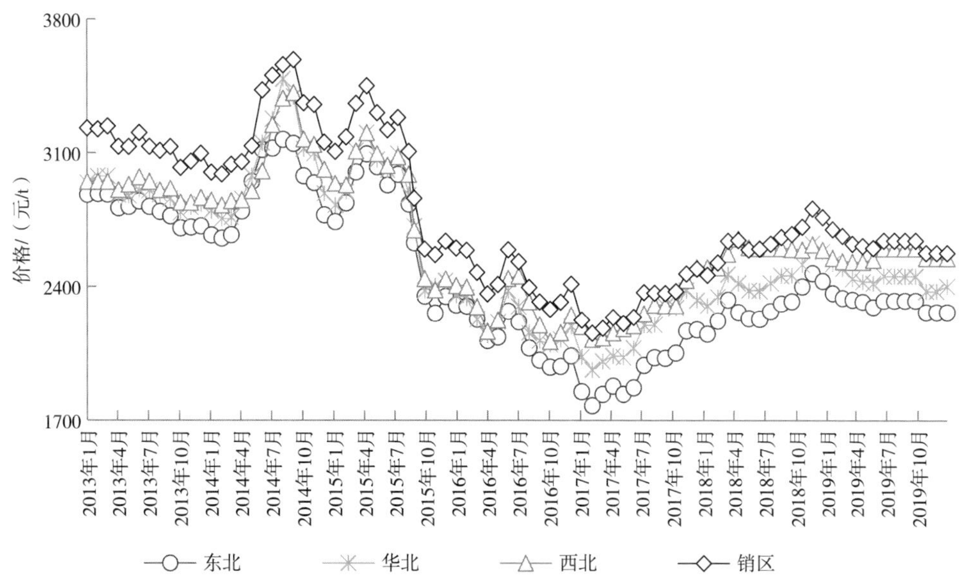

图 2　2013—2019 年中国主要区域玉米淀粉平均价格

数据来源：中国淀粉工业协会。

（2）淀粉糖　2019 年淀粉糖产品价格整体平稳。其中，果葡糖浆全年整体价格走势相对平稳，即使进入 7、8 月的消费旺季，价格也没出现明显反弹，仅仅是持稳，主要是因为 2019 年市场需求情况不佳，零售终端比较低迷，加之市场供大于求较重，价格上涨乏力，全年价格稳定在 2690 元/t 左右；麦芽糖浆价格在 2270～2340 元/t 区间震荡波动，没有出现明显高点，主要是受终端下游需求没有明显带动影响，加之部分新投产企业加入瓜分市场，导致价格难有较大增幅；麦芽糊精价格呈下滑趋势，主要是因为整体需求低迷，价格由年初的 3767 元/t 降至年底的 3550 元/t（图 3）。

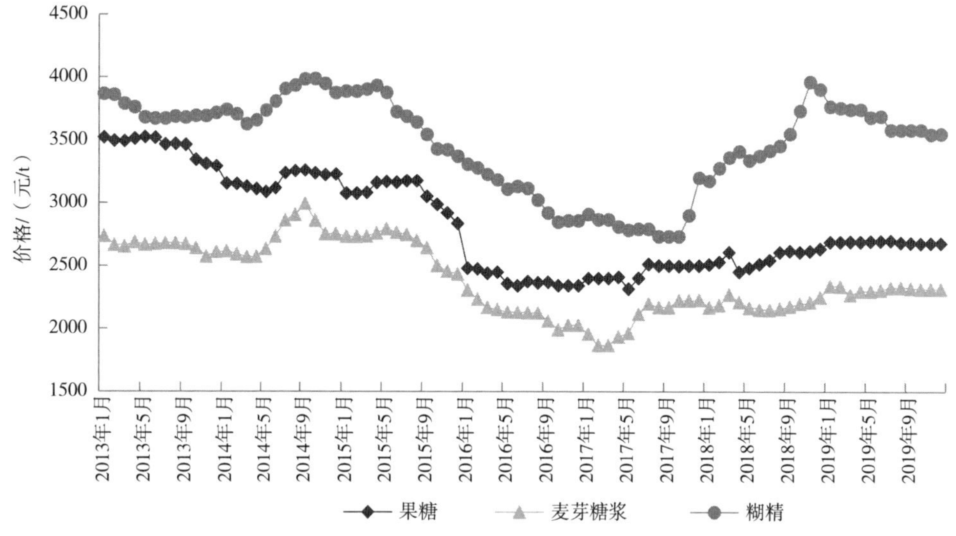

图 3　2013—2019 年中国淀粉糖主要产品价格走势

数据来源：中国淀粉工业协会。

（3）其他淀粉及深加工产品　其他淀粉品种价格变化特点各异。2019 年马铃薯淀粉市场价格呈现强势上扬走势，一级粉市场价格从年初的 5900 元/t 上涨至年末的 7000 元/t，涨幅达到 18.64%。

2019 年国产木薯淀粉价格震荡回落，主要是下游需求尚未明显增加，贸易商库存压力变大，为回笼资金，不得不倒挂进行销售。2019 年国产木薯淀粉价格由年初的 4200 元/t 降至年底的 3800 元/t。进口木薯淀粉价格因国内需求不旺而波动下滑，由年初的 530 美元/t 降至年底的 415 美元/t。

甘薯淀粉由于原料成本逐年增加、环保压力加大，价格小幅上涨。2019 年甘薯淀粉平均出厂价格 7650 元/t，同比增长 1.59%。

其他深加工产品：变性淀粉因产品类别、规格、用途及品质不同，价格差异较为明显。据中国淀粉工业协会年报统计，2019 年变性淀粉销售价格在 3000～11000 元/t 不等，平均销售价格约 5601 元/t，比上年减少 2.31%。糖醇价格增减各异，其中，山梨醇销售价格在 2650～3500 元/t，均价减少 160 元/t 左右；甘露醇价格在 16000～19000 元/t，均价同比上涨约 900 元/t；木糖醇价格在 23000～28000 元/t，均价降低 2300 元/t 左右。

2. 市场

（1）玉米淀粉　2019 年玉米深加工产能逐渐释放，行业竞争加剧，玉米淀粉加工效益有所减少。2019 年我国主产区玉米淀粉企业的平均加工效益为 56 元/t，比上年的 90 元/t 减少 34 元/t。2019 年，我国玉米淀粉行业平均开工水平在 68% 左右，玉米淀粉产量达到 3097.43 万 t，较上年增加 10.04%。

消费方面，2019 年受中美贸易摩擦及非洲猪瘟影响，淀粉及深加工产品国内消费及出口贸易均受到不同程度抑制。就消费去向而言，淀粉糖是玉米淀粉最主要的消费去向，约占玉米淀粉消费总量的 55%，其后依次是造纸约占 12%，食品加工约占 8%，啤酒约占 6%，医药、变性淀粉、化工各占 5% 左右，面粉、饲料及其他分别占 1%。

（2）淀粉糖　随着投资扩产接近尾声，国内淀粉糖产量增幅有所回落，2019 年淀粉糖产量 1435.46 万 t，同比增长 5.97%。消费方面，2019 年国内食糖价格前低后高，食糖与淀粉糖的年均价差约 2800 元/t，较 2018 年减少约 200 元/t（图 4）；价差缩减的同时，终端对含糖食品需求处于疲软状态，淀粉糖整体的需求由高速增长进入缓慢增长期。

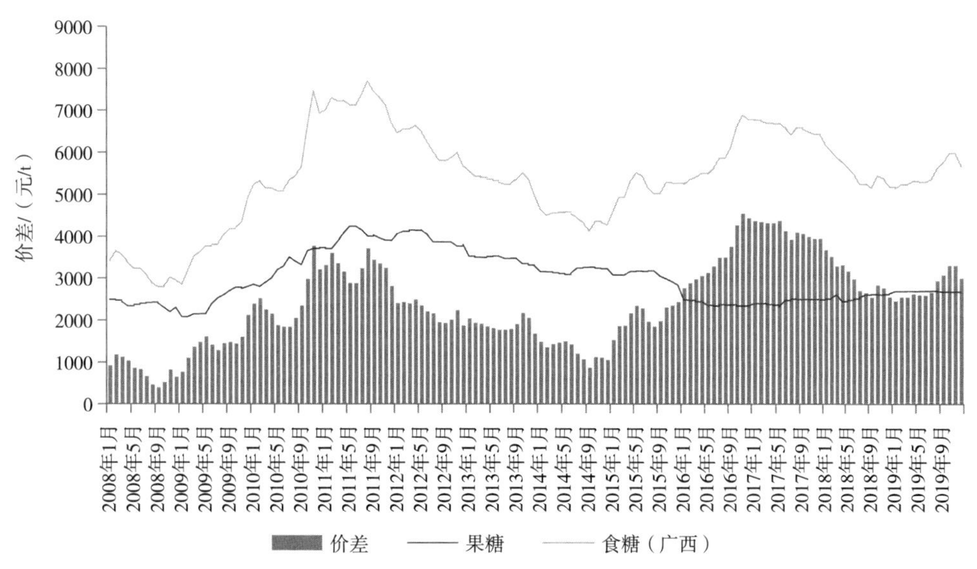

图 4　2008—2019 年中国果糖与食糖（广西）价差走势

数据来源：中国淀粉工业协会。

（3）其他淀粉及深加工产品

马铃薯淀粉：因几年前商品薯供大于求导致种植收益下滑，加之马铃薯种植地区受其他作物高补贴政策影响，马铃薯的种植面积出现萎缩，用于深加工的马铃薯供应进一步减少。2019 年我国马铃薯淀粉产量大幅减少 23.15% 至 45.49 万 t。消费方面，下游需求没有明显的变化。

木薯淀粉：由于木薯种植面积不断萎缩，使得国内原料供应不断减少，近年来国内木薯淀粉产量持续下降。2019 年国产木薯淀粉产量 20.27 万 t，同比减少 22.85%。与此同时，国内对优质木薯淀粉的需求量保持波动增长态势。我国木薯淀粉存在巨大的供应缺口，进口量逐年增加，2019 年进口木薯淀粉 237.55 万 t，同比增长 18.25%，对外依存度提升至 92%。进口木薯淀粉及玉米淀粉等逐渐挤压国产木薯淀粉市场，企业数量逐渐减少，国内木薯淀粉产业逐渐萎缩。

甘薯淀粉：因原料成本较高，玉米淀粉、木薯淀粉、小麦淀粉等替代品凭借价格优势抢占甘薯淀粉市场，导致甘薯淀粉消费增长动力偏弱。随着新环保法实施的逐步深入，环保执法力度加强，甘薯深加工企业污水排放量大，是环保执法监控的重点行业，特别是缺乏环保处理设备的作坊式淀粉加工厂家是国家重点整治产业。2019 年甘薯淀粉加工厂家开机率处于低位，甘薯淀粉市场供应略有减少，产量 22.85 万 t，同比减少 10.64%，下游需求稳定，价格小幅上涨。

变性淀粉：变性淀粉产量受原料、环保等条件限制波动变化。2019 年变性淀粉产量为 175.78 万 t，同比增长 5.98%。变性淀粉的需求量整体上呈现增长的趋势，近七年的复合增长率约 3%。我国变性淀粉品种开发落后于欧美发达国家，在高端产品和下游多领域应用开发仍有不足，限制对国产变性淀粉的消费。

糖醇产业：糖醇产业保持稳定增长，2019 年全国糖醇总产量为 126.02 万 t，比上年增长 12.35%。从生产来看，我国糖醇产品规模和技术已经达到世界领先水平，其中木糖醇、山梨醇产量为世界第一，合成法甘露醇产量也位于世界前列，众多产品进入国际市场，成为糖醇生产大国。而目前在国内应用的糖醇产品仍然是以功能性为主的小产品，随着人们生活水平的提高，对健康食品以及功能性食品需求的增长，我国糖醇的发展有着广阔的市场空间。

3. 投资

2019 年国内玉米深加工行业新增产能增幅缩减，主要是前期新增的产能逐步落地并投产，短期内玉米深加工产能激增，增加了行业的竞争强度。据不完全统计，2019 年我国新建、扩建玉米深加工产能约 740 万 t，比上年减少 483 万 t，其中玉米淀粉及淀粉糖新建、扩建玉米加工产能总计约 460 万 t，约占新增产能的 62%。从地域分布情况来看，东北地区仍然是玉米淀粉及深加工投资重点区域。2019 年东北三省新增玉米淀粉及淀粉糖加工产能约 360 万 t，占总量的 78%；其中黑龙江省新增产能高达 280 万 t，占总量的 61%。另一省份山东新增产能占总量的 22%（图 5）。从加工产品看，淀粉深加工产品成为主要的扩产、新增项目。

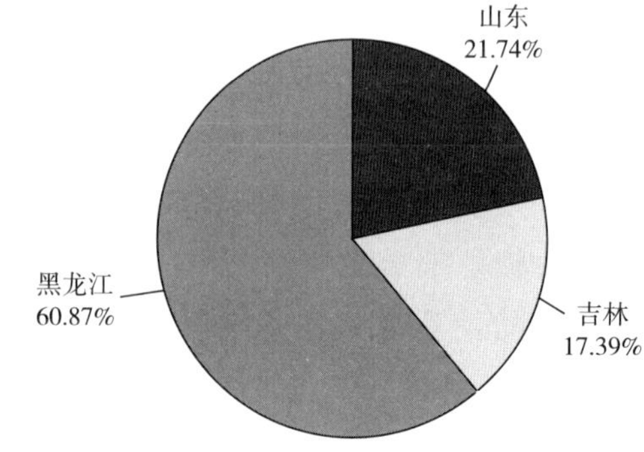

图 5　2019 年中国分区域新增玉米淀粉及深加工产能

说明：数据截至 2018 年年底已建成或投产的玉米深加工项目，为不完全统计。

数据来源：中国淀粉工业协会。

4. 区域分布

玉米淀粉是我国最主要的淀粉品种，其产量占淀粉总产量的 95% 以上。玉米淀粉生产主要集中在山东、河北、黑龙江和吉林等玉米种植区，这四个省份产量占全国总产量的 84%（2019 年，如图 6 所示）。山东是玉米淀粉生产大省，2019 年产量 1496.21 万 t，占全国总产量的 48.30%。值得注意的是，黑龙江新增产能逐步落地投产，玉米淀粉产量大幅增长，2019 年黑龙江玉米淀粉产量同比增长 43.03%，达 335.66 万 t，占总产量的 10.84%，同比上涨 2.5 个百分点。

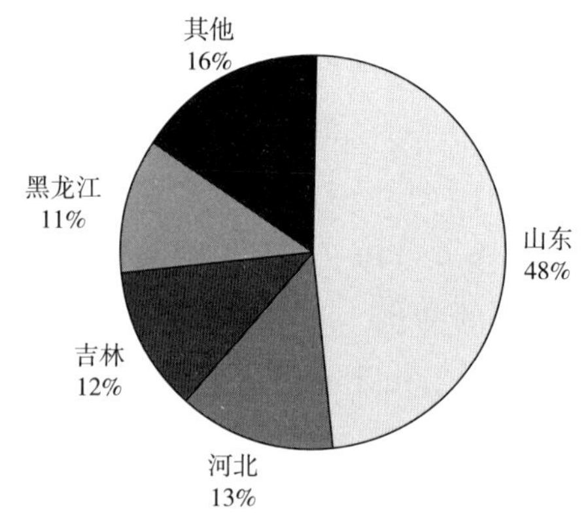

图 6　2019 年中国玉米淀粉产区分布

数据来源：中国淀粉工业协会。

淀粉深加工生产主要集中在山东、广东、河北、吉林、上海等省市，这五省市淀粉深加工产品产量占总产量的 81.02%；其中山东深加工产品产量占比最大，约占总产量的 43.32%（图 7），与 2018 年同比持平。

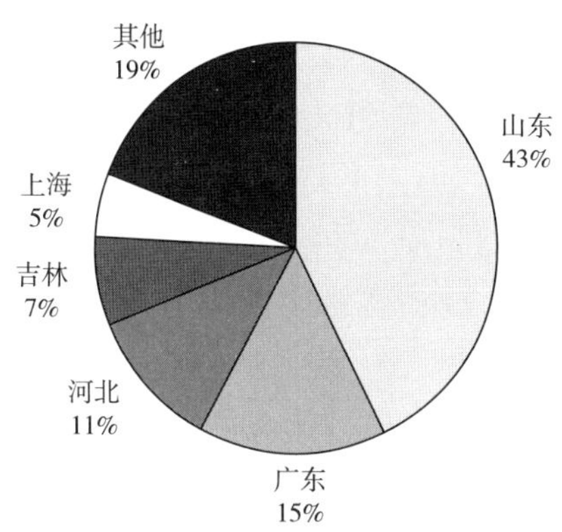

图 7　2019 年中国淀粉深加工产品产区分布

数据来源：中国淀粉工业协会。

5. 行业集中度

随着产业结构的调整，行业的不断变化，淀粉及深加工行业逐步淘汰落后产能，产业集中度普遍提高。2019 年，玉米淀粉加工行业产量 10 万 t 以上的企业（集团）数量 41 家，比上年增加 3 家，合计产量 3048.77 万 t，占全国玉米淀粉总产量的 98.46%；产量 100 万 t 以上的企业（集团）数量 9 家，比上年增加 1 家，合计产量 1667.65 万 t，占全国总产量的 53.85%。变性淀粉行业，产量 2 万 t 以上企业数量 24 家，同比增加 1 家，合计产量 156.50 万 t，占全国总产量的 89.03%。淀粉糖行业，产量 10 万 t 以上企业数量 26 家，合计产量 1362.21 万 t，占全国总产量的 97.44%；糖醇行业，年产 10 万 t 以上企业 4 家，占全国总产量的 73.74%。

6. 进出口

（1）玉米淀粉　我国是玉米淀粉的净出口国。我国玉米淀粉进口量较少，且多为一些具有特殊用途的玉米淀粉，主要因为国外玉米淀粉商品化率较低，多直接作为原料进一步深加工。2019 年我国进口玉米淀粉 3050.31t，比 2018 年小幅增长 524.39t。出口方面，2019 年我国玉米淀粉出口量为 70.41 万 t，比 2018 年增加 18.50 万 t，虽然增幅较 2017—2018 年有所缩减，但仍保持 35.64%的增长，出口量达到近十年来的新高。出口量的稳步增长主要是因为东南亚木薯产量连续两年下降，玉米淀粉需求增加，加之我国出口退税等利好政策刺激拉动出口贸易。2019 年出口平均价格为 347.47 美元/t，比 2018 年的 362.53 美元/t 减少 4.15%。

（2）马铃薯淀粉　商务部公告 2019 年第 4 号公布，自 2019 年 2 月 6 日起，对原产于欧盟的进口马铃薯淀粉继续征收反倾销税，实施期限为 5 年，结合 2017 年的反补贴税政策，有效降低了欧盟低价马铃薯淀粉倾销的影响，控制了马铃薯淀粉的进口数量。2019 年马铃薯淀粉进口量为 3.09 万 t，比 2018 年减少 1.78 万 t，减幅达 36.55%；进口平均价格为 1016.62 美元/t，比 2018 年的 842.13 美元/t 上涨 20.72%。2019 年马铃薯淀粉出口量 6110.54t。

（3）木薯淀粉　我国是木薯淀粉净进口国，木薯淀粉也是我国贸易量最大的淀粉品种，且进口量呈持续增长趋势。其原因，一方面我国木薯种植面积持续萎缩，难以满足国内市场需求；另一方面，自 2010 年起中国-东盟自由贸易区全面启动，木薯淀粉实行零关税，促使进口量持续增长。2019 年木薯淀粉进口量为 237.55 万 t，比 2018 年增长 18.25%，主要是因为进口单价较 2018 年有所回落，2019 年进口平均价格为 434.072 美元/t，比 2018 年的 466.32 美元/t 下降 6.92%。

（4）淀粉糖　2019 年淀粉糖产品出口总量 152.72 万 t，与上年持平。其中，果糖出口 22.96 万 t，同比减少 24.06%，主要受东南亚国家提高进口果糖税率的影响；葡萄糖出口79.59万t，同比增长7.05%；其他固体糖出口量49.26万t，同比增长5.64%。进口方面，淀粉糖进口总量17.83万t，同比激增5.4倍，主要是因为其他固体糖进口量大幅增长。

（5）变性淀粉　我国是变性淀粉净进口国，主要是从欧美等国家和地区进口高档变性淀粉以及从泰国、越南进口低价变性淀粉。2019年变性淀粉进口量46.17万t，同比增长9.96%；进口单价915.59美元/t，同比降低4.05%。2019年变性淀粉出口量9.26万t，同比减少2.10%；出口单价883.47美元/t，同比增长3.28%。

（6）糖醇　2018年2月1日起，国家质检总局取消涉及食品添加剂的90个海关商品监管条件，检验检疫部门不再实施出境检验检疫，其中包括木糖醇和甘露糖醇。此项措施加快了企业出口报关速度，降低了相关费用，利于糖醇企业相关产品出口。2019年糖醇类产品出口总量保持小幅增长至14.13万t，同比增长2.18%。其中，山梨醇出口量8.91万t，同比增长7.47%；木糖醇和甘露醇出口量分别为4.39万t和8252t，同比分别减少5.13%和8.82%。糖醇类进口总量达1769t，比2018年减少37.22%。

7.“三品”战略实施情况

（1）增品种　企业通过不断的研发投入与技术攻关，开发高端及新型产品，打破国际企业的垄断，丰富产品线，延展产业链条，提高利润水平。

中粮生物科技股份有限公司打破多项国际垄断技术，开发新型产品。其中包括酸奶专用系列变性淀粉和复配型酸奶增稠稳定剂，有效起到体系增稠稳定和口感改善效果，打破国外厂商对酸奶专用变性淀粉的垄断。2019年公司攻克D-阿洛酮糖新型功能性单糖生产的关键技术瓶颈，成功打通该产品全套生产工艺，开发出各种规格的阿洛酮糖液体和晶体制品。

山东寿光巨能金玉米开发有限公司积极开展延链补链研究，在现有产品品种的基础上，重点研发了生物质热塑复合材料、乳酸、丙交酯、聚乳酸、生物基尼龙56盐等新材料，生产并投放市场。同时公司根据客户需求开展产品研发，实现“客户定制”，如啤酒专用淀粉、造纸专用淀粉、粉丝专用淀粉等。

（2）提品质　在产品质量上，淀粉行业通过技术升级和装备工艺提升促进产品质量的提升。

技术升级方面，中粮生物科技股份有限公司联合江南大学食品科学与技术国家重点实验室，全球首创一种高品质麦芽糊精生物酶法改性技术，显著提升了添加麦芽糊精产品的外观、口感、色泽等品质，可应用到婴幼儿配方乳粉、脂肪替代品等高端市场中。

装备和工艺制造方面，2019年马铃薯淀粉行业生产设备装备水平及工艺技术水平有了进一步提高，特别是甘肃、宁夏地区，企业的马铃薯淀粉生产加工能力在不断扩充，生产能力大都在1万t以上，小企业在环保政策的影响下逐步淘汰，行业集中度在不断提高，企业设备的升级为质量水平的提升奠定了基础。

（3）创品牌　企业始终重视品牌建设，将创品牌融入生产、管理、服务的每一个环节，在产品营销上从单一只卖产品转变成为客户提供一系列解决方案，打造优质品牌。

2019年，诸城兴贸玉米开发有限公司“兴贸”牌玉米淀粉被山东省质量评价协会认定为“2019年度山东优质品牌产品”。公司持续加大品牌推广工作，经专家评审、技术机构测算、中国品牌建设促进会审定，公司品牌强度为872，品牌价值为25.01亿元。

马铃薯淀粉行业品牌优势明显，逐步形成高中端品牌，如华欧、北大荒、威思顿、蓝天的福景堂、云淀等中国马铃薯淀粉行业龙头企业名优品牌在高端市场占有率较高。其中，内蒙古华欧淀粉公司2019年12月被中国商业联合会评为AAA级信用企业，被《市场观察》杂志社评为“2019年中国市场十大高质量品牌”“2019中国市场影响力年度品牌”。马铃薯淀粉区域性品牌也不断涌现，如东北产区的家良淀粉，华北产区的泓辉淀粉、鑫华淀粉、科鑫源淀粉，西北产区的利华淀粉、华尔晶淀粉、宏达淀粉。

8. 绿色制造、智能制造

（1）绿色制造　行业标准引领发展方向。为提高资源的综合利用率，加快开发和推广马铃薯加工副产物综合利用技术，加快绿色环保、资源循环利用等先进实用技术和装备的研发和推广，中国淀粉工业协会与中国轻工业清洁生产中心共同编制了《马铃薯淀粉工业有机肥水农田利用技术规范》（T/SIACN 01-2018）团体标准（以下简称《技术规范》）。为进一步提高《技术规范》的可操作性，2019年中国淀粉工业协会与中国轻工业清洁生产中心联合行业内10家主要骨干企业编制了《马铃薯蛋白粉提取操作技术规范》及《马铃薯蛋白粉产品标准》，两项标准在2019年8月18日正式发布，对全行业起到了重要的引领作用。

象屿生化集团重视绿色工厂管理制度化建设，工厂按生态设计理念考虑产品生命周期全过程的环境影响，限制有害材料物质的使用，节约材料，节约能源。公司从源头掌控农药残留、重金属、转基因等指标，实现绿色生产，通过运行IP管理体系，打造产品质量可追溯采购体系。同时公司致力于绿色生产与发展循环经济并举，对生产过程中产生的废水、废热进行回收，将生产中产生的废渣出售给下游饲料厂家进行后续利用，污水处理产生的沼气进入电厂掺烧发电，有效降低了能源、资源消耗，减少了污染物的排放，达到了节能、降耗、减污、增效的目的。

（2）智能制造　迈安德集团推动制造业转型升级，推进“工业化和信息化”融合，积极打造智能工厂。智能化工厂是管理智能、服务智能、装备智能等各方面智能的融合体，是通过管理信息化与设备自动化的深度融合，利用各种传感器、智能控制系统、工业机器人、自动化生产线，构建起设计制造一体化、管理智能化、数据信息化、控制自动化的智能制造体系。以迈安德设计安装的600t/d的玉米淀粉工厂为例，只需要10个左右的工人就能使整套设备运行起来，运行过程中工厂出现的任何故障电脑都能迅速定位排查，进行维修。

9. 包装与装备

（1）包装　企业通过多种途径降低产品对石油基外包装的依赖。目前，行业生产的淀粉、淀粉糖、发酵制品等产品的传统包装材料均为石油基来源，在给人们带来便利的同时，也给环境带来了诸多负担，“白色污染”正在成为一个日趋严重的问题。在绿色环保发展的理念日渐深入人心之际，中粮生物科技股份有限公司通过产品外包装逐渐实现循环化使用、无包装运输、可降解生物基包装材料三大措施极力降低其产品外包装的消耗，取得良好效果。

（2）装备　企业致力于打造高品质机械产品和系统解决方案。在淀粉加工领域，上海兆光生物工程设计研究院引领着我国淀粉糖技术走向世界前列。液化蒸发一体化技术及装置将液化与蒸发浓缩系统一体化设计，大大降低了制糖的蒸汽消耗；模拟移动床色谱分离技术及设备，采用国际最先进的顺序式模拟移动床工艺，极大地促进了我国淀粉糖工业的发展，打破了国外色谱设备的高价垄断；满式床模拟移动床连续离交技术是目前国际上最先进的脱盐净化设备，该技术已在数十个大型淀粉糖项目中使用，效果显著；

兆光膜过滤系统应用于酶法制糖工业过程中去除蛋白质、纤维素、脂肪、胶体物质等杂质，提高了产品品质，降低了活性炭用量，提高了副产品收率。

企业利用智能装备降本增效。2019 年明阳生化第一台自动化智能码垛机器手运行上线，采用自动输送线和自动码包机器人替代人工搬运和人工码垛工作。机器手利用先进的在线控制技术、控制系统以及完整的配套输送线等优势，有效避免了甩包、破包、滑垛等问题，从根本上消除了工人职业病潜在的风险，且能有效减轻劳动强度、降低人工成本、提高工作效率，包装码垛工人需求量从 5 人减少至 2 人，每天产量从 90t 提升至 105t。

10. 发展新亮点与新增长点

（1）生物基材料进入高速增长期　以淀粉为原料的聚乳酸（PLA）可替代传统高分子材料，广泛应用于注塑、薄膜、片材和纤维等领域，得到了越来越多的关注。2019 年聚乳酸作为产业化发展最快的生物降解材料进入高速增长期，体现在聚乳酸价格屡创新高、产品一货难求，在建项目纷至沓来。随着下游制品需求量的“井喷”式增长，聚乳酸价格一路水涨船高，进入 2019 年下半年以来价格迅速起高且不断上涨，由之前的 18000~19000 元/t 上涨至 28000~29000 元/t，涨幅近 60%，且各个规格产品均呈供不应求趋势，这也进一步激发了相关生产企业新建项目的热情。2019 年中国聚乳酸项目建设火热，规划产能已达百万吨。

（2）产学研协同技术创新　在行业整体供大于求、竞争日趋激烈的态势下，通过技术创新获得核心竞争力，避免同质化竞争，获得差异化竞争优势，从供给侧实现转型升级已成为绝大多数企业的共识，为此行业龙头和骨干企业不断加码对研发的投入力度，并积极寻求高校和研究院等科研单位共同开展技术研发。2019 年，中粮生物科技股份有限公司研发投入近亿元，整合下属 4 家国家级研发中心建立技术研发创新中心，与国内多个知名科研院所及院士团队达成战略合作协议，针对聚乳酸材料改性及下游制品开发等多个产业前沿和热点项目进行合作，借助外部力量，更好实现企业创新发展。

（3）向国际市场寻求新增长　抓住市场契机，秦皇岛骊骅淀粉公司出口业务突飞猛进。公司专门成立高端客户开发部，专业从事国际跨国公司的业务开发与服务，不断增进与高端客户的战略合作伙伴关系，极大地促进了出口业务的开展。公司抓住人民币贬值契机，利用中国产品在国际市场上的价格优势，加大了日本、澳大利亚、印度尼西亚、越南等优势市场的开发力度，提高公司产品的出口份额，并积极抢占高端市场，不断进行产品提档升级，满足客户差异化需求，提高了骊骅产品的国际竞争力。2018 年公司出口额从 1 亿美元猛增到 1.285 亿美元；2019 年完成出口额 1.46 亿美元，同比增长 5.8%。

二、行业面临的问题

（一）政策与市场

1. 产能结构性过剩，行业利润缩减

据不完全统计，2017—2019 年玉米淀粉新增产能达 950 万 t，淀粉糖类新增产能 445 万 t，分别占 2019 年产量的 30% 和 33%。进入 2019 年，玉米深加工行业形势突变，产能过剩和原料供应紧张问题逐渐显现，行业运行面临着原料价格上涨和产品竞争加剧的双重风险，成本及库存压力回升，开工率与效益同比出现了不同程度的下滑，行业普遍存在中小企业低效产能，微利维持，产能结构性过剩明显。需求潜力释放制约较多，经济面临进一步下行压力，行业利润缩减，可能面临新一轮的整合。

2. 农产品收购的税务问题加重企业负担

淀粉及淀粉深加工产业是以农产品为主

要加工原料，但我国特有的自给自足的小农经济导致农民用于交售的农产品数量有限，且农民自己往工厂交售农产品有诸多不便；现有的农产品加工企业大都实现了现代化、规模化生产，每天加工数千吨至数万吨的农产品，单纯依靠小农经济零散交售农产品，根本无法满足现代化生产和现代化物流的需求。根据《中华人民共和国增值税暂行条例》及其《实施细则》规定，仅农业生产者自产自销的农产品才可免税，否则不允许企业抵扣进项税；同时对销售者要求一户一证、一车一票，并有数量限制，否则要征收流通环节的增值税。这些政策严重影响到企业的正常经营，加重企业的负担，造成农产品加工企业税负的不公平，已客观地反映出税收政策与市场经济发展不相适应的矛盾。

3. “薯类淀粉”认定初加工享受优惠政策的限制性条件不合理

根据财税 2008 第 149 号财政部国家税务总局《关于发布享受企业所得税优惠政策的农产品初加工范围（试行）的通知》及财税 2011 第 26 号财政部国家税务总局《关于发布享受企业所得税优惠政策的农产品初加工范围的补充通知》，我国将薯类初加工列入了农产品初加工目录，并享受企业所得税减免税收优惠政策，但附加了“薯类淀粉生产企业需达到国家环保标准且年产量在一万吨以上”的限制性条件。在实际生产中发现，此限制条件存在诸多不合理因素。第一，农产品初加工受气候、原料供应、资金、市场等多种因素影响，产量不能稳定，如马铃薯淀粉的大型加工企业，因自然灾害严重（干旱、冻灾、晚疫病）造成原料短缺，实际产量均不足万吨，产业受到灾害影响反而无法使用政策，增加了企业税负；第二，初加工产品范围的认定应该是由农产品的加工工艺、产品性质决定，不应由加工企业产量的大小决定；第三，因农产品企业靠天吃饭，产量无法稳定，也给税务部门实际执行造成困难。

4. 玉米淀粉未列入农产品初加工目录，无法享受同等税收优惠政策

玉米淀粉加工是将玉米浸泡后，经过破碎、分离、洗涤、脱水、烘干制成玉米淀粉、玉米蛋白粉、玉米胚芽、玉米纤维等产品，整个生产过程是简单的物理加工过程，与其他粮食加工产品有相似之处，属于初级农产品加工范畴。在财税〔2011〕26 号《关于享受企业所得税优惠的农产品初加工有关范围的补充通知》中，本应将全部淀粉产品列入农产品初加工范围内，但因当时玉米加工正处于宏观调控之中，除玉米淀粉外，薯类淀粉均被列入农产品初加工目录。如今，在国家放开玉米加工行业限制，大力支持玉米加工行业发展的大环境下，应将玉米淀粉产品列入农产品初加工目录，与其他产品一样享受同等的相关优惠政策。

（二）科技创新

虽然我国淀粉及深加工产业投资不断增加、规模不断扩大，但仍未改变产业大而不强的局面；相关产品产量不断增长，出口规模不断扩大，却仍然以提供初级加工产品为主，即便是出口产品也仅是为国外企业精深加工提供低附加值的原料。

淀粉产品中，除玉米淀粉深加工比例在70%左右，其他薯类淀粉仍以初加工为主，产业链短、技术滞后。小品种淀粉存在研发和科技投入不足、生产自动化程度低、加工工艺落后、能耗大、产品提取率低、环保措施不到位等问题。发展较为成熟的玉米淀粉及深加工产业也存在核心技术和关键设备依赖进口的情况。主要原因是企业的自主创新能力较弱，大中型淀粉加工企业研发经费投入较少，不能自主研发新产品；科技成果转化率低，跟不上产业发展速度；对新产品、新技术、新材料、新装备的重视程度不够。

三、发展趋势

（一）产能结构性过剩凸显，行业进入加速洗牌期

随着新增产能超过市场需求的增长空间，行业利润逐步缩减，在外部经营环境复杂多变等形势下，淀粉深加工行业将进入加速洗牌期，行业整合、淘汰落后产能及落后经营模式势在必行。从企业规模来看，将淘汰一批中小规模企业（如30万t/年以下），而大型企业集团数量、单厂规模超过300万t的企业数量将增加，超1000万t级现代化企业集团将成为行业的中坚力量。

（二）延伸下游，布局全产业链将成为常态

行业内新建或筹备新建产能逐渐向下游配置，以单一布局生产淀粉的企业将逐步退出历史舞台，未来传统的淀粉产品将只占龙头企业全产品链的小部分，取而代之的是全产业链模式，越来越多的企业重视下游深加工产品的开发与生产，企业产品逐渐向类型更为丰富、附加值更高的精深加工类产品发展。

（三）多元化及定制化服务成为增长点

为应对行业产能过剩、同质化竞争加剧等形势，企业逐步致力于关注目标客户和行业发展需求，根据自身情况进行产品提档升级，满足客户差异化需求，提升客户体验，在行业内形成企业特色的差异化产品创新能力与客户特殊产品定制能力，提高企业的市场竞争力。通过开发下游需求的多元化寻求新的增长突破口。

（四）环保治理为行业可持续发展提供动力

环保治理已成为行业发展的头等大事，环保治理是企业生存和发展的必要条件。环保政策趋于常态化、严格化、精细化，对淀粉及深加工企业的经营水平提出了更高的要求。通过环保治理整顿企业生产秩序、促进企业提升生产工艺、改善企业生产环境，为行业健康、可持续发展提供动力。

四、政策建议

（一）新形势下与时俱进，调整加工企业农产品收购税收政策

认真研究新时代、新形势下加工企业的农产品收购政策，从政策上放开和鼓励农产品收购中间环节的生存和发展，与时俱进，调整已过时的、不适应市场经济和现代化加工企业运营的相关政策规定。

（二）完善产业政策，去除仅对薯类淀粉规定的产量限制

农产品加工业直接联系着三农和扶贫产业，亟须稳定的、科学的产业政策扶持。建议完善产业政策，去除对薯类淀粉初加工认定条件中关于产量的限制，以切实保证惠企惠农政策的落实。

（三）将玉米淀粉列入农产品初加工目录

基于玉米淀粉产品特性和生产过程，建议将玉米淀粉加工产品列入农产品初加工目录，享受与其他初加工企业相同的减、免、退税政策，从而促进玉米淀粉加工业的稳定发展。

（四）重点扶持规模企业，引领产业转型升级

在资金和政策上重点扶持现代化规模企业，树立典型企业标杆，鼓励企业在新产品、新技术、新材料、新装备等方面研发投入，尤其是在绿色制造和智能制造等薄弱环节，鼓励加工企业不断增强自身的技术创新能力，提高产品科技含量，降低产品能耗，减少污染物排放，实现行业绿色可持续发展；对带动力大、有突出贡献的企业进行投资补贴，增强企业的科研开发力量，促进其技术改造，带动全行业的转型升级。

中国淀粉工业协会

植物油行业

植物油行业是指将植物中所含有的油脂经过加工提炼加工成植物油并分装销售的行业。植物油产业链主要包括油料作物种植、收储、贸易、压榨、精炼、包装和渠道营销等环节。2019 年，我国植物油行业发展平稳，不断向高质量发展挺进。随着行业内优势企业的兼并重组促使产业集中度逐渐提高，企业之间的竞争将更多地体现在产能规模、成本及风险控制、技术、市场营销、产业链一体化等综合实力的竞争。

一、行业概况

（一）主要经济指标

我国是目前全球三大植物油消费国之一。据国家统计局数据显示，2009—2016 年我国精制食用植物油产量逐年提升，2016 年达到 6907.54 万 t，较 2015 年 6734.3 万 t 增加 2.57%，2017 年产量回落至 6071.82 万 t，2018 年继续下降至 5066.00 万 t，但 2019 年又回升至 5421.8 万 t，同比增长 1%（图 1）。其中，2019 年精制食用植物油产量情况如表 1 所示。

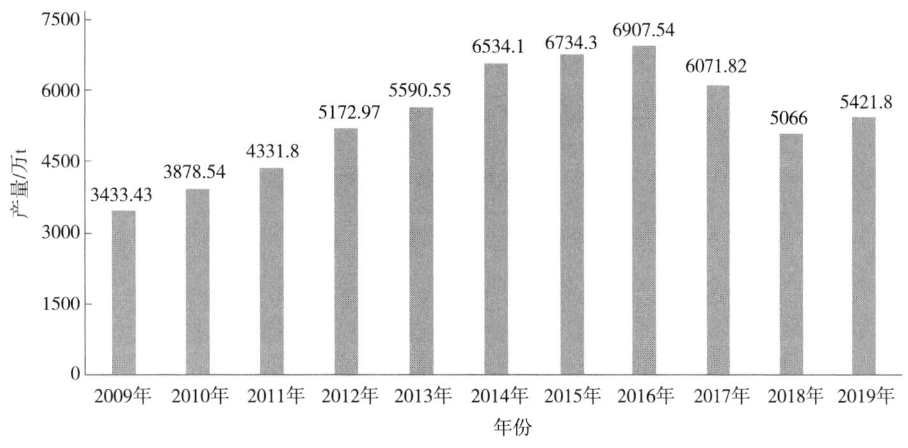

图 1　中国精制食用植物油历年产量趋势图

资料来源：国家统计局。

表 1　2019 年 1—12 月中国精制食用植物油产量情况

时间	当期值/万 t	累计值/万 t	同比增长/%	累计增长/%
2019 年 2 月	—	766.4	—	3.1
2019 年 3 月	422.4	1181.5	-3.2	0.3
2019 年 4 月	381.8	1561	-3.5	1.7

续表

时间	当期值/万 t	累计值/万 t	同比增长/%	累计增长/%
2019 年 5 月	429.2	2014.6	7.2	2.3
2019 年 6 月	443.7	2456.4	6.9	3
2019 年 7 月	430	3106.3	-2.4	2.8
2019 年 8 月	494.1	3569	0.8	2.9
2019 年 9 月	475.3	3894.9	-6.7	1.5
2019 年 10 月	446.9	4330.5	-20.9	-0.6
2019 年 11 月	515.6	4822.9	-1.9	1.7
2019 年 12 月	586.4	5421.8	-0.1	1

资料来源：国家统计局。

（二）行业发展分析

1. 价格

2019 年，国内部分原材料价格整体呈现上涨态势，尤其部分依赖进口的原料品种涨幅较大，正因如此，2019 年国内食用植物油价格整体高于上年同期。其中，截至 12 月末，沿海一级豆油主流现货价格均价涨至 7090 元/t，同比上年同期大涨 1890 元/t；主流港口 24 度棕榈油均价上涨至 6585 元/t，同比上年同期大涨 2328 元/t；沿海进口四级菜籽油均价在 7895 元/t，同比上年同期大涨 1732 元/t。

除豆油、棕榈油、菜籽油三大油脂价格大幅上涨外，其他小品种油脂也出现不同程度的上涨。其中，全国一级花生油均价在 15450 元/t，同比上年上涨 3850 元/t，涨幅 33%；全国一级玉米油均价为 8500 元/t，同比上年上涨 1585 元/t，涨幅 23%；沿海地区一级葵花籽油主流现货均价提升至 8110 元/t，同比上年上涨 1110 元/t，涨幅 16%。

2019 年中国主要植物油价格对比情况如表 2 所示。

表 2　2019 年中国主要植物油价格对比　　单位：元/t

项目	2019 年年末	2018 年年末	涨跌
沿海一级豆油均价	7090	5200	1890
港口 24 度棕榈油均价	6585	4257	2328
沿海进口四级菜籽油均价	7895	6163	1732
全国一级花生油均价	15450	11600	3850
全国一级玉米油均价	8500	6915	1585
沿海一级葵花籽油均价	8110	7000	1110

资料来源：天下粮仓网站（www.cofeed.com）。

2. 市场

1994—2010 年，食用油行业逐渐市场化，进入快速发展阶段，行业规模日益发展壮大，使我国食用油加工行业跃居全球前列。随着国内食用油行业的高速发展，油脂加工业不断扩张，加之植物油融资贸易兴盛，行业产能日益过剩，食用油行业开始进入整顿、去产能阶段。2017 年以来，食用油行业接连出现市场混乱现象，国家对油脂油料政策调控加强，加之国民健康消费意识不断提高，食用油行业进入健康消费整顿阶段。

另外，从食用油行业的整体发展现状来看，我国食用油行业的产量规模庞大，品种丰富，但由于不同的食用油其所含营养成分不同，以及不同地区消费者的消费习惯不同，如东北人多爱豆油，广州人多爱花生油，成都人偏爱菜籽油，而上海人的口味则较为丰富，菜籽油、豆油和调和油并驾齐驱，可以看出，食用油品牌要想成为全国性的品牌，系列化的产品品种将成为重要的支撑点。

3. 投资

随着人民生活水平的不断提高，近年来我国对肉、蛋、奶和食用植物油的需求量不断增加，进而带动国内植物油压榨业的飞速发展。以大豆加工业发展为例，自 1996 年我国放开大豆进口后，1999 年外资开始大举进入，在 2000—2006 年，我国日压榨大豆能力增长了 3.2 倍，日压榨大豆能力达到 27 万 t，单厂平均压榨规模超过 1500t，按每年开工率 300d 计算，年加工大豆能力可达到 8100 万 t。但在此期间，国内大豆实际压榨量仅增长了 1.2 倍，2006 年我国实际大豆压榨量只有 3500 万 t 左右，国内大豆压榨能力的增长速度远快于大豆实际压榨量的增长速度，导致我国大豆压榨能力出现严重过剩的局面。2006 年后，行业投资速度放缓，但产能投资依然在持续增加，整体产能利用率在 2012 年降至最低，约 54%。近些年随着行业不断整合，产能过剩局面有所缓和，但总体形势仍然严峻。2019 年大豆压榨年产能达到 1.47 亿 t，产能利用率在 60%～65%。近年全国大豆压榨产能投资与产能利用率情况如图 2 所示。

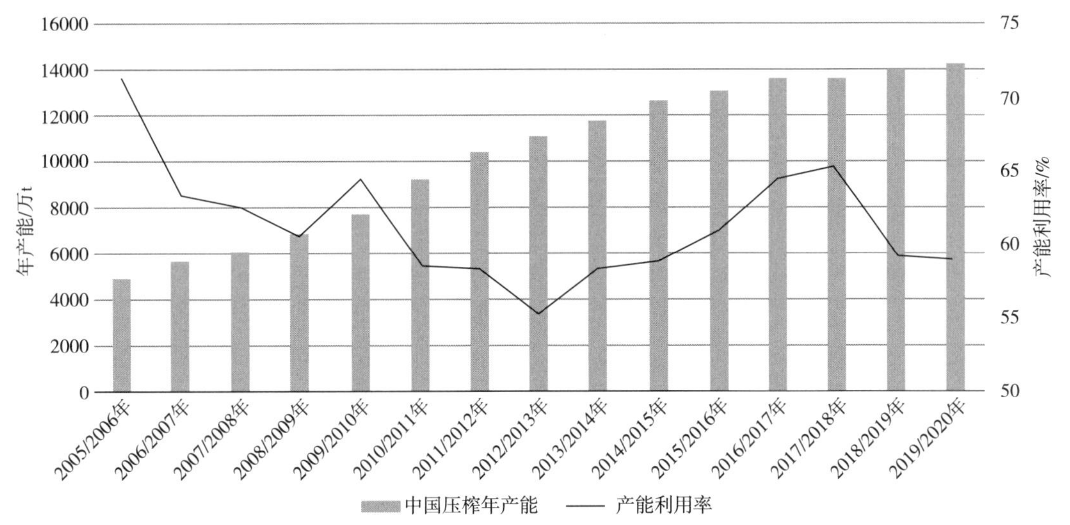

图 2　近年全国大豆压榨产能投资与产能利用率情况

资料来源：中储粮油脂研发中心。

4. 区域分布

国内主要的食用植物油加工地区一般均是原料产区或者沿海沿江地区（原料主要依赖进口）。相关数据显示，近几年精制食用植物油产量呈现向优势地区不断集中的态势。根据中国轻工业联合会数据显示，2019 年 1—11 月中国精制食用植物油产量超过百万吨的省份仅有 14 个（2018 年有 17 个），产量排名前五的省份分别为广东、江苏、山东、湖北和湖南，分别为

7103807t、6581573t、5010054t、3140582t 和 2835358t，据此推算 2019 年全年中国精制食用植物油前 5 省产量集中度提高至 50%以上，较 2018 年的 48%增加 2 个百分点。

其中就豆油而言，2019 年全国大豆压榨总量（进口豆+国产豆）共 8397.68 万 t，同比下降 5.25%。各地区大豆压榨量分别是江苏 1593.02 万 t，山东 1523.555 万 t，广东 986.16 万 t，广西 823.74 万 t，辽宁 654.1 万 t，河北 571.89 万 t，天津 554.91 万 t，福建 425.165 万 t，浙江 201.47 万 t，湖北 158.695 万 t，河南 148.33 万 t，四川 148.27 万 t，黑龙江 124.87 万 t，陕西 104.74 万 t，吉林 101.61 万 t，重庆 68.05 万 t，湖南 58.23 万 t，安徽 49.94 万 t，江西 49.35 万 t，上海 32.825 万 t，内蒙古 15.06 万 t，新疆地区 3.7 万 t（图 3）。

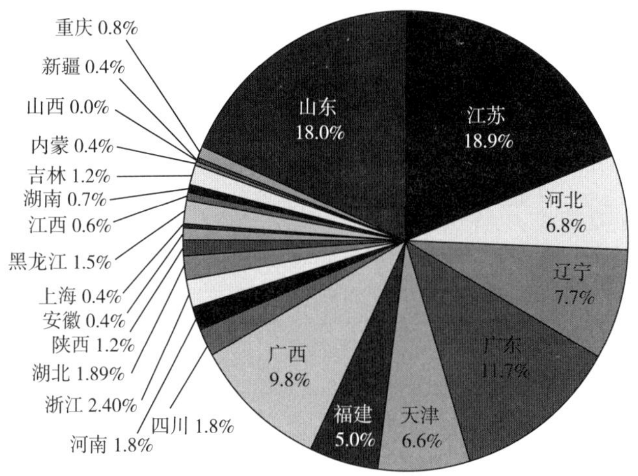

图 3　2019 年中国各地大豆压榨量及占比情况

数据来源：天下粮仓网站（www.coffeed.com）。

5. 行业集中度

由于国内食用植物油行业的整体利润率并不高，尤其是在原料阶段性稀缺、成本上升时期，盈利空间更小，随着国际和国内竞争的不断加剧，竞争力较弱的中小型加工企业会陷入亏损甚至倒闭的危险。因此食用植物油行业的更多资源将会向优势企业集中，目前已经形成了益海嘉里、中粮、中储粮、九三、山东鲁花、山东西王与山东三星等一大批优秀龙头企业，其中益海嘉里与中粮以豆油为主、其他油种为辅共同发展，山东鲁花是花生油的龙头企业，而山东西王与山东三星则是在玉米油领域独树一帜。

（1）豆油　我国大豆进口量不断攀升，目前是全球最大的大豆进口国。据海关总署数据显示，2019 年全年大豆进口量共计 8851.29 万 t，较 2018 年的 8803.56 万 t 小幅增长 0.54%，增幅较小的原因主要是受中美贸易摩擦影响，美国大豆进口量较小所致。事实上，国内大豆供应对进口依存度处于较高水平，进口大豆则绝大部分来自美国、巴西和阿根廷。据统计数据显示（图 4），2019 年我国大豆进口的头号供应国仍然是巴西，进口占比高达 65%，其次就是美国（19%）和阿根廷（10%）。2019 年全国大豆压榨总量共 8394.58 万 t，同比下降 5.25%。年度压榨量占据前列的分别是中粮集团的 1625.5 万 t（包括来宝与中纺），益海的 1188.859 万 t，渤海的 727.75 万 t，九三的 631.54 万 t，中储粮的 627.38 万 t，嘉吉的 584.84t，邦吉的

498.28万t，汇福的357.8万t，达孚的333.15万t（图5）。该数据显示，2019年大豆压榨量前五名累计占到全国的57.2%，行业集中度较高。

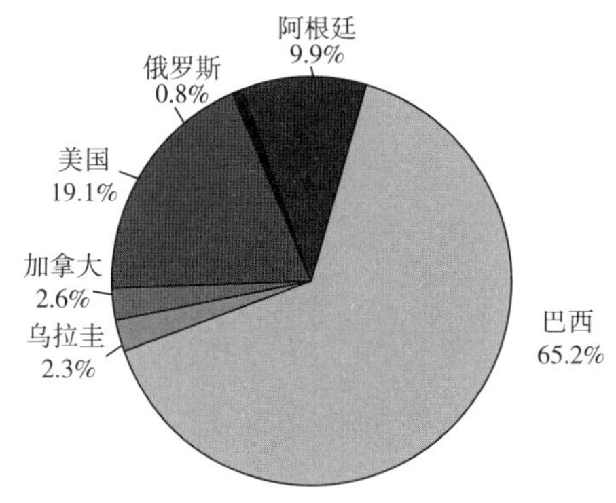

图4　2019年中国进口大豆来源国分布图

资料来源：海关总署。

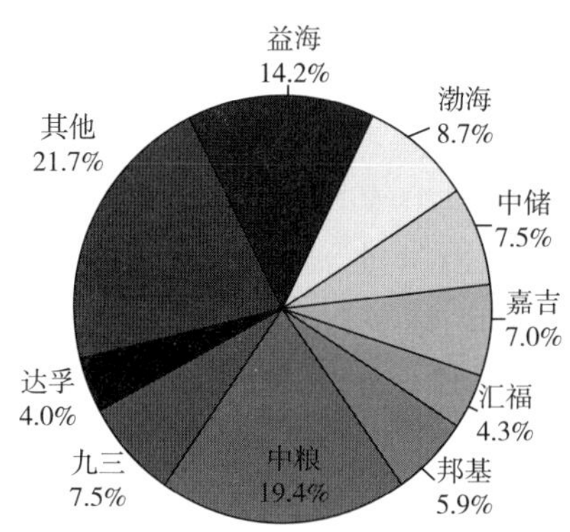

图5　2019年中国大豆压榨量（分集团）

资料来源：天下粮仓网站（www.coffeed.com）。

（2）菜籽油　自从2009年11月份国家出台了限制主产区转基因油菜籽进口的政策后，2010年和2011年的两年里我国油菜籽进口量出现了急速下滑的局面，其中2010年全年我国进口油菜籽144万t，而2011年下降到125万t。不过从2011年上半年开始，国内以中粮及外资益海等为代表的大型油企便开始在沿江地区布局压榨加工项目生产线，我国的进口油菜籽加工产能大幅增加。自2016年起国产油菜籽价格受托市收储政策退出的影响出现下滑，农户对于油菜种植积极性降低，2017年国内油菜籽连续三年减产，尤其是2019年起国产油菜籽大部分用于生产非转基因浓香小榨菜籽油。为弥补国内菜籽产量连续下滑造成的油菜籽供给缺口，近几年来我国对进口油菜籽依赖程度逐年增加，2018年进口油菜籽数量更是达到创纪录的475.64万t。但2019年3月份后，因在加拿大油菜籽中多次截获多种检疫性有害生物，导致其进口量减少，而在其他国家可供出口能力受限的背景下，2019年下半年油菜籽进口量开始大幅缩减。海关数据显示，2019年全年我国共进口油菜籽降低至273.74万t，同比下降42.56%，但仍处于近几年相对高位。2019年全年国内主要油厂进口油菜籽加工量累计达到2555500t，同比下降45.2%。其中压榨量占据前列的分别是益海嘉里的640500t，中粮集团的570000t，东莞沈恒的456500t，厦门银祥的273500t，防城港澳加的221000t，南通中谷碧路的184000t，防城港枫叶的168000t（图6）。该数据显示，2019年进口油菜籽压榨前五名累计占到全国总压榨量的84.6%，行业集中度远高于大豆压榨行业。

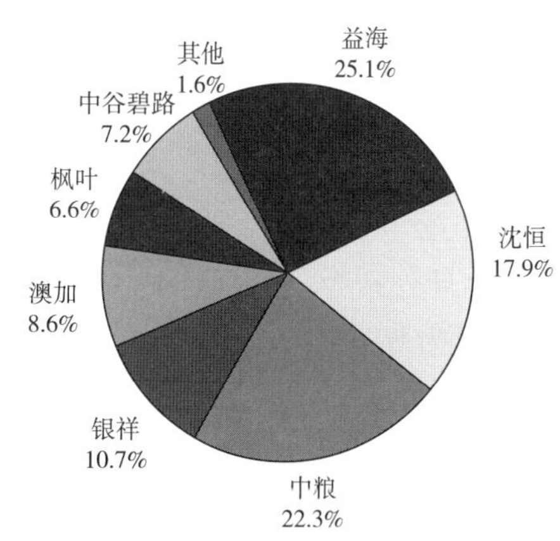

图6　2019年中国菜籽油压榨量（分企业）

资料来源：天下粮仓网站（www.coffeed.com）。

6. 进出口

我国食用植物油供给包括自产植物油和进口植物油，尽管国产食用油产量不断攀升，但随着我国居民生活水平的提高，我国植物油的消费量在逐年增长。而受限于国内有限的耕地面积，导致我国每年要从国外进口大量的食用油来满足国内需求，我国食用油整体对外依存度较高，尤其是棕榈油及豆油。

进口方面，据海关数据显示，2019 年 1—12 月中国食用植物油（不含棕榈油硬脂）进口量为 953.3 万 t，同比增长 51.6%（表 3）；全年进口额为 4376.2 百万美元，同比增长 40%。

表 3 2019 年中国食用植物油进口量及同比增长

品名	进口量/万 t	同比增长/%
食用植物油	953.3	51.60
其中：豆油	82.6	51.70
棕榈油	561	41
菜籽油	157.7	24.90
葵花籽油	122.9	75.10

资料来源：海关总署。

具体来看，2019 年 1—12 月中国豆油进口量 82.6 万 t，同比增长 51.7%；全年进口额 593 百万美元，同比增长 35%。2019 年因内外价差缩小，全年豆油进口量同比明显增加，大部分为国有大厂采购。据统计数据显示，2019 年全年中国豆油前 5 大主要进口来源国及进口量分别为：阿根廷 318775t，巴西 230240t，俄罗斯 166465t，乌克兰 90212t 和白俄罗斯 10787t。

2019 年 1—12 月中国棕榈油（不含棕榈油硬脂）进口量 561 万 t，同比增长 41%；进口额 213 百万美元，同比增长 40%。我国棕榈油消费高度依赖进口供应，其中马来西亚和印度尼西亚依旧是我国棕榈油的主要进口国，而天津周边地区、张家港周边地区和广州周边地区仍是我国棕榈油的三大主要进口、加工和销售地区。

其他油脂方面，2019 年 1—12 月中国菜籽油进口量 158 万 t，同比增 25%；进口额 1292 百万美元，同比增长 23%。2019 年 1—12 月中国葵花籽油进口量 122.9 万 t，同比增长 75.1%；进口额 921 百万美元，同比增长 61%。

出口方面，2019 年 1—12 月中国食用植物油（包括棕榈油）出口量 266564t，同比下降 9.6%；出口额 273.32 百万美元，同比下降 11%。其中，豆油出口量 197311t，同比下降 9.9%，出口额 186.33 百万美元，同比下降 7.1%；棕榈油出口量 5670t，同比增长 6.3%，出口额 3.67 百万美元，同比下降 14.1%；菜籽油基本无出口；葵花籽油出口量 3472t，同比增长 56%，出口额 5.25 百万美元，同比增长 60%。

7. 重点行业

近几年来国内食用植物油行业的品种较为丰富，特别是随着科技进步和生活水平不断提高，以稻米油为首的一批特色食用油、以亚麻籽油和油茶籽油为代表的一批小品种高端食用油开始陆续兴起。但这些食用植物油通常价格比较昂贵，市场接受度有待提高，很长一段时间内国内市场主要供应源应该还是豆油、菜籽油、棕榈油和花生油等传统食用油。相关数据显示，2019 年中国豆油和菜籽油消费量在食用植物油消费中的占比分别为 47% 和 13%。

近年来，随着我国经济的发展，我国消费者越来越重视食品消费的安全问题，尤其是地沟油进入餐饮行业的问题被屡次曝光之后，消费者对于食用油的安全性重视达到前所未有的高度，此前普遍使用散装油的餐饮行业在“禁散令”的影响下，逐渐转向使用中小包装为主流的包装食用油。

8. “三品”战略实施情况

2016 年 5 月，国务院正式发布《关于开展消费品工业“三品”专项行动营造良好市场环境的若干意见》，部署开展消费品工业增品种、提品质、创品牌“三品”专项行动。为更好满足和创造消费需求，不断增强消费拉动经济的基础作用，植物油行业以“增品种、提品质、创品牌”为抓手，着力提高有效供给能力和水平，促进消费品工业迈向中高端。

一是在增品种方面，深度挖掘用户需求，适应和引领消费升级趋势，在产品开发、外观设计、产品包装、市场营销等方面加强创新，丰富和细化消费品种类。2019 年，行业领先企业顺应消费升级需求，围绕土榨花生仁油、中高端调和油、高油酸、低芥酸菜籽油、橄榄油、茶油等开发中高端产品，进一步丰富消费者选择。

二是在提品质方面，重点培育和弘扬精益求精的工匠精神，引导企业树立质量为先、信誉至上的经营理念，立足大众消费品生产，推进“品质革命”，走以质取胜、质量强国的发展道路。行业领先企业坚持先进的技术和设备，严格把控产品品质，通过 ISO9001、ISO22000 等制度体系来确保产品的可信度，坚决把优质、安全、营养的植物食用油送到消费者面前。

三是在创品牌方面，由于消费者的品牌意识愈发增强，因而行业企业在做大做强的同时，不断增强品牌意识，夯实品牌发展基础，提升产品附加值和软实力，推动中国产品向中国品牌转变。中粮油脂、金龙鱼、鲁花、汇福粮油等行业企业纷纷制定可持续发展的长期品牌策略，坚持品牌价值营销，积极树立自己的品牌形象。同时，部分企业顺应互联网时代新经济、新消费浪潮，深度挖掘粉丝经济，通过互联网营销方式加强品牌打造。2019 年 Chnbrand 中国品牌影响力指数（C-BPI）数据显示，金龙鱼、鲁花、福临门均取得 440 以上好成绩，金龙鱼品牌指数更是高达 644.3。

9. 绿色制造、智能制造

根据国家产业发展指导与行业发展趋势，油脂加工业要按照高质量发展的要求，优化调整产业结构，按照优胜劣汰的原则，继续培育壮大龙头企业和大型骨干企业，积极采用先进技术与装备，成为质量高、能耗低、经济效益好的企业，加大对企业创新支持力度，增强企业创新能力等，支持做大做强、做优做精。

加强绿色制造、智能制造，推动产业生态化、绿色化、智能化发展是油脂工业转型升级的内在要求。2019 年，油脂行业各企业加大科技投入，使得我国油脂装备的研发和制造水平得到提升；营养与健康安全的基础研究及应用得到发展；油脂的绿色加工得到推进；油料预处理、浸出及精炼技术得到完善。

提升我国油脂装备的研发和制造水平。重视关键装备的基础研究和自主创新，把油脂加工科技的发展重点放在大型化、自动化、智能化和专用化上。更加重视开发适合木本油料及新油源加工的技术与装备。

加强油脂营养与健康、安全与风险控制的基础及应用研究。推进现代分离技术、生物技术和信息技术等现代高新技术的集成应用与创新。提升信息化和智能化水平，有效提高核心技术装备的先进性、稳定性和可靠性，完善和优化标准体系。

推进油脂的绿色化加工。深度开发循环利用、节能减排、降耗增效技术。行业企业继续加强能源管理，降低能源使用，推进技术解决方案项目、热回收项目，探讨可再生能源的使用；寻求工艺外部的解决方案，寻找绿色能源，使用太阳能发电、风电等；原料及产品运输过程中减排，最佳利用能源，减少浪费。以绿色产品、绿色工厂、绿色园区为重点，实行清洁生产、安全文明生产。强化新形势下油脂产业的现代管理技术应用，确保油脂产品在加工过程中不受“污染”。

我国油料预处理、榨油技术已经基本完善。已经掌握了油脂浸出的主要关键技术，如各种形式的浸出器、蒸脱机、蒸发系统、尾气回收系统、溶剂回收系统、粕处理系统等；间歇精炼、半连续精炼、连续精炼等油脂精炼工艺和设备技术水平得到较快发展。

随着我国创新体系的加快建立，各种新技术的充分应用，以此为契机发展了一批新技术及新装备，如膜分离混合油技术、膜分离尾气技术、酶法制油等油脂制取和精炼工艺技术等。油脂连续精炼要使生产线稳定并保证产品合格，自动化控制尤为重要。油脂精炼过程的自动化控制主要是对流量、液位、温度、压力、时间等的控制，国内中等规模以上的油脂精炼生产线具有自动化控制装置，可有效地为生产服务，满足生产需求。大豆加工工艺高新技术化、生产工程化正在发展，将新型提取和分离技术、酶技术、发酵技术、挤压技术、包装技术应用于大豆加工业，如超临界 CO_2 萃取油脂技术，不仅解决了化学萃取后溶剂去除不全以及环境污染问题，而且在工艺过程中避免了易燃、易爆溶剂的使用，操作安全，具有低温浸出的优点，同时最大的优势在于选择性萃取的油脂纯度高，无须精炼即可达到食用级要求，粕的蛋白质变性低、风味好。待其生产连续化和成本问题解决后，必将广泛代替现有技术。将膜技术用于混合油中溶剂的回收，可大幅降低能量消耗，提高油品质量。根据磷脂与甘三酯存在的形式及相对分子质量大小的不同，采用膜法脱胶，既减少了环境污染及能量的消耗，又保证了油品及磷脂的质量。

10. 包装与装备

植物油加工装备是油脂加工行业发展的基础，对我国植物油工业的发展壮大、加工技术水平的提升、油脂产品的开发和产品质量的提高，以及保证食品安全方面起着极其重要的作用。

20 世纪 80 年代初期，我国的油脂加工工艺和设备的技术水平还非常低，加工工艺十分落后，且产品的品种少、档次低。经过 30 多年的努力，通过引进学习和不断地自主创新，无论是单机的技术水平和最大处理能力，还是成套设备和生产线的能力都得到了很大的提高。到目前为止，我国的油脂加工装备企业已具备了为建设预处理、浸出 5000t/d，油脂精炼 1000t/d 及其他油脂综合利用加工生产线提供全套的国产化装备的能力。

我国油脂加工装备不断通过转型升级寻求在技术、运营和管理上的突破，装备技术水平与国际先进水平的差距不断缩小。油脂包装和装备企业科技创新能力显著增强，企业间、企业与科研院校间技术合作日益频繁。各类装备的制造技术和能力已经达到国际水平。此外，随着市场的发展，个性化的包装形式也越来越受到消费者的青睐，油脂行业包装与装备产业发展形势良好。

我国油脂装备制造业已建立起了比较完整的装备制造体系。国内成套的油料预处理、榨油装备技术水平已经和国际接轨，成套装备的工艺性能、消耗指标、使用寿命等方面水平领先。关键装备的发展主要是在大型预榨机、轧坯机、破碎机、清理筛、调质器、软化设备等方面不断创新。国内预榨机单机处理量已经达到 500t/d，能耗和残油指标与国外同类设备相当，通过对榨螺、榨条等易损件表面覆层合金工艺和材质的研究，取得了一定进展，可有效提高耐磨性，延长使用寿命。轧坯机的轧辊研发出球墨铸铁材质，抗掉边、剥落、断辊、起坑、乱丝、崩牙、爆裂等事故能力强，磨辊、拉丝间隔时间延长，减少了换辊次数，降低了磨辊、换辊费用，提高了企业经济效益。中小型油脂浸出装备完全可以满足世界各国对浸出设备的要求，大型浸出设备的性价比在国际上也有较大优势。油脂精炼的主要设备——离心机在国内生产也得到发展，我国生产的中小型离心机分离性能稳定，价格低廉，在国内应用极为广泛。大型的脱色过滤设备——叶片过滤机在国内发展非常迅速。目前，我国已经有多个厂家生产的叶片过滤机指标性能达到国际先进水平。大型高速旋转吹瓶机、高速旋转灌装机和高速旋转贴标机都已经实现了国产化，大型注塑机方面在产品使用上与国际还存在一定的差距。

在装备智能化方面我国处于快速发展阶段，随着劳动力成本的上升，装备的智能化是未来的发展趋势。通过引入信息技术和智能化技术改造提升传统装备，结合试验和检测先进技术的推广应用，使机械制造业的整体水平得到提高，是当前装备制造业发展的重要趋势之一。

11. 发展新亮点与新增长点

（1）产品多样化、高端化布局彰显　随着国民经济的继续平稳较快发展和城乡居民收入普遍较快增长，食用油的消费需求已从纯粹追求实惠向追求高品质转变，以金龙鱼、鲁花、福临门等为代表的龙头企业向多元化、高端化布局方向发展成为了食用植物油行业发展新亮点和增长点。食用油市场的竞争逐渐向满足消费者需求靠拢，行业更加注重产品结构的调整，生产适合不同人群消费需求的多样化的产品，提高油脂产品的功能营养价值，坚持产品质量第一的方针，坚持适度加工保留油料中固有的营养成分。当前，“高油酸”成为高端食用油的代名词之一，如鲁花提出了“争做中国高端食用油引领者”的发展愿景，致力于高端高油酸花生新品种的研发、推广及油品适度加工，并参与《高油酸花生》（NY/T 3250—2018）及《中国好粮油食用植物油》（LS/T 3249—2017）行业标准等标准的制修订，促进了中国花生产业的第六次升级换代。随之而来的，高油酸葵花籽油、高油酸菜籽油也逐渐成为消费者青睐的产品，甚至高油酸豆油也于2019年5月亮相美国油脂化学家协会年会。金龙鱼在拓展主业调和油市场的同时，亦在开发KING'S亚麻籽油、核桃油等新兴品类；中粮福临门也于2019年12月在北京举行“三好品质当‘仁’不让”福临门战略新品暨“品牌强国工程”合作发布会，正式推出“家香味沂蒙土榨花生仁油”，助力花生油品类迭代创新。不同企业针对不同品类的食用油市场都进行了进一步拓展，这在进一步加剧食用油行业竞争的同时，也带来了新的增长点。

（2）技术创新及设备升级改造力度加大，助推食用油产业高质量发展　为助推新旧动能转换工程建设，国家深入实施了优质粮食工程，众多食用油企业快速响应国家决策部署，积极推进“中国好粮油”行动计划，在带动农民增收、助力产业升级、促进企业增效、为消费者提供高品质产品等方面取得了积极成效，同时也加快了企业产业链的延伸、价值链的提升及供应链的优化，成为行业发展新亮点和新增长点。其中，尤其以山东省实施力度强，山东省粮食与物资储备局积极帮助食用油企业推进“互联网+粮食”行动，成功打造山东省“好粮有网”智慧交易平台，构建经济高效的优质粮油销售渠道。各油脂企业积极参加全国好粮油博览会、山东粮油产业博览会及山东粮油上海、北京推介会等活动，整合媒体资源，全面提高各食用油品牌知名度，塑造中国好粮油高端形象，打造了一批中国好粮油示范企业，如鲁花、香驰、金胜、西王、三星等。其中鲁花累计投入“中国好粮油”项目建设资金达14亿元以上，建立“双源头”管控体系，保障原料和产品包装容器质量安全，成功开发了多项适度加工及质量安全控制技术，完成了对近千套加工设备的升级改造，保障了企业效益的平稳增长，达成了“增品种、提品质、创品牌”的总体目标。

二、行业面临的问题

我国植物油行业经济发展基本平稳，产能逐步扩大，科技水平逐步提高，产品结构进一步优化，整个植物油行业实现了由快速增长到平稳增长的过渡。但是发展过程中积累的政策、市场、科技方面等诸多问题和挑战依然严峻。

（一）政策与市场

1. 国际形势剧烈波动，经营风险扩大，行业面临的挑战更加凸显

2019 年，全球油脂市场受宏观政策影响较大，突发事件多，年初中美、中加关系的变化与不确定性对部分产品进口带来影响，中粮油脂对此积极应对，热烈响应国家“一带一路”政策号召，增加沿线国家油脂油料进口，保障国内粮油供应。下半年中美贸易谈判的多次反复使得市场随之持续波动，行业企业的经营挑战不再局限于某一个环节，而更广泛地扩展到采购、期货、加工、营销等多个环节，对企业的综合能力要求更高。

2. 近两年受非洲猪瘟影响，产能利用率上升趋势被打破

中国压榨行业的产能利用情况大致分为三个阶段：第一阶段是 2012/2013 年度前，产能快速扩张，豆粕需求虽然也快速增长，但跟不上产能增速，产能利用率趋势性下降；第二阶段是 2012/2013 年度到 2017/2018 年度，产能增速下降，需求增速仍然很高，产能利用率趋势上升；第三阶段是 2018/2019 年度至今，受非洲猪瘟影响，需求下降，产能利用率重新向下。

目前全国的大豆压榨产能区间在 1.43 亿 t/年。从国内豆粕需求长期快速增长的情况来看，压榨产能的建设并不是盲目的，而是带有一定提前量的战略布局。第二阶段 2017/2018 年度产能利用率恢复到 2009 年以来的最高值 64%，按这个趋势下去产能利用率有望恢复并稳定到一个合理、成熟的水平。然而 2018/2019 年度以来出现意外情况，受到非洲猪瘟影响，豆粕需求同比负增长，导致近两年产能利用率又回落到 59%。

（二）科技创新

1. 节能环保技术有待升级

“十三五”以来，国家大力加强生态环境综合治理，植物油行业通过新技术、新装备升级改造，节能降耗和环保治理取得较大改观，但全行业加工工艺没有明显改进，仍有较大提升空间。一是能耗较高。植物油加工企业虽然通过多级换热等方式减少了热量损耗和能源浪费，但单位能耗依然较高。二是生产异味有待改善。部分企业采用新技术、新设备有效去除了异味，但设备投资大，中小企业难以承担。三是新工艺推广难。部分企业运用新技术提高得油率，减少化学品投入，降低水耗，但技术门槛高，行业应用率低，仍以传统工艺为主。另外，部分新技术有望成为未来降耗新的发展方向，但尚不成熟，有待进一步研究和试验。

2. 食用植物油副产物的深加工利用率过低

目前，国内对食用植物油副产物进行深加工，得到的产品主要有维生素 E、植物甾醇、磷脂、脂肪酸、生育酚、低聚糖、蛋白质、多肽及生物柴油等，大多为低端产品，高端产品极少，特别是针对高附加值的大豆磷脂类产品的开发较晚，远远不能满足市场需求。而国外相关产品呈现高端化、系列化的特点，有些国外公司的磷脂产品就有好几十种，天然维生素 E 产品有十几种，甾醇也有好几种。我国食用植物油副产品开发停留在低端水平，导致总体利用率较低，造成了资源的极大浪费。

3. 为迎合市场需求，导致存在过度精炼问题

大众评判食用烹调油优劣的基本原则是合理的油脂脂肪酸组成和甘油酯结构，有丰富的有益于人体健康的天然微量营养成分，并且不含或极少存在对人体健康有害的物质。

但消费者日常判断仍习惯西方模式，普遍选择颜色较浅的一级豆油，认为颜色的深浅决定植物油脂的品质。为了迎合市场导向，我国植物油普遍存在过度精炼问题，这不符合公众对油脂营养健康的需要。过度精炼不仅去除了大部分天然存在于油脂中的微量营养成分，而且常常伴生反式脂肪酸等新的不利成分。我国国家标准《大豆油》（GB 1535—2017）中已经将一级大豆油质量指标中对色泽的描述从原先2013版本的“黄20红2.0（罗维朋比色槽133.4mm）”改为“淡黄色至浅黄色”，降低了对一级植物油色泽要求的标准。行业内多位专家与学者一直呼吁减少高度精炼烹调油的生产消费，发展适度精炼的植物油。

4. 物流单据电子化程度不高

提单作为国际物流最重要的单据，其流转及效率将极大地影响国际物流的运行效率和质量。目前农业行业应用的传统纸质单据追踪方式存在时间延迟、交易成本提升等隐患。从供应链企业角度看，生产数据真实程度存疑、一线员工工作单调重复、沟通成本高、信息传递效率低等问题日益凸显。从供应链上下游角度看，供应链全网数据难以获取，商流、物流、信息流、资金流四流合一是难以解决的顽疾，国际间单据不互认造成协同交互成本高，最终导致多方协同难以实现、供应链数据真实性难以保证等问题。

因此行业普遍认为，区块链技术在农业领域的推广可为解决上述问题提供出路。引入区块链技术有助于实现物流单据电子化，减少物流过程实际参与方，可以帮助使文档处理的时间缩短到原来的五分之一，完成跨境农产品贸易所需时间缩短一半，有效提升行业物流效率。

三、发展趋势

（一）政策与市场衔接紧密，行业稳步发展

“十三五”规划以来，国家宏观方针与一系列产业发展政策全面释放粮食产业经济活力，促进行业企业进一步整合、壮大。尤其是“一带一路”等国家战略的实施，引导粮油加工企业充分利用全球性资源，开展产能国际合作和转移，带动粮机装备的发展，促进企业“走出去”。同时，国家推进农业供给侧改革，加快构建粮经饲三元种植结构协调发展的局面，增加优质食用大豆，优化品种品质和区域布局，以主体功能区规划和优势农产品布局规划为依托，科学合理划定大豆、棉花、油菜籽等重要农产品生产保护区，引领行业健康发展，促进我国食用植物油国际竞争力水平的提升。

（二）高端化、品牌化成为行业发展亮点，但同时呈现出产品消费两极化

随着人民群众生活水平的逐渐提升，植物油高端化、品牌化消费趋势逐步显现。行业主要品牌纷纷推出健康类、美味类高端新产品，并显著提升了品牌投入，行业内品牌竞争明显升级。高端品类如花生油等产品发展迅猛，而相对低端的品类如调和油、大豆油等产品萎缩，油种间结构升级显著。其中，花生油消费人群逐年增多，华南、华北是花生油传统的主销区域，近年来其他区域的消费呈现显著增长，花生油正逐渐向全国性油种发展；菜籽油品类高端化明显，80元/桶以上非转基因、强风味产品发展迅速；玉米油作为相对健康的油种，经过品类的快速发展与沉淀，目前品类进入成熟期。另外，除了高端化、品牌化消费趋势外，产品消费呈现两极化倾向——低价产品与高价产品分别迎合了不同的消费需求而获得快速增长。

（三）木本油料或珍稀油种——消费升级催生新的市场机会

随着民众的消费升级和健康饮食需求，消费者对食用油在安全的基础上更加重视油品的营养与健康，越来越多的消费者开始关注高端食用植物油领域，除了认知度比较高

的橄榄油和葡萄籽油，也开始对核桃油、南瓜籽油、小麦胚芽油和沙棘籽油有所关注。这类食用油富含维生素E、亚油酸、亚麻酸、磷脂及多种生理活性成分，具有很高的营养价值，是颇具营养保健作用的功能性油脂。目前，国内市场食用油产销良好，总量处于缓慢上升趋势，使得新兴市场规模较小、产品品类较少的高端食用油需求增多，市场前景较好。调味油是人们生活饮食的必需品，其品种也多种多样、各具特点，并且已从原来的附属产品发展为专业化生产。这类食用油以其便捷性、实用性、特殊性为优势，也将引领油脂行业的创新研发。因此，重视特种油的开发利用，利用其富含功能性成分的特点，生产营养健康的功能性油脂，以丰富食用油市场，满足人们消费升级的需要，正在成为行业众多领先企业的战略选择。同时，开发市场利润空间和市场潜力很大的高端食用油，也会为企业带来更大的收益。

（四）更注意节能、综合利用技术的开发与应用

在食用油预处理中，食用油脱皮、冷榨、积压膨化等技术得到进一步应用；在浸出技术中，负压蒸发二次蒸汽的利用、低温脱溶等技术会进一步推广；在油脂精炼中，膜技术、分子蒸馏技术、生物技术等会进一步完善和应用。综合利用、高效节能技术将进一步加强。同时，食用油工程应用自动化系统和智能控制技术等将有较大的发展和应用空间。

四、政策建议

（一）加强非洲猪瘟疫情防控，时刻关注中美贸易摩擦，适时出台相关政策，促进国家、行业、消费者共同渡过难关

非洲猪瘟疫情的发展关系到国内豆粕消费及居民日常消费，对植物油行业有重要影响。另外，2019年国际形势波动剧烈，中美贸易摩擦不断演化，大宗农产品的市场行情、采购渠道受到较大影响。建议与潜在的油脂油料出口国进行密切联系，加强与出口国沟通，合理调整进出口等政策，引导市场健康发展，确保原料稳定供应，油脂、粕类市场供应与价格稳定。

（二）进一步强化食品质量安全管理，规范商品标识

由于食用油行业广阔的发展前景，吸引了大量新企业进入该行业，行业规模快速扩张。随着行业新资本的不断进入，国内食用油行业竞争逐渐加剧，食用包装油市场也呈现鱼龙混杂现象。为解决这一问题，建议市场管理部门加强市场监管，制定更加细致的国家标准并严格执行。建议国家相关部门明确食用植物调和油类产品的“非转基因”标识规定；目前国家已明确对使用转基因原料加工的豆油、菜籽油、玉米油、调和油等食用油产品，必须在产品标签中明确标识含有转基因原料；如采用的原料为非转基因，其加工的食用油可以标识“非转基因”。部分调和油类的配方中若同时用到转基因和非转基因配料油，对该类产品转基因和非转基因的标识规定不是很明确，导致市场上调和油类产品转基因和非转基因标识混乱。此外，作为国家基础油种的菜籽油国家推荐性标准尚未发布实施，建议国家相关部门推动新标准尽快发布实施。

（三）加强对企业关键性技术研发的支持，促进行业高质量发展

围绕当前我国植物油行业存在的关键性技术问题安排一批科技专项，支持内外资行业龙头企业共同参与科技攻关，不断提升植物油加工成套技术和装备水平。采用现代生物技术，研究和构建新型的食品专用油生物制造技术体系，推动我国食品专用油工业生物工程技术的产业化，开发出一批食品专用油和功能性油脂重大产品，逐渐扭转我国专用油脂产品设计和加工技术严重依赖进口的局面，满足我国食品和保健食品业对专用性

和功能性油脂产品的需求。

对企业改造升级节能减排装备和生产线发生的设备费用，开发新技术、新产品、新工艺发生的研发费用，给予减免税收、贷款贴息等支持。对节能减排表现突出的企业给予表彰和奖励。

（四）加大财税引导扶持力度，促进行业品牌建设与新营销发展

加强政策支持，对行业企业和品牌产品给予重点培育、重点扶持，鼓励知名品牌利用品牌资源进行扩张和延伸，促进规模企业早出名牌、多出名牌。加强品牌营销，提升产品影响力，顺应形势，大力促进粮油新营销发展。

（五）推广区块链技术在供应链上的应用，加速推进现代化智慧供应链

积极推动各个国家间法律法规准入和电子单据互认，企业间货物提单、信用证等单据电子化，早日实现供应链各方联通，从而降低成本、优化流程以提高效率。

中国植物油行业协会

食品装备业

2019年，中国食品装备行业以“调结构、稳增长”为主要特征，行业产品结构升级趋势明显，头部企业实力明显增强，行业集中度进一步提升。在我国食品工业产业结构升级的大背景下，以酒类、乳制品、饮料等液态食品装备技术升级为基础，以中央厨房装备和传统食品工艺装备快速发展为主要驱动力，同时带动其他类别食品装备均衡发展，我国食品装备行业总体保持了健康稳定的增长。食品装备行业走出去步伐明显加快，在国际贸易形势日趋严峻的形势下，国际出口保持了稳定增长，行业贸易顺差进一步提升。

一、行业概况

2019年，全国1047家规模以上食品装备企业共完成主营业务收入1178.99亿元，同比增长2.63%。其中，商业、饮食、服务业专用设备制造同比增长12.92%，包装专用设备制造同比增长8.78%，这两个领域较2018年有较大增长。而农副食品加工专用设备制造和食品、酒、饮料及茶生产专用设备制造两个细分领域有小幅调整。

行业效益方面，全国1047家规模以上企业全年实现利润99.18亿元，同比增长2.22%，行业利润率为8.41%，比2018年的7.07%提升了1.34个百分点，显示出食品装备行业在产业结构调整的背景下，行业整体效益显著提升。其中，包装专用设备制造利润大幅提升，同比增长72.44%，利润率大幅提升4.38个百分点；商业、饮食、服务业专用设备制造利润同比增长26.69%，利润率提升0.7个百分点。数据显示，这两个细分领域的行业效益比2018年有较大程度的提升，预计2020年仍将延续这一趋势。

整体来看，中央厨房和传统食品工业化带来了强劲装备需求，另一方面也显示出劳动力密集的包装领域对“机器换人”的自动化和智能化设备需求明显增加。

（一）主要经济指标

2019年1—12月食品装备行业主要经济效益见表1。

表1　2019年我国食品装备行业主要经济效益数据

分类名称	企业数量/个	营业收入		利润总额		利润率/%	
		全年累计/亿元	同比增长/%	全年累计/亿元	同比增长/%	全年累计	上年同期
农副食品加工专用设备制造	328	378.45	−0.89	27.57	−1.66	7.28	7.34
包装专用设备制造	333	354.60	8.78	42.05	72.44	11.86	7.48
食品、酒、饮料及茶生产专用设备制造	271	277.07	−2.29	17.93	−2.56	6.47	6.49

续表

分类名称	企业数量/个	营业收入		利润总额		利润率/%	
		全年累计/亿元	同比增长/%	全年累计/亿元	同比增长/%	全年累计	上年同期
烟草生产专用设备制造	63	110.36	4.48	7.81	6.36	7.07	6.95
商业、饮食、服务业专用设备制造	52	58.51	12.92	3.82	26.69	6.52	5.82
合计	1047	1178.99	2.63	99.18	2.22	8.41	7.07

（二）行业发展分析

1. 食品装备行业整体平稳增长

2019 年，我国食品装备行业以产品结构升级为主线，各细分领域的技术水平都有明显提升，尽管市场表现不一，但行业整体表现平稳，行业效益明显好转。

在乳制品细分领域，常温酸乳产品已经进入到平缓增长期，低温产品和干酪制品在快速增长中。

饮料方面，大容量瓶装水市场继续扩大，其中以 1.5L 及其以上的大包装、家庭装、商务用水等为典型的产品增速很快，推动大容量灌装包装设备市场保持高速增长。以 NFC 果汁产品、小包装乳酸菌饮料、休闲类乳制品产品等为代表的饮料市场发展迅速，带动了高端果汁无菌灌装产品和中小乳制品装备的发展。

中央厨房、传统食品技术装备的需求正在快速增长，带动此类装备在 2019 年实现 27% 的增长，远高于食品装备行业的平均水平，显示出这些领域正在进入到产业的黄金增长期。

酒类专用设备方面，经过多年的研究创新，以泸州老窖、古井贡、五粮液、老白干等为代表的白酒企业已经开始全面地投入到智能化酿造以及高速灌装智能工厂的建设，清香型和浓香型白酒的智能化酿造也正在全面开始建设。中国主要白酒企业普遍开始了新建或者改造智能酿造工厂或者车间的步伐。

2. 头部企业的实力明显增强

据统计，中国食品和包装机械行业前 20 家骨干企业有 8 家上市公司，占比达到了 38.1%，其固定资产和销售额相比“十三五”初期的 2016 年普遍增长一倍以上，其中杭州永创的主营业务收入已经突破 20 亿元。

从装备技术水平来看，头部企业的销售收入快速增加为研发创新提供了保证，中高端装备产品不断取得突破，成熟的高端国产装备陆续推出并应用到行业一线，并且以较高的性价比优势逐步开拓国内、国际市场。

从行业竞争来看，头部企业逐步形成了错位竞争的局面，产品的技术创新逐渐向业内龙头企业聚集，在各细分领域实现了诸多创新。如啤酒领域的乐惠国际已经形成完整的解决方案提供商；饮料装备方面，达意隆、新美星等企业其灌装产品、均质产品、数字化调配等整体解决方案日益科学完善；乳制品装备领域，以杭州中亚、山东碧海、上海普丽盛为代表的行业骨干企业在酸乳制品、液态乳无菌灌装、乳酸菌饮料等领域形成了较为全面的装备供应体系。

3. 食品装备产品技术升级趋势加快

从 2019 年的市场需求来看，包括正大这样的国际食品企业也开始将目光转移到国产装备上，尤其是品质和性能与欧美产品较为接近的装备产品，这一方面显示了国产装备的技术升级，另一方面，国产装备在性价比方面确实有比较大的优势。

从细分领域来看，在技术标准化程度较高的液态食品装备领域，我国的食品装备技术水平不断缩小与国际先进水平的差距；而在酿造等传统食品和中央厨房专用设备领域，我国的食品装备已经逐步走上以创新驱动的轨道。

头部企业产品的综合技术水平不断提升，中小企业也在靠技术和创新赢得市场。国内在智能化酿造、柔性给袋式包装、二次包装的智能化应用、视觉技术在检测和智能方面的应用等各个具体工艺环节，都在不断提升技术创新水平，从而满足国内外日益提升的食品制造业需求。

4. 食品装备产品国际竞争力不断提升

国际贸易方面，2019 年我国食品和包装机械行业全年实现进出口贸易总额 110.61 亿美元，同比增长 7.49%。其中，出口额 68.37 亿美元，同比增长 11.01%；进口额 42.24 亿美元，同比增长 2.25%。可以看出，同比出口额增长要比进口额增长高出 8.76 个百分点（图 1）。

从细分行业来看，2019 年食品机械实现进出口总额 58.14 亿美元，同比增长 5.09%。其中，出口额 33.37 亿美元，同比增长 4.51%；进口额 24.77 亿美元，同比增长 5.9%。

包装机械 2019 年实现进出口总额 52.47 亿美元，同比增长 10.28%。其中，出口额 35 亿美元，同比大增 18%；进口额 17.47 亿美元，同比减少 2.51%。

从上面的数据可以看出，2019 年全年贸易顺差较 2018 年继续扩大，食品机械的进口额增长要高出出口额增长 1.39 个百分点，而包装机械的出口增长大幅领先进口增长 20.51 个百分点，显示出我国的包装机械越来越受到全球市场的欢迎，而我国的食品机械还需要不断努力。

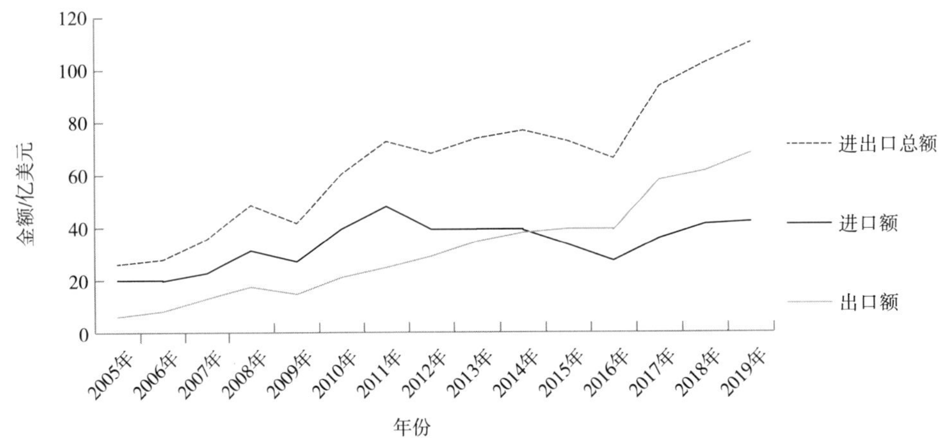

图 1　2005—2019 年中国食品和包装机械进出口额增长曲线

数据来源：国家海关总署，中国食品和包装机械工业协会整理制图。

从全球市场来看，我国食品和包装机械出口的前十个国家和地区依次是：美国、越南、印度、印度尼西亚、泰国、日本、马来西亚、韩国、中国香港、德国。其中出口到美国的食品和包装装备产品达到了 7.87 亿美元。

我国食品和包装机械的进口六大来源国依次是：德国、日本、意大利、美国、韩国、瑞典，其中进口德国的食品和包装机械产品达到了 12.51 亿美元，占全部进口额的 29.62%，显示出我国对德国食品和包装机械产品的依赖程度非常高。

从我国食品和包装机械出口贸易分布情况来看，出口最多的省（自治区、直辖市）依次是：广东、浙江、江苏、上海、山东、福建、北京、安徽、广西、河南。其中广东、浙江、江苏三个省份的出口额分别是 13.81 亿美元、11.49 亿美元、10.06 亿美元，三个省份的出口额占我国食品和包装机械行业全部出口额的 51.72%，显示出这个三个省份的食品和包装机械产品在国际上具有很好的竞争实力。

从进口省（自治区、直辖市）分布来看，进口最多的十个省（自治区、直辖市）排名依次是：上海、江苏、广东、北京、浙江、山东、天津、辽宁、内蒙古、湖北，其中上海以 11.29 亿美元的进口额位居首位，显示出上海作为我国食品和包装机械国际贸易中心的重要地位。

5. “三品”战略实施情况

为了更好地推动“三品”战略在食品装备行业的落地，2019 年中国食品和包装机械工业协会在沈阳、成都、长沙、漯河、济南举办了五场“数字化推动食品工业转型升级-地方站”活动，加快食品装备企业在贯彻落实“三品”战略中的项目落地。

杭州永创智能设备股份有限公司的“基于机器视觉及系统集成的乳品礼盒装箱码垛生产线”被评为 2019 年度浙江省科学技术进步奖二等奖。这条生产线包含基于四级关联的赋码追溯集成技术、高精准度机器视觉图像识别技术、综合应用机器人、多机协作编组码垛、多传感融合信息融合等多项关键技术，机器（线体）涵盖高端乳品包装全道工序，是市场上首套自主研发的一体化设备、机器视觉、机器人、工业软件系统高度集成的高端乳品全流程无人包装成套智能装备，实现了数字化包装车间交钥匙工程，解决了协调多家供应商的问题，大大提高了生产效率。主要应用于伊利、蒙牛、达利等国内液态食品巨头，生产产品包括伊利安慕希酸奶、有机金典奶、QQ 星、蒙牛特仑苏、达利豆本豆等高端饮品。

2019 年宁波乐惠国际工程装备股份有限公司给百威英博墨西哥公司提供了近百台至今最大容积的发酵罐，全容积为 960m^3，直径超过 9000mm，合同总额近 3 亿元人民币，取得了较好的经济效益。

肥城金塔公司自主研制出 50 万 t 单条酒精生产线的单套酒精设备圆盘式干燥机，标志着我国在特大型酒精成套设备及工程设计制造领域已达到世界先进水平。

山东碧海包装材料有限公司 2019 年推出了具有自主知识产权的全新产品碧海瓶。碧海瓶是由砖包演变来的，通过关键技术攻关，创造性地把砖包顶部的封合挪到了侧面，把侧边的平面移到了顶部，实现了小包装可以加大盖的包装形式，成功地将砖包变成了“瓶”，是一款全新的中高端包装形式。碧海瓶采用先灌装后加盖技术的无菌灌装，既可以做低温鲜产品，又可做常温产品。通过积极的科研成果转化，新产品带来的利润总额同比增长 390.2%，碧海瓶也由此推动了乳品、饮料生产企业新一轮的产品升级。

合肥泰禾光电科技股份有限公司 2019 年研制出一种全机械化作业、操作简便、可靠性高、占地面积小的货物智能拆垛装车一体化设备——智能装车系统，该系统结合 2D/3D 工业机器视觉、光电等传感设备，集中实现了进垛、传输、拆垛、分组、托盘回收等一系列功能，填补了国内外空白，现已获得授权实用新型专利 30 余项，申请发明专利 40 余项。智能装车系统智能化程度高，能够降低装车环节人工成本和管理成本，提高作业效率，促进企业传统物流转型升级，助力打通“智能工厂”的最后一环，受到粮油、食品、酒水、饮料、家电、化工、化肥、饲料等行业用户的欢迎。

6. 绿色制造、智能制造

2019 年，食品装备行业的智能制造、绿色制造突出表现在三个方面。

一是传统生产线的改造升级。乳制品、饮料、酒类、肉类等自动化、智能化程度较高的细分领域以改造升级为主，普遍以智能化和数字化为目标。从乳制品行业来看，主要是智能立体库、食品安全追溯、供应链体系的智能装备发展，这些都推动了中高端国产生产线逐步进入到品牌食品制造企业。

二是中央厨房、果蔬加工、传统食品技术装备、自动化酿造、精酿啤酒等领域智能制造的快速升级。如紫燕百味鸡、海底捞、首农集团、湘粮集团等企业，2019年都在快速新建、扩建智能化的中央厨房。中央厨房集中体现了餐饮食材加工的集约化、规模化、标准化，提高了食材到菜品的效率，凭借在成本控制、集中采购、标准化作业以及加工配送方面的优势，比传统配送节约近30%左右的成本，同时有效解决了食品安全问题、节能环保问题，这些都是食品装备智能化带来的成果。

三是新零售等食品产业创新继续推动食品工业数字化转型。2019年，食品工业新零售打通了商品的生产、流通和销售线，实现终端消费者和生产的联系，重构了整个零售新模式，新产品生命周期管理减少了食品工业生产中所有环节的损耗。

总体来看，食品装备行业以智能生产线投资和改造为主要动力，行业统计数据也印证了这一点。商业、饮食、服务业专用设备制造和包装专用设备制造两个细分领域较2018年有较大的增长，规模以上企业主营业务收入分别比上年同比增长12.92%和8.78%。从2019年的数据来看，这两个细分领域有较大增长。

另外，许多国际上的节能新技术得到重视和应用，在研发过程中将节能降耗技术与装备的生产性能有机结合起来，使得许多节能降耗技术在食品生产领域得以应用，提高了资源的综合利用率，降低了资源的损失，实现了食品装备行业绿色制造、智能制造。

7. 发展新亮点与新增长点

（1）中央厨房装备领域高速增长　统计数据显示，中央厨房、传统食品技术装备的需求正在快速增长，带动此类装备在2019年实现27%的增长，远高于食品装备行业的平均水平，显示出这些领域正在进入到产业的黄金增长期。其中，中央厨房领域中的团餐是发展速度最快的部分，也是利润增长最快的部分，标准化的工艺设备使前期投资少，见效快，正大食品、益海嘉里、首农集团、紫燕食品等都在2019年大规模新建中央厨房工厂。正大在主食产业方面已经深耕多年，益海嘉里正在快速布局，区域性知名企业如首农集团、湘粮集团等快速新建、扩建工厂，中央厨房、传统食品以及主食产业装备迎来前所有未的黄金发展期。

（2）数字化、智能化水平明显提升　得益于我国数字化水平的整体提升，食品和包装机械装备领域的数字化和智能化水平提升明显。主要表现在以下两点。

一是单机智能化提升，从2019年调查的反馈情况来看，无论是中小型商用面条、馒头、包子等单机，还是大型液态包装设备，其通过大规模的应用芯片、可编程逻辑控制器（PLC）、伺服零部件等极大提升了产品的硬件智能化基础，标准的工业接口和无线应用设备的嵌入使得设备本身对未来应用远程控制、云存储和云计算，甚至是5G提供了很好的基础。此外，大量软件甚至是基于大数据的自学习型软件系统的嵌入使得装备本身的智能化提升到前所未有的高度。

另外一个方面就是整线数字化和整线智能化的大幅提升。包括工艺极其复杂的大型智能化酿造产线和系统、大型乳制品生产工艺控制和管理系统、大型制造企业生产过程执行管理（MES）系统，甚至是基于大数据的辅助决策系统等已经开始陆续在食品制造业投入使用。食品工业智能化生产线和智能工厂的陆续出现大大提高了食品制造企业的生产效率，降低了生产成本，提高了决策的效率和速度，成为我国食品制造业的标杆。

（3）食品安全技术装备技术升级加快

2019年，我国食品安全技术装备市场需求不断提升，从食品制造企业反馈的数据来看，绝大部分企业已经把食品安全追溯和食品安全检测作为企业生产过程的标准配置，为这类设备生产企业带了大量订单。

食品安全可追溯方面，市场上不断推出针对不同层级企业的产品。例如，针对中小企业的完全基于云技术的标准化追溯系统，读码、赋码设备和系统，视觉检测设备和系统等，已经日益成为企业数字化建设的重要支撑和延伸，以及对消费者大数据分析的重要保障。

食品安全检测方面，食品安全检测装备已经开始在食品生产企业大规模应用，越来越多的食品生产企业在原材料筛选过程检测和抽样检测、原材料处理过程检测与监控、包装完整性检测、异物检测等各个环节大量应用食品安全检测设备和系统。

二、行业面临的问题

（一）国际贸易形势严峻

2019年，我国食品装备国际贸易显示出稳中向好的发展趋势，进出口额分别有不同程度的增长，同时贸易顺差继续扩大，这说明我国食品装备在全球市场热度在逐步提升。但高精尖端产品的品质与性能与欧美传统食品装备行业发达国家仍存在一定的差距，这也表明我国大部分食品装备在高端装备领域的国际贸易中依然处于劣势。同时产品的品质与性能的差距在短时间内将继续存在，在国际贸易中的竞争压力依然很大。

东南亚、非洲作为我国食品装备出口增长的重要支撑点，吸引了大量的装备企业前往抢占市场份额，主要出口技术含量相对较低的中低端产品。东南亚及非洲等地区的整体食品行业体量将继续扩大，但国内企业为了抢占市场采取低价销售方式，企业利润并不高。

2019年国际贸易形势笼罩在贸易保护主义与单边主义盛行的阴影下，多边主义和单边主义之争更加尖锐，致使全球贸易受到冲击。对美贸易企业因贸易摩擦的影响，出现利润降低甚至亏损状况，但美国作为我国食品装备的第一出口大国，2019年仍达到7.87亿美元，这表明我国食品装备在美国仍有稳定的市场。

（二）部分食品装备关键零部件供应存在“卡脖子”现象

截至目前，国产食品技术装备可以满足我国食品工业绝大部分需求，整体安全可控；部分装备产品如啤酒饮料装备达到国际中端水平，开始参与全球竞争；部分食品装备领域如肉类屠宰、乳制品高端大型高速国产化生产线性能不稳定，还达不到高速、稳定运行的要求，依赖进口；大部分关键零部件已经国产化，但大型PLC、伺服、控制单元、气动元器件、密封件、过滤膜、电磁阀、轴承、驱动器、低压开关等应用于高速生产线的高端关键零部件国产性能还达不到要求，主要依赖从德国、日本和美国进口。

大型食品工厂企业资源计划（ERP）级、MES级国产软件市场占有率较低，ERP级主要是德国思爱普公司（SAP）占据主要市场份额，国内用友、金蝶市场占有率约30%；大型食品工厂MES级主要是德国西门子、美国洛克威尔、日本欧姆龙等依靠自动化硬件等优势占据市场主动，国产化软件品牌较多，多是企业定制化服务；其他信息化领域如财务、人力资源、仓储、物流等国产信息化软件占绝大部分市场份额，中小食品企业的信息建设领域基本以国产为主。

在食品安全技术装备领域，部分高端检测技术装备需要进口日本、美国、瑞士等国家的产品，主要是实验室用高端精密检测仪器，并且国内没有可以替代的产品，主要是检测精度和稳定性两个方面还存在较大差距；食品安全快速检测方面，国产设备发展迅速，但是在精度方面还有不小差距；食品安全在线检测方面，部分高端精密仪器和传感器需要从国外进口；食品安全可追溯方面，国内供应商发展迅速，国产化程度基本上达到100%。

从以上分析可知，食品技术装备领域的"卡脖子"现象主要有两个部分：一是部分高端关键零部件领域，如大型PLC、伺服、控制单元、气动元器件、密封件、过滤膜、电磁阀、轴承、驱动器、低压开关等；二是食品安全检测用实验室高端精密检测仪器，如高端质谱仪、色相分析仪器等，以上设备依赖德国、日本、美国等国家的进口产品。这两类国产产品在性能和指标两个方面都有不小差距，并且短时间内无法弥补。

（三）食品装备行业标准化程度亟待提高

目前行业内仍有大量的装备生产企业存在低水平重复生产现象，低水平同质化机械产品对市场影响较大，为了规范企业行为、维护市场秩序、保障产品质量、提高市场竞争力，团体标准的起草与制定具有必要性和紧迫性。但在团体标准的实践中也暴露出一些焦点、难点问题，如缺乏标准应用的激励性政策或措施，缺乏标准应用的驱动力；标准制定、修订及管理过程协调、协作程度差，相关业务行政部门和企业的参与度不足等。

（四）中小微食品装备企业生存压力加大

根据中国家庭金融调查（CHFS）的数据，有32%的小微企业参与民间借贷，相比之下，只有13%的小微企业获得过银行类金融机构贷款，而在食品装备行业，这方面更为突出，占比更高。中小微企业中具有高水平技术、发展潜力的企业缺少资金支持，使得该类企业的发展较为困难，很难形成规模。

中小微企业大多资金链压力大、产品技术含量不足，很多企业以低价竞争获取客户，利润较低，缺少新产品的研发投入，大多在行业出现新型产品后进行模仿，客户大多规模也不是很大，所以设备更新换代速度较慢，扩充产能可能性较低，导致中小企业没有长期固定的客户。

三、发展趋势

（一）具备整体解决方案能力的企业优势突出

2019年，从市场的反馈来看，具备从工艺到装备整体解决方案能力的企业市场竞争力越来越强，主要原因是食品生产企业越来越选择轻量化运营，将更多的专业工作交给供应商去做。比如食品生产工艺的设计，专业设备的采购、组装、整线调试，甚至还要帮助客户企业运营一段时间。这就要求装备企业对整个流程非常熟悉，并且从中也可以获得更高的附加值。

目前来看，液态食品装备领域乐惠、新美星、达意隆、杭州永创等实力较强的企业普遍具备整体解决方案的综合能力，所以从企业的销售收入也可以看出这种综合能力的竞争优势。

今后一段时间，乳制品、肉制品、白酒、调味品、罐头食品、面制品、方便食品、中央厨房等领域陆续会出现一批具备整体交钥匙解决方案能力的综合企业，这个过程中会不断有并购、兼并等行业整合案例出现。

（二）"一带一路"沿线国家的食品装备需求快速增加

"一带一路"不仅为我国带来了沿线国家先进的技术、高质量的产品，也为我国商品走出去提供了更加便捷的途径。根据2019年海关数据显示，我国食品装备出口额前十的国家分别为：美国（7.87亿美元）、越南（4.66亿美元）、印度（3.78亿美元）、印度尼西亚（3.39亿美元）、泰国（2.71亿美元）、日本（2.68亿美元）、马来西亚（2.58亿美元）、韩国（2.02亿美元）、德国（1.58亿美元）、俄罗斯（1.53亿美元），这表明作为“一带一路”重要环节的东盟各国是我国食品装备的重要出口地区，这不仅为我国食品装备企业的发展提供了更广阔的市场，也使得我国产品更加注重国际需求。

随着我国食品装备设备进口的助力，当地的规模化企业正在逐步成长，我国食品装备将在这些国家迎来出口规模的快速增长，这也将是我国食品装备业发展一次不可多得的机遇。

（三）传统食品的工艺与装备创新步伐加快

传统食品工艺创新主要解决的是我国传统食品从手工作坊式生产向工业智能化生产转变过程中如何更好地保持原有的风味和营养，并且通过定量化的研究去除加工过程中产生的有害物质。通过国内食品企业和科研院所的联合攻关，在白酒酿造、调味品发酵、肉制品腌制发酵、面食及焙烤加工、调味料发酵加工等领域的工艺和装备技术水平明显提升，技术进步的步伐越来越快。

泸州老窖、劲酒等白酒企业经过多年的技术积累，目前已经开始大规模地采用智能化的酿造工艺和高速包装系统进行生产。以湖北纵横、裕盛等为代表的智能酿造和调酒系统，以乐惠、永创、鹏程、鼎正等为代表的中高速白酒包装系统，以永创为代表的后道包装系统等已经在白酒领域大规模商用，这是我国白酒智能化取得的重大成果。

以双汇、金锣等为代表的肉类加工企业目前正在快速地提升传统熟食制品的业务，以河北晓进、山东诸城地区为代表的肉类前处理装备，以帆铭、大江等为代表的保鲜包装系统装备已经成为当前肉类加工包装装备的主流产品。在传统肉制品加工领域，传统风味的腊肉、禽类肉制品的标准化、工业化生产已经形成产业规模，其中杀菌技术的不断成熟已经解决了保质期的问题，带动了诸城等地区杀菌板块的崛起。

以金沙河面业、克明面业、今麦郎、中粮等为代表的挂面产业发展迅速，市场需求不断增大，以青岛海科佳为代表的挂面包装装备占据很大的市场份额，为挂面产业的智能化生产做出了重要贡献。此外，以金美乐、万杰、燕诚等为代表的包子、饺子、面条等自动化生产线已经实现了智能化生产。

2019年，传统食品的休闲化趋势也推动了食品装备的创新发展。从各类型农产品深加工装备开始，烘干、均质、调配、烟熏、膨化、烘焙、腌制、挤出、杀菌、真空包装、充气包装、各类型二次包装、码垛、智能物流等技术装备发挥了重要的作用。此外，食品装备行业在杀菌装备、给袋式包装机和各类型真空包装机领域出现了高速增长。

（四）企业数字化竞争优势越来越突出

制造业进入4.0时代，制造企业的数字化需求始终围绕着三个主题：降低成本、提升效率、科学决策。因为企业的根本是以经营利润为核心，所以企业最关注的是如何以最小的付出达到最大的收益，数字化要解决的就是这个问题。企业的数字化水平越高，也就代表企业具有更高的生产效率、决策效率和更具有未来的发展潜力。越大型的企业数字化程度越高，利润也越高，这是趋势，也是未来发展方向。

（五）疫情对食品装备企业经营造成一定冲击

2020年年初，新型冠状病毒肺炎（COVID-19）疫情突然爆发，对食品装备业的正常发展造成了严重影响。

部分包装机械企业作为保障医疗物资生产供应闭环的一部分，在疫情期间得到政府的支持，紧急扩大产能，例如生产口罩包装机、防护服包装机、压条机、消毒液灌装机等医疗物资的企业在政府的统筹规划下，紧急开工扩产。

但其他食品装备企业因疫情影响订单量下降，导致营业额减少，同时原材料价格上涨、供应难、物流成本上升、流水周转慢、资金链承压等诸多因素使得企业经营压力持续增加。

供应链方面，受到关闭工厂和物流的影响，高端装备所需要的原产于欧洲、美国、日本的高端阀门、传感器、气缸等关键零部件预期会受到很大影响，部分在中国有生产工厂的欧洲、美国、日本高端产品受影响不大。

外贸方面，主要影响到中国食品和包装机械行业第三季度的订单。国外大量客户工厂关闭，市场影响较大，订单的运输、安装成为最主要的问题。

面对困难，大多数企业对于下半年经济形势仍充满希望。有望疫情得到完全控制后，食品行业消费将迎来指数型反弹，随之将带动食品装备行业的爆发式增长。

四、政策建议

（一）继续加大“一带一路”政策引导

拓宽信息沟通渠道，利用展会、展览、网络、推介会等形式，加强“一带一路”国家政策、资源介绍，鼓励和引导企业“走出去”，对已经“走出去”的企业在“走出去”过程中所遇到的困难给予及时帮助。

（二）加强对基础科学研究的扶持

国产高端零部件在速度、稳定性、精度方面的基础研究需要加强，可以针对关键技术进行国家专项科研攻关，另外在ERP级、MES级软件方面探讨对硬件接口进行统一要求的可能性，以加强软件之间的互联互通。

（三）加强行业标准化建设

加快推进食品装备各细分行业的标准化技术委员会建立，对行业标准的制修订工作予以支持和鼓励，对达到并超过行业标准的优秀企业给予适当奖励。

（四）加大对中小微企业的扶持力度

在资金上，可以适时推出免税、上一年税收返还等普惠性的全国政策。不同地区可以根据本地区情况重点加强对小型微型企业的信贷支持，通过延期支付银行贷款利息、减免或延期缴纳税款、缓缴社会保险费和返还失业保险费、增加财政专项支持、减免中小微企业房租水电费（或滞纳金）等手段加大对中小微企业的支持。

在人才培训方面，从政策层面考虑，加强产学研合作、成果转化等方面的支持力度，促进食品装备行业专业技术人才培养和能力提高，支持企业加强国际交流人才的培养。

中国食品和包装机械工业协会
中国轻工机械协会

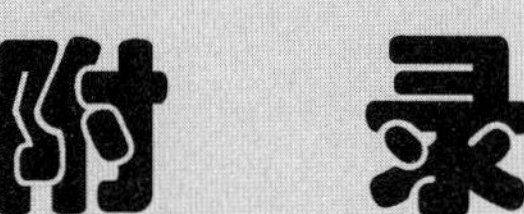
附 录

附录一　食品行业重大法律法规和管理文件

国务院办公厅

《中华人民共和国食品安全法实施条例》（中华人民共和国国务院令第 721 号）

国务院关于促进乡村产业振兴的指导意见（国发〔2019〕12 号）

国务院关于实施健康中国行动的意见（国发〔2019〕13 号）

国务院办公厅关于加强非洲猪瘟防控工作的意见（国办发〔2019〕31 号）

国务院办公厅关于加快发展流通促进商业消费的意见（国办发〔2019〕42 号）

国务院办公厅关于稳定生猪生产促进转型升级的意见（国办发〔2019〕44 号）

国务院食品安全委员会关于印发 2019 年食品安全重点工作安排的通知（食安委〔2019〕2 号）

农业农村部

农业部办公厅关于动物检疫合格证明及动物检疫标志填写使用等有关事宜的补充通知（农办医〔2019〕94 号）

农业农村部办公厅　财政部办公厅关于做好非洲猪瘟防控财政补助政策实施工作的通知（农办计财〔2019〕4 号）

关于推动物流高质量发展促进形成强大国内市场的意见（发改经贸〔2019〕352 号）

农业农村部关于稳定生猪生产保障市场供给的意见（农牧发〔2019〕9 号）

农业农村部办公厅关于印发畜禽养殖废弃物资源化利用 2019 年工作要点的通知（农办牧〔2019〕33 号）

关于开展 2019 年种畜禽质量安全监督检查工作的函（牧站（牧）函〔2019〕68 号）

财政部办公厅　商务部办公厅关于推动农商互联完善农产品供应链的通知（财办建〔2019〕69 号）

全面开展兽药追溯的公告（中华人民共和国农业农村部公告第 174 号）

农业农村部办公厅关于打击和防范“炒猪”行为保障生猪养殖业生产安全的通知（农办牧〔2019〕54 号）

关于在非洲猪瘟防控工作中做好消毒剂选择工作的通知（农牧便函〔2019〕735 号）

关于支持做好稳定生猪生产保障市场供应有关工作的通知（财办农〔2019〕69 号）

农业农村部畜牧兽医局关于印发《感染非洲猪瘟养殖场恢复生产技术指南》的通知（农牧便函〔2019〕860号）

中国银保监会办公厅　农业农村部办公厅关于支持做好稳定生猪生产保障市场供应有关工作的通知（银保监办发〔2019〕189号）

关于促进家禽等养殖业发展增加肉蛋产品供应的通知（农办牧〔2019〕62号）

海关总署

海关总署公告2019年第6号（关于压缩“进出口商品检验鉴定业务的检验许可”审批时限的公告）（公告〔2019〕6号）

海关总署公告2019年第7号（关于2019年自澳大利亚进口两大类农产品进口触发水平数量的公告）（公告〔2019〕7号）

海关总署公告2019年第54号（关于受理对输欧盟禽肉签发《输欧盟非优惠进口特别安排项下产品原产地证书》的公告）（公告〔2019〕54号）

海关总署公告2019年第70号（关于进出口预包装食品标签检验监督管理有关事宜的公告）（公告〔2019〕70号）

海关总署公告2019年第74号（关于公布进口肉类指定监管场地名单的公告）（公告〔2019〕74号）

海关总署公告2019年第76号（关于中国和俄罗斯进出口禽肉检验检疫要求的公告）（公告〔2019〕76号）

海关总署公告2019年第135号（关于2019年进口原产于澳大利亚的牛肉实施特殊保障措施的公告）（公告〔2019〕135号）

海关总署公告2019年第160号（关于分段实施准入监管　加快口岸验放的公告）（公告〔2019〕160号）

海关总署公告2019年第162号（关于简单案件快速办理有关事项的公告）（公告〔2019〕162号）

海关总署公告2019年第205号（关于公布《中华人民共和国海关〈中华人民共和国政府和新加坡共和国政府自由贸易协定〉项下经修订的进出口货物原产地管理办法》的公告）

海关总署公告2019年第214号（关于中国自产原料熟制禽肉输美有关要求的公告）（公告〔2019〕214号）

海关总署公告2019年第218号（关于精简和规范作业手续　促进加工贸易便利化的公告）（公告〔2019〕218）

海关总署公告2019年第222号（关于发布《牛结节疹病毒荧光定量PCR操作规程》等52项出入境检验检疫行业标准的公告）（公告〔2019〕222号）

海关总署公告2019年第229号（关于公布《海关认证企业标准》的公告）（公告〔2019〕229号）

国家市场监督管理总局

保健食品原料目录与保健功能目录管理办法（国家市场监督管理总局令第13号）

药品、医疗器械、保健食品、特殊医学用途配方食品广告审查管理暂行办法（国家市场监督管理总局令第 21 号）

关于当归等 6 种新增按照传统既是食品又是中药材的物质公告（2019 年第 8 号）

市场监管总局关于 2019 年第一季度食品安全监督抽检情况分析的通告（2019 年第 13 号）

市场监管总局关于调整《食品经营许可证》式样部分内容的公告（2019 年第 14 号）

市场监管总局关于发布《保健食品标注警示用语指南》的公告（2019 年第 29 号）

市场监管总局关于发布《保健食品中西地那非和他达拉非的快速检测胶体金免疫层析法》等 13 项食品快速检测方法的公告（2019 年第 41 号）

保健食品备案产品可用辅料及其使用规定（2019 年版）（2019 年第 50 号）

市场监管总局关于发布《保健食品命名指南（2019 年版）》的公告（2019 年第 53 号）

市场监管总局关于全面推进“双随机、一公开”监管工作的通知（国市监信〔2019〕38 号）

国务院食品安全办等 23 部门关于开展 2019 年全国食品安全宣传周活动的通知（食安办〔2019〕2 号）

市场监管总局关于贯彻落实《国务院关于调整工业产品生产许可证管理目录加强事中事后监管的决定》有关事项的通知（国市监质监〔2019〕188 号）

市场监管总局办公厅关于印发《餐饮服务食品安全监督检查操作指南》的通知（市监食经〔2019〕65 号）

市场监管总局关于落实“证照分离”改革全覆盖试点的通知（国市监注〔2019〕225 号）

附录二　食品标准技术规范

一、肉类加工行业

GB/T 37311—2019 《秦川牛及其杂交后代生产性能评定》（2019 年 3 月 25 日发布）

GB/T 9959.3—2019 《鲜、冻猪肉及猪副产品　第 3 部分：分部位分割猪肉》（2019 年 3 月 25 日发布）

GB/T 9959.4—2019 《鲜、冻猪肉及猪副产品　第 4 部分：猪副产品》（2019 年 3 月 25 日发布）

GB/T 20575—2019 《鲜、冻肉生产良好操作规范》（2019 年 3 月 25 日发布）

GB/T 17236—2019 《畜禽屠宰操作规程　生猪》（2019 年 3 月 25 日发布）

GB/T 19479—2019 《畜禽屠宰良好操作规范　生猪》（2019 年 3 月 25 日发布）

GB/T 20572—2019 《天然肠衣生产 HACCP 应用规范》（2019 年 3 月 25 日发布）

GB/T 37310—2019 《洼地绵羊》（2019 年 3 月 25 日发布）

GB/T 37316—2019 《柯尔克孜羊》（2019 年 3 月 25 日发布）

GB/T 37313—2019 《巴什拜羊》（2019 年 3 月 25 日发布）

GB/T 9959.1—2019 《鲜、冻猪肉及猪副产品　第 1 部分：片猪肉》（2019 年 3 月 28 日发布）

GB 2763—2019 《食品安全国家标准　食品中农药最大残留限量》（2019 年 8 月 15 日发布）

GB/T 24616—2019 《冷藏、冷冻食品物流包装、标志、运输和储存》（2019 年 8 月 30 日发布）

GB/T 37850—2019 《食品从业人员用工作服技术要求》（2019 年 8 月 30 日发布）

GB/T 19630—2019 《有机产品　生产、加工、标识与管理体系要求》（2019 年 8 月 30 日发布）

GB 31650—2019 《食品安全国家标准　食品中兽药最大残留限量》（2019 年 9 月 6 日发布）

GB 31660.5—2019 《食品安全国家标准　动物性食品中金刚烷胺残留量的测定　液相色谱-串联质谱法》（2019 年 9 月 6 日发布）

GB 31660.4—2019 《食品安全国家标准　动物性食品中醋酸甲地孕酮和醋酸甲羟孕酮残留量的测定　液相色谱-串联质谱法》（2019 年 9 月 6 日发布）

GB 31660.9—2019 《食品安全国家标准　家禽可食性组织中乙氧酰胺苯甲酯残留量的测

定　高效液相色谱法》（2019 年 9 月 6 日发布）

GB 31660.6—2019 《食品安全国家标准　动物性食品中 5 种 α2-受体激动剂残留量的测定　液相色谱-串联质谱法》（2019 年 9 月 6 日发布）

GB/T 38164—2019 《常见畜禽动物源性成分检测方法　实时荧光 PCR 法》（2019 年 10 月 18 日发布）

GB/T 38375—2019 《食品低温配送中心规划设计指南》（2019 年 12 月 31 日发布）

NY/T 3471—2019 《畜禽血液收集技术规范》（2019 年 8 月 1 日发布）

NY/T 3472—2019 《畜禽屠宰加工设备　家禽自动掏膛生产线技术条件》（2019 年 8 月 1 日发布）

NY/T 821—2019 《猪肉品质测定技术规程》（2019 年 8 月 1 日发布）

NY/T 3469—2019 《畜禽屠宰操作规程　羊》（2019 年 8 月 1 日发布）

NY/T 3470—2019 《畜禽屠宰操作规程　兔》（2019 年 8 月 1 日发布）

NY/T 3364—2019 《畜禽屠宰加工设备　猪胴体劈半锯》（2019 年 8 月 1 日发布）

NY/T 3363—2019 《畜禽屠宰加工设备　猪剥皮机》（2019 年 8 月 1 日发布）

NY/T 821—2019 《猪肉品质测定技术规程》（2019 年 8 月 1 日发布）

NY/T 3467—2019 《牛羊饲养场兽医卫生规范》（2019 年 8 月 1 日发布）

NY/T 3444—2019 《牦牛冷冻精液生产技术规程》（2019 年 8 月 1 日发布）

NY/T 3445—2019 《畜禽养殖场档案规范》（2019 年 8 月 1 日发布）

NY/T 3447—2019 《金川牦牛》（2019 年 8 月 1 日发布）

NY/T 3450—2019 《家畜遗传资源保种场保种技术规范　第 1 部分：总则》（2019 年 8 月 1 日发布）

NY/T 3451—2019 《家畜遗传资源保种场保种技术规范　第 2 部分：猪》（2019 年 8 月 1 日发布）

NY/T 3452—2019 《家畜遗传资源保种场保种技术规范　第 3 部分：牛》（2019 年 8 月 1 日发布）

NY/T 3453—2019 《家畜遗传资源保种场保种技术规范　第 4 部分：绵羊、山羊》（2019 年 8 月 1 日发布）

NY/T 3454—2019 《家畜遗传资源保种场保种技术规范　第 5 部分：马、驴》（2019 年 8 月 1 日发布）

NY/T 3455—2019 《家畜遗传资源保种场保种技术规范　第 6 部分：骆驼》（2019 年 8 月 1 日发布）

NY/T 3456—2019 《家畜遗传资源保种场保种技术规范　第 7 部分：家兔》（2019 年 8 月 1 日发布）

NY/T 3457—2019 《牦牛舍饲半舍饲生产技术规范》（2019 年 8 月 1 日发布）

NY/T 3524—2019 《冷冻肉解冻技术规范》（2019 年 12 月 27 日发布）

NY/T 3512—2019 《肉中蛋白无损检测法　近红外法》（2019 年 12 月 27 日发布）

SN/T 5117—2019 《进出口食用动物、饲料　链霉素类（链霉素、二氢链霉素）药物残留测定　液相色谱-质谱/质谱法》（2019 年 9 月 3 日发布）

SN/T 5122—2019《进出口食用动物、饲料喹诺酮类筛选检测　胶体金免疫层析法》(2019年9月3日发布)

SN/T 5111—2019《进出口食用动物、饲料吡喹酮药物残留测定　液相色谱-质谱/质谱法》(2019年9月3日发布)

SN/T 2032—2019《进境种猪指定隔离检疫场建设规范》(2019年9月3日发布)

SN/T 5124—2019《猪Delta冠状病毒检疫技术规范》(2019年9月3日发布)

SN/T 1626—2019《出口肉及肉制品中甲硝唑、替硝唑、奥硝唑、洛硝哒唑、二甲硝咪唑、塞克硝唑残留量测定方法　液相色谱-质谱/质谱法法》(2019年10月25日发布)

SN/T 5146—2019《出口食品中左旋肉碱的测定　高效液相色谱和液相色谱-质谱/质谱法》(2019年10月25日发布)

SN/T 5170—2019《出口动物源食品中肾上腺素和去甲肾上腺素的测定》(2019年10月25日发布)

SN/T 5167—2019《出口动物源食品中氢氯噻嗪等10种利尿剂残留量的测定　液相色谱-质谱/质谱法》(2019年10月25日发布)

SN/T 5169—2019《出口动物源食品中美替诺龙的测定　液相色谱-质谱/质谱法》(2019年10月25日发布)

SN/T 5148—2019《出口动物源食品中可乐定和赛庚啶残留量的测定　液相色谱-质谱/质谱法》(2019年10月25日发布)

SN/T 5168—2019《出口动物源食品中羟甲烯龙的测定　液相色谱-质谱/质谱法》(2019年10月25日发布)

SN/T 5149—2019《出口动物源食品中卡麦角林残留量的测定　液相色谱-质谱/质谱法》(2019年10月25日发布)

SN/T 5145.12—2019《出口食品及饲料中动物源成分快速检测方法　第12部分：火鸡成分检测　PCR-试纸条法》(2019年10月25日发布)

SN/T 5145.11—2019《出口食品及饲料中动物源成分快速检测方法　第11部分：鸭成分检测　PCR-试纸条法》(2019年10月25日发布)

SN/T 5145.10—2019《出口食品及饲料中动物源成分快速检测方法　第10部分：鹅成分检测　PCR-试纸条法》(2019年10月25日发布)

SN/T 5145.13—2019《出口食品及饲料中动物源成分快速检测方法　第13部分：鸽子成分检测　PCR-试纸条法》(2019年10月25日发布)

SN/T 5145.3—2019《出口食品及饲料中动物源成分快速检测方法　第3部分：鹿成分检测　PCR-试纸条法》(2019年10月25日发布)

SN/T 5145.8—2019《出口食品及饲料中动物源成分快速检测方法　第8部分：驴成分检测　PCR-试纸条法》(2019年10月25日发布)

SN/T 5145.6—2019《出口食品及饲料中动物源成分快速检测方法　第6部分：牛成分检测　PCR-试纸条法》(2019年10月25日发布)

SN/T 5145.7—2019《出口食品及饲料中动物源成分快速检测方法　第7部分：绵羊成分检测　PCR-试纸条法》(2019年10月25日发布)

二、生物发酵产业

序号	标准号	标准名称	发布日期	实施日期
1	GB/T 18916.41—2019	取水定额　第 41 部分：酵母制造	2019 年 3 月 25 日发布	2019 年 7 月 1 日
2	QB/T 4260—2018	水苏糖	2018 年 10 月 22 日发布	2019 年 4 月 1 日
3	QB/T 5404—2019	共轭亚油酸甘油酯	2019 年 11 月 11 日发布	2020 年 4 月 1 日
4	QB/T 5403—2019	共轭亚油酸	2019 年 11 月 11 日发布	2020 年 4 月 1 日
5	T/CBFIA 04001—2019	食品加工用氨基酸	2019 年 2 月 28 日发布	2019 年 3 月 15 日
6	T/CBFIA 04002—2019	绿色设计产品评价技术规范　氨基酸	2019 年 10 月 11 日发布	2019 年 10 月 11 日
7	T/CBFIA 04003—2019	氨基酸行业绿色工厂评价要求	2019 年 10 月 11 日发布	2019 年 10 月 11 日

三、酿酒工业

1. T/CBJ 2201—2019 《白酒产品追溯体系》（2019 年 3 月 15 日发布，2019 年 4 月 20 日实施）

2. T/CBJ 2101—2019 《白酒年份酒》（2019 年 1 月 20 日发布，2019 年 3 月 10 日实施）

3. T/CBJ2203—2019 《白酒年份酒的荧光光谱测定方法》（2019 年 9 月 18 日发布，2019 年 11 月 15 日实施）

4. T/CBJ2104—2019 《绵柔型白酒》（2019 年 10 月 1 日发布，2019 年 11 月 15 日实施）

5. T/CBJ2202—2019 《中国陈年白酒鉴定规范》（2019 年 11 月 1 日发布，2019 年 12 月 1 日实施）

6. T/CBJ 3201—2019 《工坊啤酒及其生产规范》（2019 年 4 月 25 日发布，2019 年 10 月 1 日实施）

7. T/CBJ4101—2019 《酿酒葡萄》（2019 年 7 月 25 日发布，2019 年 10 月 1 日实施）

8. T/CBJ4102—2019 《橡木桶》（2019 年 7 月 25 日发布，2019 年 10 月 1 日实施）

9. T/CBJ5101—2019 《保健酒》（2019 年 1 月 7 日发布，2019 年 2 月 1 日实施）

10. T/CBJ5102—2019 《保健酒卫生规范》（2019 年 1 月 7 日发布，2019 年 2 月 1 日实施）

11. T/CBJ1301—2019、T/CAS361—2019 《中国酒类企业社会责任指南》（2019 年 7 月 23 日发布，2020 年 1 月 1 日实施）

12. 《品酒师》《酿酒师》《啤酒酿造工》职业标准于 2019 年 12 月 10 日正式发布

四、茶加工业

序号	标准号	标准名称	标准类别
1	GB/T 38126—2019	电子商务交易产品信息描述　茶叶	基础标准
2	GB/T 38208—2019	农产品基本信息描述　茶叶	基础标准

五、淀粉加工业

序号	标准编号	标准名称	发布日期	实施日期
1	T/SIACN 02—2019	淀粉行业绿色工厂评价要求	2019年3月1日	2019年3月1日
2	T/SIACN 03—2019	饲料原料　马铃薯蛋白粉	2019年8月19日	2019年8月19日
3	T/SIACN 04—2019	马铃薯淀粉汁水蛋白提取操作技术规范	2019年8月19日	2019年8月19日
4	环办环评函〔2019〕934号	淀粉建设项目重大变动清单（试行）	2019年12月23日	2019年12月23日

附录三　2019 年公布的食品安全国家标准清单

序号	标准号	标准名称	标准类别	卫生健康委员会公告号
1	GB 2763—2019	食品安全国家标准　食品中农药最大残留限量	01. 通用标准	2019 年第 5 号
2	GB 23200.116—2019	食品安全国家标准　植物源性食品中 90 种有机磷类农药及其代谢物残留量的测定　气相色谱法	11. 农兽残	2019 年第 5 号
3	GB 23200.117—2019	食品安全国家标准　植物源性食品中喹啉铜残留量的测定　高效液相色谱法	11. 农兽残	2019 年第 5 号

附录四　2019 年食品工业统计数据

表 1　2019 年食品工业经济效益指标和投资情况

行业	营业收入/亿元	同比增长/%	利润总额/亿元	同比增长/%	营业收入利润率/%	成本费用利润率/%	投资同比增长/%
食品工业总计	81186.8	4.2	5774.5	7.8	7.1	8.6	—
农副食品加工业	46810.0	4.0	1887.6	3.9	4.0	4.5	-8.7
食品制造业	19074.1	4.2	1670.4	9.1	8.8	11.3	-3.7
酒、饮料和精制茶制造业	15302.7	5.0	2216.6	10.2	14.5	21.5	6.3

表 2　2019 年食品工业主要产品产量

产品名称	产量/万 t	同比增长/%
小麦粉	8606.9	1.1
大米	10787.1	5.4
精制食用植物油	5421.8	1.0
成品糖	1356.5	14.8
鲜、冷藏肉	2817.5	0.9
冷冻水产品	739.2	3.7
糖果	329.8	4.1
速冻米面食品	302.0	-0.2
方便面	573.3	-6.7
乳制品	2719.4	5.6
液体乳	2537.7	5.8
乳粉	105.2	2.4
罐头	919.1	-9.0
酱油	680.6	11.6
冷冻饮品	246.3	0.5
发酵酒精（折 96 度，商品量）/万 kL	691.6	-2.5

续表

产品名称	产量/万 t	同比增长/%
白酒（折65度，商品量）/万 kL	785.9	-0.8
啤酒/万 kL	3765.3	1.1
葡萄酒/万 kL	45.1	-10.1
碳酸型饮料（汽水）	1845.3	6.6
包装饮用水	9698.5	10.6
果汁和蔬菜汁类饮料	1643.8	0.3
精制茶	237.4	2.5

表3　2019年食品工业营业收入及其地位与其他行业的比较

行业	营业收入/亿元	占比/%
总计	1057824.9	100
煤炭开采和洗选业	24789	2.3
石油和天然气开采业	8675.6	0.8
黑色金属矿采选业	3481.1	0.3
有色金属矿采选业	3351	0.3
非金属矿采选业	3444.7	0.3
开采辅助活动	2389.3	0.2
其他采矿业	31.5	0.0
食品工业	81186.8	7.7
烟草制品业	11092.4	1.0
纺织业	24038.1	2.3
纺织服装、服饰业	16010.3	1.5
皮革、毛皮、羽毛及其制品和制鞋业	11672.7	1.1
木材加工和木、竹、藤、棕、草制品业	8485.4	0.8
家具制造业	7117.2	0.7
造纸和纸制品业	13370.1	1.3
印刷和记录媒介复制业	6649.4	0.6
文教、工美、体育和娱乐用品制造业	12783.7	1.2
石油加工、炼焦和核燃料加工业	48378.3	4.6
化学原料和化学制品制造业	65776.2	6.2
医药制造业	23908.6	2.3
化学纤维制造业	8571.2	0.8
橡胶和塑料制品业	25426.1	2.4
非金属矿物制品业	53826.3	5.1
黑色金属冶炼和压延加工业	70724.8	6.7

续表

行业	营业收入/亿元	占比/%
有色金属冶炼和压延加工业	56299.5	5.3
金属制品业	34322.9	3.2
通用设备制造业	38264.7	3.6
专用设备制造业	29473.3	2.8
汽车制造业	80846.7	7.6
铁路、船舶、航空航天和其他运输设备制造业	11275.3	1.1
电气机械和器材制造业	65438.4	6.2
计算机、通信和其他电子设备制造业	113717.6	10.4
仪器仪表制造业	7242.6	0.8
其他制造业	1633.8	0.2
废弃资源综合利用业	4576.7	0.4
金属制品、机械和设备修理业	1336.1	0.1
电力、热力生产和供应业	66393.6	6.0
燃气生产和供应业	8831.2	0.7
水的生产和供应业	2992.7	0.2

表4　2019年食品工业各行业构成情况表

行业	营业收入/亿元	同比增长/%	占比/%	利润总额/亿元	同比增长/%	占比/%
食品工业总计	81186.8	4.2	100.0	5774.5	7.8	100.0
农副食品加工业	46810.0	4.0	57.7	1887.6	3.9	32.7
稻谷加工	5393.0	2.0	6.6	206.5	-10.8	3.6
小麦加工	2599.0	-2.2	3.2	107.6	-8.7	1.9
玉米加工	37.2	-26.6	0.0	1.1	-46.2	0.0
杂粮加工	117.4	-7.9	0.1	4.7	-22.9	0.1
其他谷物磨制	260.6	-0.5	0.3	8.7	14.8	0.2
宠物饲料加工	407.4	2.4	0.5	23.7	-8.2	0.4
其他饲料加工	8601.7	-1.1	10.6	353.3	0.8	6.1
食用植物油加工	7291.0	2.1	9.0	199.9	-4.4	3.5
非食用植物油加工	155.0	5.9	0.2	3.9	12.3	0.1
制糖业	1101.6	12.4	1.4	-0.8	-95.5	0.0
牲畜屠宰	3475.8	13.8	4.3	132.3	11.5	2.3
禽类屠宰	2632.6	25.8	3.2	129.9	142.0	2.2
肉制品及副产品加工	4060.8	12.4	5.0	244.4	19.7	4.2
水产品冷冻加工	2487.7	6.0	3.1	103.7	0.1	1.8
鱼糜制品及水产品干腌制加工	528.1	-0.5	0.7	26.0	4.4	0.4

续表

行业	营业收入/亿元	同比增长/%	占比/%	利润总额/亿元	同比增长/%	占比/%
鱼油提取及制品制造	35.1	7.3	0.0	1.4	16.7	0.0
其他水产品加工	143.8	-6.6	0.2	8.1	-17.7	0.1
蔬菜加工	1913.8	-4.9	2.4	102.0	-11.2	1.8
食用菌加工	507.1	9.0	0.6	27.7	10.2	0.5
水果和坚果加工	1196.5	5.5	1.5	62.7	-1.1	1.1
淀粉及淀粉制品制造	1939.6	-2.2	2.4	31.9	-40.9	0.6
豆制品制造	774.9	8.3	1.0	44.0	3.9	0.8
蛋品加工	260.4	9.7	0.3	11.6	2.9	0.2
其他未列明农副食品加工	889.8	-0.2	1.1	53.2	-1.9	0.9
食品制造业	19074.1	4.2	23.5	1670.4	9.1	28.9
糕点、面包制造	1120.6	6.3	1.4	114.6	-0.2	2.0
饼干及其他焙烤食品制造	1317.3	3.4	1.6	112.9	4.1	2.0
糖果、巧克力制造	1180.6	0.4	1.5	90.2	-5.5	1.6
蜜饯制作	387.4	8.2	0.5	30.3	1.1	0.5
米、面制品制造	862.2	5.1	1.1	44.5	3.9	0.8
速冻食品制造	773.5	4.5	1.0	44.3	-5.8	0.8
方便面制造	790.9	2.1	1.0	71.2	7.8	1.2
其他方便食品制造	474.6	5.6	0.6	26.3	-4.0	0.5
液体乳制造	3042.2	8.6	3.7	292.9	59.5	5.1
乳粉制造	718.0	15.5	0.9	73.1	76.3	1.3
其他乳制品制造	186.8	16.3	0.2	13.4	33.9	0.2
肉、禽类罐头制造	216.7	-8.9	0.3	12.0	-3.7	0.2
水产品罐头制造	84.9	-8.3	0.1	7.8	11.7	0.1
蔬菜、水果罐头制造	861.0	-1.2	1.1	50.2	19.6	0.9
其他罐头食品制造	119.5	-1.0	0.1	8.8	-10.5	0.2
味精制造	358.6	2.6	0.4	44.5	52.0	0.8
酱油、食醋及类似制品制造	761.5	10.5	0.9	104.2	8.2	1.8
其他调味品、发酵制品制造	1406.3	10.4	1.7	108.6	-0.3	1.9
营养食品制造	561.9	-11.5	0.7	52.4	-24.8	0.9
保健食品制造	708.6	-23.0	0.9	109.4	-40.3	1.9
冷冻饮品及食用冰制造	297.1	9.4	0.4	19.6	25.7	0.3
盐加工	123.0	-9.6	0.2	9.6	8.7	0.2
食品及饲料添加剂制造	1757.3	7.8	2.2	144.8	34.2	2.5
其他未列明食品制造	963.5	14.4	1.2	84.9	17.1	1.5
酒、饮料和精制茶制造业	15302.7	5.0	18.8	2216.6	10.2	38.4

续表

行业	营业收入/亿元	同比增长/%	占比/%	利润总额/亿元	同比增长/%	占比/%
酒精制造	525.7	12.5	0.6	-4.1	-151.9	-0.1
白酒制造	5617.8	8.2	6.9	1404.1	14.5	24.3
啤酒制造	1581.3	4.8	1.9	133.9	10.0	2.3
黄酒制造	173.3	2.7	0.2	19.3	11.4	0.3
葡萄酒制造	145.1	-17.5	0.2	10.6	-16.7	0.2
其他酒制造	307.4	-0.2	0.4	48.0	11.7	0.8
碳酸饮料制造	752.5	5.9	0.9	50.9	33.6	0.9
瓶（罐）装饮用水制造	993.4	2.9	1.2	88.1	16.5	1.5
果菜汁及果菜汁饮料制造	771.8	1.8	1.0	49.5	0.6	0.9
含乳饮料和植物蛋白饮料制造	972.8	0.3	1.2	95.0	-17.7	1.6
固体饮料制造	230.7	7.6	0.3	20.3	7.6	0.4
茶饮料及其他饮料制造	1093.1	3.7	1.3	130.7	10.5	2.3
精制茶加工	2137.6	2.3	2.6	170.4	1.9	3.0

附录五　参与编写单位简介

中国食品科学技术学会

中国食品科学技术学会（Chinese Institute of Food Science and Technology）是中国食品科技工作者的学术性群众团体，是中国科学技术协会的组成部分。

历史

中国食品科学技术学会于1980年11月成立。1984年9月以有代表性的全国性学会名义参加国际食品科学技术联盟（IUFoST），成为正式成员，为中国食品科技界在国际食品科学技术联盟中的唯一代表。

活动

中国食品科学技术学会作为国家食品科技界的唯一代表，参与组织有关中国食品工业与科技发展的政府决策咨询、科技评价、科技奖励等工作，同时深度参与中国食品安全的风险评估与风险交流，是食品科技学术交流的主渠道；食品科普工作的主力军；民间食品国际交流的主要代表。目前下设20个分会、5个工作委员会，对分布于全国各省（自治区、直辖市）的地方学会具有业务上的指导关系。

出版物

中国食品科学技术学会编辑出版《中国食品学报》，合作编辑出版《中外食品》《食品与机械》等。受工业和信息化部消费品工业司委托，按年度牵头组织出版《食品工业发展报告》。

秘书处联系方式

地址：北京市海淀区阜成路北三街8号9层

电话：010-65265375，65265376

电子邮箱：cifst@126.com

网址：http://www.cifst.org.cn

中轻食品工业管理中心

中心概况

中轻食品工业管理中心是经中央机构编制委员会批准，于2001年成立的事业单位（简称食品中心）。食品中心的主要职能是配合政府部门开展食品行业管理、协调和服务工作，即组织制定食品工业的产业规划、开展食品工业管理基础工作，对各食品行业协会工作进行规范和指导；为协会服务，研究和协调解决协会工作中的共性问题。中国轻工业联合会代管中轻食品工业管理中心。

组织机构

根据工作需要，食品中心共设立办公室（行政人事、财务）、生产科技处、行业管理处、咨询服务处、食品企业融资服务办公室和食品企业电商服务办公室等。除直属处（室）之外，食品中心还负责联络八个食品行业协会、一个学会和八个食品标准化技术委员会。

八个食品行业协会包括：中国酒业协会、中国糖业协会、中国生物发酵产业协会、中国食品添加剂和配料协会、中国焙烤食品糖制品工业协会、中国罐头工业协会、中国乳制品工业协会、中国饮料工业协会。

一个学会：中国食品科学技术学会。

八个食品标准化技术委员会包括：全国食品工业标准化技术委员会（TC64）、全国食品标签标准化技术委员会（TC473）、全国酿酒标准化技术委员会（TC471）、全国白酒标准化技术委员会（TC358）、全国制糖标准化技术委员会（TC373）、全国饮料标准化技术委员会（TC275）、全国乳制品标准化技术委员会、中国焙烤食品糖制品工业协会法规与技术委员会。

业务范围

1. 组织提出食品行业发展规划和相关政策、法规建议；开展食品行业信息统计，收集、调查、分析和发布行业信息，实行行业指导，为食品企业服务。

2. 接受委托参与制定、修订食品行业的有关国家标准、行业标准和行业管理规范以及产品生产许可证、质量认证和环境认证方面的工作；组织食品企业贯彻、实施标准和管理规范，配合有关部门对执行情况进行监督检查。

3. 接受委托为食品企业发展、重组和兼并提供投融资服务。

4. 开展食品行业特色区域和产业集群共建活动。

5. 组织食品企业负责人培训。

6. 开展国际经济技术合作与交流活动，组织食品行业的国内外专业展览会、订货会，参与培育国内市场。

7. 发布食品行业产品质量信息，推荐行业名优、新特产品。

8. 承担各食品行业协会外事工作的综合、初审和申报工作。

9. 接受委托组织对食品行业重大项目进行评审和推荐，对食品行业新技术、新产品进行鉴定。

10. 接受委托承办专家选拔、推荐和专业技术职称、工人技术等级以及其他职业资格的考核评审工作。

11. 完成有关部门交办的其他工作。

网址：www. nfmccli. org
电话：010-68396507
传真：010-68396507
邮箱：manage@ nfmccli. org
地址：北京市西城区阜外大街乙 22 号
邮编：100833

中国食品工业协会

中国食品工业协会，简称中国食协，英文名称 China National Food Industry Association，缩写为 CNFIA，是经国务院批准于 1981 年 10 月 29 日成立的全国食品工业的自律性行业管理组织。主要职能和任务综合为：统筹、规划、协调、指导、服务。多年来，中国食协密切联系食品工业企业，在推动我国食品工业持续、稳定、协调发展等方面做了大量卓有成效的工作。

中国食品工业协会的最高权力机构为会员代表大会，其日常执行机构为理事会。

主要工作

（一）履行统筹、规划职能

（二）发布运行信息，引导行业发展

（三）推动食品工业科技进步

（四）与地方政府合作共建，推动食品工业特色园区发展

（五）努力抓好产品质量和食品安全

（六）参与食品安全法律法规和标准体系建设

（七）健全行业规范，加强行业自律

网址：http://www.cnfia.cn

电话：010-63265394　63315494

地址：北京市丰台区太平桥东里 5 号

邮编：100073

中国食品发酵工业研究院

中国食品发酵工业研究院（以下简称研究院）成立于1955年，为世界500强企业——中国保利集团所属中国轻工集团全资子公司，是我国食品行业历史最悠久、规模最大、综合实力最强的国家级国有研究机构，1999年转制为中央直属十二家大型科技型企业之一，2017年12月完成公司制改制。拥有国家一级学科硕士学位授予点和博士后工作站，是国家高新技术企业和创新型试点企业。

研究院现有员工258人，其中研究生及以上学历人员153人，占员工总数的59.3%；高级专业技术职称以上人员97人，占员工总数的37.6%。设有食品工程、发酵工程、传统发酵（酿酒）工程、食品质量安全检测、食品质量安全与快检技术、标准信息、国际合作和功能肽产业化8个研发部、特殊医学配方食品研发中心和信息中心2个中心以及5个职能管理部门，拥有14个国家或省部级科技创新基地、3家全资子公司，业务范围涵盖食品安全检测与诚信保障、食品技术研发与产品创新、国际交流培训与贸易和行业战略研究与信息等领域。

建院以来，研究院共完成国家、省部级项目1000余项，荣获国家、省部级科技奖240余项，获得国家和国际发明专利授权160余项，制定国家和行业标准700余项。作为我国食品行业综合实力最强的技术研发基地，研究院积极围绕食品新资源和功能性配料开发应用、食品工业微生物资源利用、传统酿造工程技术、食品安全保障技术和标准化技术等重要领域，开展科研攻关、产学研合作、国际合作、科研成果转化和产业化，在行业共性技术和关键性技术集成创新、成果工程化方面优势突出；在传统食品发酵与代谢调控、食源性功能肽开发、传统白酒色谱指纹图谱分析和食品真实性鉴伪、食品工业微生物资源利用、传统酿造工程技术、食品新资源和功能性配料开发、食品安全保障技术和标准化技术等领域居国内领先地位；在国家食品安全预警和突发事件处置、食品市场准入和食品标准制定等方面发挥了重要的作用，拥有不可替代的行业影响力。

研究院将秉承“创新发展、服务行业”的理念，建设国内领先、国际同步的应用型研究开发机构，为行业发展提供全产业链的技术支撑和解决方案。

网址：www. cnif. cn
电话：010-53218288
传真：010-53218297
邮箱：office@ cnif. cn　ffkj@ cnif. cn
地址：北京市朝阳区酒仙桥中路24号院6号楼
邮编：100015

中国电子信息产业发展研究院

中国电子信息产业发展研究院（赛迪工业和信息化研究院）是直属于国家工业和信息化部的一类科研事业单位。成立20多年来，一直致力于面向政府、面向企业、面向社会提供媒体传播、研究咨询、评测认证与技术研发等专业服务。形成了政府决策与软科学研究、传媒与网络服务、咨询与外包服务、评测与认证服务、软件开发与信息技术服务五业并举发展的业务格局。

赛迪工业和信息化研究院总部设在北京，并在上海、重庆、广州、深圳等地设有分支机构。现有员工2000余人，其中各类专业技术人员1200余人（含高级职称人员110人）。

赛迪工业和信息化研究院旗下的赛迪智库贯彻“面向政府，服务决策”的宗旨，围绕工业化和信息化领域的热点、难点和重点问题，开展基础研究、预先研究和对策研究，致力于为政府提供高水平决策咨询服务。赛迪智库下属消费品工业研究所成立于2011年，是专业从事消费品行业重点、热点问题研究的智库型研究机构。研究所依托政府及行业资源，以开展前瞻性、战略性、综合性研究为目标，以扎实的行业研究能力为基础，以强大的媒体平台和丰富的数据来源为支撑，凭借实践经验丰富的研究团队，致力于为中央及地方政府部门提供有关行业发展的政策建议，为行业协会和消费品生产企业提供相关发展战略、规划服务等，研究领域覆盖食品、医药、轻工、纺织等多个行业。消费品工业研究所以业界资深专家为顾问，研究人员多数拥有博士及以上学历，专业涉及产业经济学、管理科学与工程、国际贸易、技术经济、纺织工程等领域，形成了一支实力雄厚、实践经验丰富的研究队伍。目前，研究所承担并完成了多项重大项目，为政府部门建言献策、为消费品企业出谋划策。

网址：www. ccidgroup. com
电话：010-88558855
传真：010-88558833
地址：北京市海淀区紫竹院路66号
邮编：100048

中国肉类协会

中国肉类协会是经中华人民共和国民政部批准注册登记的全国性肉类生产流通行业社团组织。英文译名 CHINA MEAT ASSOCIATION，缩写 CMA。

中国肉类协会成立于 1992 年 5 月，是由中华人民共和国境内与肉类生产经营相关的企业组织、事业单位、社会团体和个人自愿结成的全国性、行业性、非营利性社会组织。协会会员涵盖全国畜牧养殖、畜禽屠宰、肉类加工、冷链物流、肉食销售，以及机械装备、肉食配料、包装物料等全产业链各个环节。2014 年，中国肉类协会被世界肉类组织推选为副主席单位。2018 年，再次当选副主席单位。

中国肉类协会宗旨：为全体会员服务，为行业发展服务，为满足人民群众肉食消费需求服务。

中国肉类协会业务范围：参与行业治理；反映行业诉求；加强行业建设；组织行业交流；提供行业服务；协调行业关系；促进行业发展；维护会员权益；建设行业文明；保障肉食安全。

中国肉类协会下设 16 个分支机构。

12 个分会：猪业分会、牛羊业分会、禽（蛋）业分会、天然肠衣分会、机械装备分会、包装分会、肉类食品配料分会、冷链物流分会、休闲肉制品分会、发酵火腿分会、进出口商分会、牛人俱乐部分会。

3 个工作委员会：投诉调处工作委员会、食品安全工作委员会、行业信用体系建设工作委员会。

1 个专业委员会：科技与标准化工作委员会。

中国肉类协会下设 9 个职能部门：

秘书处办公室、产业政策研究室、会员部、国际交流部、信息咨询与事业发展部、会展交流部、培训部、财务部、法务部。

地址：北京市朝阳区东土城路 12 号怡和阳光大厦 C 座 704 室

电话：010-84119709

传真：010-66033686

电子信箱：chinameat@ sina. com

网址：www. chinameat. org	中国肉类协会网
www. cimie. com	中国肉类协会会展交流网（中英文）
www. info-cma. org	中国肉类协会信息交流网

www. chinameat. org. cn　　中国肉类食品行业诚信建设网

www. qscccma. com　　中国肉类协会产品质量答疑网

电子信箱：chinameat@ sina. com

chinameat@ hotmail. com

中国乳制品工业协会

中国乳制品工业协会是经原中华人民共和国轻工业部批准，1994 年 7 月 6 日获准在中华人民共和国民政部登记注册，并于 1995 年 6 月 6 日正式成立的行业性社会团体。业务上接受国家发展和改革委员会、中国轻工业联合会的指导。

中国乳制品工业协会是跨地区、跨部门，不分经济性质的全国性行业组织，目前拥有 580 多个会员，基本包括了中国所有大中型乳制品加工企业。中国乳制品工业协会广泛开展国际合作，已于 1995 年正式加入国际乳品联合会（International Dairy Federation，IDF)，成为该组织的正式成员。协会还与国际上许多乳品发达国家，如澳大利亚、新西兰、丹麦、荷兰、芬兰、德国、法国、瑞典、美国、日本等十几个国家的有关组织保持密切的合作关系。

中国乳制品工业协会编辑出版的期刊有:《中国乳品工业》杂志、《中国乳制品工业通讯》(内刊)，定期向会员单位提供国内外乳业发展的有关政策和信息。协会编制的年度公报和《乳制品企业经济技术指标汇编》是行业内重要的参考资料。协会举办的年会、乳品技术精品展示会和多个专业会议已成为我国乳制品行业规模最大、最权威、最重要的行业活动。

多年来中国乳制品工业协会在国家主管部门的领导下，在广大会员单位的支持下，认真开展工作，努力为行业、企业和政府服务。协会的凝聚力、知名度逐步得到加强和提高，协会的力量不断得到发展和壮大，为我国乳制品工业的健康、快速发展起到了积极的推动作用，做出了自己应有的贡献。

网址：www. cdia. org. cn
电话：010-68396513
传真：010-68396665
邮箱：ruzhipin@ 163. com
地址：北京市西城区阜外大街乙 22 号
邮编：100833

中国水产流通与加工协会

中国水产流通与加工协会成立于1994年，隶属于农业农村部，是由全国范围内从事水产品生产、加工、流通的企业以及为水产业服务的相关机构和渔业工作者自愿组成的社团组织，是依法登记的非营利性的独立法人社团。在民政部2013年度社会组织评估工作中被评为4A级协会；2015年被民政部授予“全国先进社会组织”称号。

协会以“关注会员利益、强化服务职能、引领行业发展、促进产业升级”为办会宗旨，不断提升能力建设，务实高效，助推水产行业健康发展。协会秘书处设立办公室、财务部、会员管理部、分支机构管理部、国际合作部、展览交流部、信息部、质管部、项目部、外联部10个办事机构，先后成立了贝类分会、对虾分会、水产品市场分会、鱼粉鱼油分会、银鱼分会、海参分会、水产资源高值化利用工作委员会、水产品出口贸易分会、墨鱼分会、鱼糜及其制品分会、罗非鱼分会、水产冻品分会、鲨鱼保护与利用工作委员会、大菱鲆分会、卤虫分会、鲶鱼产业分会、内陆天然水域产销分会、鲍鱼分会、石斑鱼分会、三文鱼分会、小龙虾产业分会、鳄鱼产业分会、蛤仔分会、海鲈分会、生鲜供应链分会、帝王蟹分会、河豚鱼美食文化分会27个分支机构。

网址：www. cappma. org
电话：010-65064827
传真：010-65005270
地址：北京市朝阳区麦子店街40号富丽华园A-403室
邮编：100125

中国饮料工业协会

中国饮料工业协会成立于1993年，是饮料及相关行业的企事业单位自愿参加的非营利性、全国性社团组织，是民政部批准的国家一级协会，办公地点位于北京，活动区域为全国。协会现有会员单位500余家，其饮料总产量占全国总产量的80%以上。2013年，经全面考核，中国饮料工业协会被民政部授予4A级社会组织。此外，中国饮料工业协会作为国际饮料协会和国际瓶装水协会理事会成员，还积极参与国际间的行业工作与活动。

协会的定位为服务、引导。饮料协会是企业与政府的桥梁和纽带，是企业与消费者的桥梁和纽带。饮料协会以促进中国饮料行业健康发展为宗旨，以为消费者生产安全健康的饮料为己任，以引导全行业提升社会责任为目标，为企业服务、为消费者服务、为政府服务。

协会接受民政部的业务指导和监督管理，在各项工作中遵守国家法律、法规及各项政策，遵守社会公德。

协会下设包装饮用水分会、天然矿泉水分会、果蔬汁分会、碳酸饮料分会、固体饮料分会、供应商分会、咖啡和茶饮料专业委员会、技术工作委员会等分支机构。

网址：www. chinabeverage. org

电话：010-84464668

传真：010-84464236

邮箱：zyx@ chinabeverage. org

微信：中国饮料工业协会

地址：北京市朝阳区东三环北路丙2号天元港中心B1702室

邮编：100027

中国糖业协会

中国糖业协会是1992年6月在民政部注册登记的社团法人组织，1992年10月8日正式成立。中国糖业协会荣获“中国社会组织评估”4A等级。

中国糖业协会以农民增收、企业增效、行业稳定发展为己任，以做好协调、服务工作为宗旨。团结全体会员，为企业服务，反映会员愿望，维护会员的合法权利；根据行业发展的实际情况，向国务院有关部委提出行业发展意见和建议，协助政府进行宏观调控与决策；积极贯彻国家发展糖业的方针、政策、法令。成立27年来，中国糖业协会在建立产销衔接机制，加强食糖市场宏观调控，推动糖业结构调整，实施糖业扭亏解困，加强国际交流与合作，促进全行业技术进步，发展循环经济，限产限销高倍化学合成甜味剂，扩大食糖消费，打击食糖走私，促进食糖产销体制改革等方面做了大量卓有成效的工作，得到了全体会员单位和国务院有关部委的一致好评。

中国糖业协会的最高权力机构是会员代表大会。理事长领导下的理事会对代表大会负责。秘书处是协会的常设机构，负责协会的日常工作。

中国糖业协会设甘蔗糖专业委员会、甜菜糖专业委员会、综合利用多种经营专业委员会、糖机设备应用专业委员会、食糖消费促进工作委员会、原糖进口加工专业委员会等。受政府有关管理部门委托，设立全国糖精产销协作组办公室，负责糖精限产限销管理协调工作。

中国糖业协会的会员包括工、农、商、贸、科研、教育、设计安装、设备制造、投资公司等与糖业有关的企事业单位，现有会员单位443家，其中有309家甘蔗、甜菜制糖和原糖进口加工企业，64家商业流通企业，17家制糖科研机构、设计院及设有制糖专业的大专院校，10家糖机制造厂，其他43家。

中国糖业协会现有工作人员22人，分设会员管理部、财务部、办公室、信息部、国际合作部、科技装备部、会展部、糖精产销协作办公室（临时）等部门。

理事长：贾志忍
秘书长：闫卫民
地址：北京市西城区月坛北街26号恒华国际商务中心C座1801-1805
邮编：100045
电话：010-58568971　58568972　58568984
传真：010-58568983　58568974
E-mail：csa@ chinasugar. org. cn
网址：http：//www. chinasugar. org. cn

中国生物发酵产业协会

中国生物发酵产业协会，英文：China Biotech Fermentation Industry Association，英文缩写：CBFIA，前身是中国发酵工业协会，经国家民政部于1990年1月批准成立，2011年3月，根据行业发展需要，经国家民政部批准，更名为中国生物发酵产业协会。中国生物发酵产业协会是由应用现代生物技术的发酵生产企业及科研院校等相关单位自愿参加，共同组成的全国性非盈利性社会组织，是跨地区、跨部门、不分所有制形式的全行业组织，是会员利益的共同代表，是具有独立法人资格的社会团体。

中国生物发酵产业协会在政府主管部门的指导和企业的支持下，发挥桥梁和纽带作用，接受政府委托，反映行业愿望与要求，搞好行业管理，促进行业自律，推动全行业健康快速发展。

生物产业是国家重点支持的战略性新兴产业，中国生物发酵产业协会将致力于提高全行业整体创新能力、转变生产方式、优化产业结构，淘汰落后产能，促进产业升级，进一步加快节能减排、资源综合利用步伐，推动资源节约型、环境友好型企业建设。为此，中国生物发酵产业协会愿意与世界各地的相关行业组织、生产企业以及科研机构等取得广泛联系，开展技术交流与合作，增进相互了解，创造商贸机会，为建设生物制造强国而共同努力奋斗。

目前中国生物发酵产业协会下设氨基酸分会、有机酸分会、淀粉糖分会、多元醇分会、酶制剂分会、酵母分会、功能发酵制品分会、酵素分会、益生制品分会、微生物育种分会、装备与环保分会、生物资源提取分会及发酵工程技术工作委员会。随着产业规模的不断扩大和延伸，为了更好地服务行业，今后，中国生物发酵产业协会还将根据社会和行业发展的需要，适时调整内设机构。

网址：http：//www. cbfia. org. cn

电话：010-68396504

传真：010-68396561

邮箱：cbfia@ cfia. org. cn

地址：北京市西城区阜成门外大街乙22号

邮编：100833

官方微信：中国生物发酵产业协会

中国酒业协会

中国酒业协会（社证字第3266号），英文名称：China Alcoholic Drinks Association（英文缩写CADA），原名“中国酿酒工业协会”，是由应用生物工程技术和有关技术的酿酒企业及为其服务的相关单位自愿结成的行业性的全国性的非营利性社会组织。于1992年6月22日经原中华人民共和国轻工业部审查同意，由中华人民共和国民政部登记注册成立。2012年4月，经中华人民共和国民政部批准，原“中国酿酒工业协会”更名为“中国酒业协会”。协会接受登记管理机关中华人民共和国民政部和业务主管单位国务院国有资产监督管理委员会的业务指导和监督管理。

中国酒业协会秘书处下设酒精分会、啤酒分会、白酒分会、黄酒分会、葡萄酒分会、果露酒分会、科教设计装备委员会、饲料及综合利用委员会、技术委员会、市场专业委员会、啤酒原料专业委员会、名酒收藏委员会和文化委员会13个分支机构，以及办公室、信息部、会员部、政策研究室等职能部门。中国酒业协会自1992年成立以来，至今已有20余年。长期以来，协会严格按照党和国家经济建设的总方针，结合本行业特点和具体情况，紧紧围绕扩大就业、繁荣市场、服务三农、促进区域经济建设和带动相关产业发展的指导思想，研究行业发展过程中的问题，向政府部门提出产业政策及行业立法建议，制订行业发展规划，引导行业发展方向。在开展行业调查统计、信息咨询和发布，参与行业标准、国家标准制修订及宣贯，参与行业科技成果评价，组织行业培训鉴定工作，培育市场，维护会员合法权益，组织国内外行业展会，开展国际交流与合作等方面开展了大量工作，为推动行业进步、促进行业发展、维护会员利益做出了应有的贡献。

网址：www. cada. cc
电话：010-57811300
传真：010-57811309
邮箱：office@ cada. cc
地址：北京市海淀区三里河路11号6层
邮编：100831

中国食品添加剂和配料协会

中国食品添加剂和配料协会（原名中国食品添加剂生产应用工业协会）是经国家批准注册的全国食品添加剂和食品配料行业唯一的全行业组织，是由食品添加剂、食品配料行业的科研、生产、经销、应用企事业单位自愿组成的非营利性的社会团体。1994 年在北京成立。现有国内会员单位 800 多个，国外会员 100 个。

协会以为食品添加剂和食品配料行业服务为宗旨，以促进行业稳定、健康发展为目的，发挥政府与企业之间的桥梁与纽带作用。主要职责和任务是：协助政府制订行业法规和产业政策；受政府委托制订行业发展规划，对重要项目进行论证，为政府决策提供服务；协助政府制定各种标准；协助政府进行质量监督和市场准入等项工作；协调制定行规行约；倾听会员意见，反映会员要求，代表行业利益与有关方面沟通与交流；促进新技术、新产品的开发和应用，推动行业的创新与发展；促进国内外食品添加剂和配料行业的交流与合作。

协会下设 12 个专业委员会，每年定期开展的主要活动包括：每年分别召开各个专业委员会的行业大会，研究行业发展和自律等重要问题，反映会员单位呼声，维护行业和会员的权益，推动行业创新发展。组织制定食品安全标准，协调各行业生产及市场运行机制。每年春季在中国上海举办食品添加剂行业世界知名的品牌展会——中国国际食品添加剂展（FIC）。每年秋季轮流在不同城市举办全国秋季食品添加剂和配料展（FIC-秋季展），春秋两季的展会形成了本行业中国会展经济的主流。每年组织中国企业到国外参加专业展览，并与有关国际组织和国外同行交流，推动行业出口和国际合作的开展。编辑出版国内外公开发行的双核心期刊《中国食品添加剂》杂志和为会员提供的《中国食品添加剂快报》，二者形成了促进产品的研发、生产、应用和行业健康发展的有效交流平台。

网址：www. cfaa. cn

电话：010-59795833

传真：010-59071335

地址：北京市朝阳区朝外大街甲 6 号万通中心 3 座 1402 室

邮编：100020

中国保健协会

2003 年 11 月 4 日，经卫生部、民政部审核并报国务院批准，中国保健科技学会正式更名为中国保健协会。

中国保健协会是由中国健康产业内具有代表性的大中型企业为核心组成的行业机构，是真正由企业自己当家做主维护行业自身权益的组织。中国保健协会将坚持“服务政府、服务企业、服务消费者”的宗旨，致力于健康产业的发展和科技的进步，在法律规范、产品研发、市场管理、行业自律及标准化建设等各个方面为中国的健康产业提供全方位的服务，成为代表行业公信力的权威机构。

协会的业务范围包括：多方面为会员企业服务；自律、协调、监督和维护会员企业合法权益；协助政府部门加强行业管理，具体业务如下所述。

①开展行业、市场调查，研究本行业国内外发展情况，分析行业形势，提出行业发展和技术进步规划或预测方面的意见和建议；②接受政府委托承办或根据市场和行业发展需要举办与本行业相关的展览、论坛、经政府有关部门批准的表彰和奖励等活动；组织人才、技术、职业培训，开展咨询；依照有关规定创办刊物；③帮助企业改善经营管理；④接受委托组织开展行业信用等级评价及维护行业信誉等工作；⑤经政府有关部门批准组织科技成果评价、鉴定和推广应用；⑥开展国内外有关保健技术的交流与合作；⑦制定并监督执行行规行约，规范行业行为，协调同行价格争议，维护公平竞争；协助会员开展反倾销、反垄断申诉应诉，以及相应的调查工作；⑧反映会员要求，协调会员关系，维护其合法权益；⑨经政府部门委托，参与制订行业规划，对行业内重大的技术改造、技术引进、投资与开发项目进行论证；⑩受政府部门委托，参与制定、修订国家标准和行业标准，组织贯彻实施并进行监督；⑪经政府部门授权参与行业生产、经营许可证发放的有关工作，参与资质审查；⑫承担政府部门委托的其他任务等。

网址：http：//www. chc. org. cn/

电话：010-59817438

传真：010-59817468 转 6133

地址：北京市朝阳区潘家园南里 19 号人卫大厦 B 座 6 层

邮编：100021

中国罐头工业协会

协会性质

中国罐头工业协会（简称CCFIA）成立于1995年8月28日，是在民政部注册登记的独立社团法人组织，是中国罐头行业的唯一全国性行业组织。会员包括全国主要的罐头生产、经营企业以及科研单位、大专院校、检测、设备制造、相关材料供应和管理部门等单位。中国罐头工业协会最高权力机构是会员代表大会，理事长领导下的理事会对代表大会负责。常设机构为秘书处，会址在北京。

协会宗旨

协会是全体会员单位共同利益的代表，宗旨为维护会员合法权益，维护行业全局利益，推动中国罐头行业健康发展。

协会职能

（一）协助政府制定行业规划、产业政策、法律法规，参与制、修订国家、行业标准，组织制、修订和发布本行业团体标准。

（二）配合实施国家专项行动计划，组织重大科技成果项目的推荐，组织科技项目成果鉴定和推广应用，实施科技项目奖励，推动节能减排，参与质量管理和监督工作，协助企业办理相关资质申请，行业突发事件应对，协助行业应对对外贸易纷争和本行业产业损害调查工作。

（三）为政府和相关组织开展行业、地区经济发展重大问题和调查研究，提出有关经济政策和法律法规方面的意见和建议，培育行业产业集群，开展行业经济运行分析，组织开展行业投融资咨询工作，收集、分析、发布行业信息，组织人才、技术、职业培训，组织行业论坛、展会，加强与国际组织的联系，开展经济技术交流合作。

（四）代表行业、会员与政府沟通，研究、协调和反映行业发展面临的共性问题，组织协调行业企业之间的交流与合作。

（五）制定并监督执行行规行约，规范行业行为，推动建立公平、公正、健康的市场秩序。

网址：www. topcanchina. com
电话：010-68396415
邮箱：cn_ccfia@ 163． com
地址：北京市西城区阜外大街乙22号
邮编：100833

中国焙烤食品糖制品工业协会

中国焙烤食品糖制品工业协会（简称：中焙糖协），英文名称：China Association of Bakery and Confectionery Industry。协会于1993年12月经国家民政部批准登记注册成立，是由饼干、面包、糕点、糖果巧克力、冷冻饮品等生产企业及相关食品机械、原辅材料、科研院所等企事业单位及个人自愿结成的全国行业性、非营利性社会团体，国家一级协会。协会接受登记管理机关国家民政部和业务主管单位国务院国有资产监督管理委员会的业务指导和监督管理。

目前，协会下设20个专业委员会。现有企业会员单位1400多家，基本涵盖了国内焙烤食品糖制品行业大中型骨干企业。

协会的宗旨是维护会员的合法权益，维护行业的全局利益，促进全行业经济技术和管理水平的不断提高，推动全行业健康发展。

协会的业务范围是：对行业的重大问题进行研究，向政府提出有关产业政策、经济技术政策、立法等方面的意见和建议。开展政策法规、知识产权保护等方面的咨询和服务工作；受政府部门委托，参与制定行业规划和计划；推动行业内外多种形式的联合，协调行业内部企业间关系，促进行业的技术进步和经营管理水平提高；根据授权进行行业统计，做好信息交流和发布工作。依照有关规定办好协会刊物和网站；为行业培训各类专业人才，提高科技、经济管理人员的素质；开展国内外相关合作、交流，举办展览展销等活动；经政府部门授权，组织或参与相关食品标准，以及与本行业有关的法律、法规及管理办法等的制修订工作；经政府部门委托，开展行业诚信体系建设，组织制定行规行约，建立行业自律机制，维护行业公平竞争，维护行业整体利益和会员的合法权益；反映会员要求，组织发展行业公益事业，承担政府及会员单位委托的其他工作；经政府有关部门批准，开展行业内评比、评选、表彰等活动。

网址：www. china-bakery. com. cn

电话：010-68396530

传真：010-68396567

地址：北京市西城区阜外大街乙22号

邮编：100833

中国调味品协会

中国调味品协会由全国酱油、食醋、酱类、酱腌菜、腐乳、烹调料酒和各种调味料生产经营及相关的企业、事业单位组成，是跨地区、跨部门、不分所有制的全国性、非营利性行业组织，是国家一级协会，具有法人资格的社会团体，业务上归国务院国有资产管理委员会指导。它是根据自愿参加、平等互利的原则组成，按照民主协调原则开展工作。

协会的宗旨是：在国家方针、政策指导下，为促进调味品工业生产经营和科技进步、管理水平的提高，振兴中国调味品工业做贡献。

协会的主要任务是：在政府主管部门的指导下开展工作，在协会会员和政府之间发挥桥梁和纽带作用，既反映调味品行业的愿望和要求，为企业服务，又接受政府部门委托做好行业管理工作，推动调味品行业发展。

协会的目标是：在社会主义的计划经济向市场经济的转变过程中，承前（部门管理）启后（行业管理），理清思路；承上（各级政府）启下（各类企业），理顺关系。千方百计做好调味品行业管理工作，为中国调味品工业的发展振兴和走向世界奋斗。

协会的会训是：立足行业、凝聚会员、面向市场、服务企业。

总机：010-51921726/28/51921215/59/73

传真：010-51921087

单位地址：北京市海淀区复兴路47号天行建商务大厦605室

中国茶叶流通协会

中国茶叶流通协会成立于1992年，是原商业部茶畜局适应当时改革需要而组建的全国性茶叶行业组织。目前，中国茶叶流通协会现有会员3000多家，涉及茶行业各个领域，会员每年的茶叶销售额占到全国茶叶行业的70%以上，控制的茶叶资源占到全国的60%左右。2005年协会加入国际茶叶委员会，成为唯一代表中国茶叶行业的成员单位；2009年被民政部评定为第一批“国家4A级行业社团组织”；2010年被民政部评为“全国先进社会组织”；2014年协会边茶委被国务院授予“全国民族团结进步模范集体”。

中国茶叶流通协会以“发挥行业中介职能，服务中国茶叶事业”为宗旨，密切联系茶叶行业，团结广大会员，大胆改革，努力创新，积极探索协会服务的新模式，不断加强协会的制度建设、队伍建设和能力建设。服务范围包括：代表行业利益，维护行业合法权益；负责茶叶行业的协调和管理工作，协助和承担政府主管部门委托的部分行政管理职能；向国家有关部门反映茶叶生产、流通各个环节的新情况和存在的问题，编制本行业的发展规划，提出制定行业方针、政策、制度、法规等方面的意见和建议；组织商品交易，拓展茶产品市场，协调和增进会员之间的联系，促进行业内部各种形式的合作和经济联合；组织收集、整理和传递国内外茶叶经济信息和科学技术信息，进行市场分析、预测，开展信息交流活动和咨询服务，为企业的生产和经营提供决策依据；组织茶叶技术交流、产品质量论证和科技项目论证，组织技术技能竞赛和产品推荐，促进行业技术进步，提高企业管理水平；组织茶叶质量审评，茶艺茶道、茶叶生产、加工等专业技术、技能培训和企业管理人员培训，提高从业人员素质；组织制（修）定国家茶叶标准，并对质量标准执行情况进行自律性管理；编辑、出版《茶世界》及书刊，普及茶叶商品知识、宣传茶叶饮用价值，弘扬祖国茶文化。自2009年起开始向全国推出《中国茶叶行业发展报告》；参与和承担协调加入WTO后茶叶国际贸易中遇到的问题，开拓市场，增强竞争能力，并加强与国内外同行业组织的联系，组织国内外茶叶企业开展各种交流活动。

目前协会内设7个部门，拥有包括茶叶质量安全工作委员会、边销茶专业委员会、茶馆专业委员会、名茶专业委员会、茶叶市场专业委员会等20个分支机构，已经建立起决策民主、制度健全、服务高效、网络健全的服务体系。

地址：北京市西城区复兴门内大街45号
邮编：100801
联系电话：010-66094152/4172
传真：010-66018165
电子邮箱：65973364@qq.com
网址：http://www.ctma.com.cn

中国淀粉工业协会

中国淀粉工业协会是1992年经民政部批准成立的跨地区、跨部门的全国性行业组织，是由淀粉、淀粉糖、淀粉衍生物及为其服务的企事业单位和有关部门自愿组成的非营利性社会组织，下设玉米淀粉、马铃薯淀粉、木薯淀粉、甘薯淀粉、变性淀粉、淀粉糖、糖醇和绿色制造八个专业委员会。现有会员300余家，其中常务理事单位36家，理事单位106家。

协会以加强行业管理、规范会员单位的生产经营、促进淀粉工业科学发展为己任，充分调动产学研协同创新，转变经济发展方式，进一步支持新技术、新产品的开发与应用，扩大和延长淀粉产业链条，加强节能环保、绿色健康，提升质量和效益，逐步淘汰落后产能，并制定和修订相关标准，维护会员合法权益，为我国经济发展做出新的更大贡献。

行业经过30多年的发展，一批现代化集团企业成长为行业中坚，淀粉产量提高了70多倍，位居亚洲首位，其中：商品淀粉产量居世界第一；结晶葡萄糖、淀粉糖和功能性糖醇等主要产品的产量均实现数十倍的飞跃式增长；聚乳酸、1，3-丙二醇、聚羟基脂肪酸酯等基于生物技术的新产品不断涌现，成为行业新增长点。淀粉及其衍生物的快速发展也促进了我国食品、医药、生物、化工等领域产业的进步，通过精深加工提高了农产品附加值，延长了产业链条，提升了价值链，有效调动了农民种粮积极性，对引导农业结构调整、促进农民增收、农业增效、改善人民对饮食安全营养健康的需求、确保食品安全、推动我国经济发展起到了积极的作用。

淀粉加工业一头连着农业、农村和农民，一头连着工业、城市和市民，沟通城乡，亦工亦农，是农业农村现代化的重要标志，是保障城乡居民营养安全健康的重要民生产业，也是促进农村一二三产业融合发展、吸纳农民就业创业的重要支柱产业。实施创新驱动，推动淀粉加工业转型升级，促进农村一二三产业融合发展，是人民的愿望、时代的要求、历史的必然，更是我们淀粉人的使命。我们要以时不我待、只争朝夕的精神，锐意进取，为推进淀粉加工业兴旺发达、实现人民对美好生活的向往做出新的更大贡献！

网址：www. siacn. org
电话：010-85966807
传真：010-85983697
邮箱：dfxhbgs@ aliyun. com
地址：北京市东城区建国门内大街8号中粮广场A座七层
邮编：100005

中国植物油行业协会

中国植物油行业协会（CHINA NATIONAL VEGETABLE OIL INDUSTRY ASSOCIATION，缩写为 CNVOIA）经国家民政部批准，成立于 1993 年 11 月，是具有独立法人资格的国家一级非盈利社团组织。

中国植物油行业协会是从事植物油生产、贸易、加工、储藏、运输、管理、科研、教育等单位和从事上述工作的知名人士自愿组成的全国性行业组织。

中国植物油行业协会以服务为宗旨，遵守国家宪法、法律、法规和国家政策，遵守社会道德风尚，接受政府有关部门和相关企事业单位的委托，为政府和企业服务，沟通企业与政府、企业与企业之间的联系，在植物油行业中发挥服务、沟通、公证、监督等作用，达到正确执行国家的方针政策、维护植物油行业的合法权益、提高企业经济效益和社会效益的目的。

中国植物油业行协会成立 20 余年来，在调查行业基本情况、提供政策咨询、加强行业自律、开展创名优产品、提高产品质量、促进行业发展、维护企业权益、开展国际交流以及为企业提供信息服务等方面做了大量工作，受到政府有关部门的重视和好评，得到全体会员单位和有关方面的大力支持，并在业内外和国际上都产生了积极的影响。协会愿与全国同行一起，为我国植物油行业更加美好的明天而努力工作。

网址：http：//www. chinaoil. org. cn
电话：010-66095261　010-66095263
传真：010-66038284
邮箱：admin@ chinaoil. org. cn
地址：北京市西城区复兴门内大街 45 号
邮编：100801
微信公众号：中国植物油行业协会

中国食品和包装机械工业协会

中国食品和包装机械工业协会（CFPMA）是经中华人民共和国民政部批准登记的国家级社团组织，总部及常设机构设于北京。

CFPMA是由跨部门、跨地区的食品机械和包装机械制造厂、公司、科研院所、大专院校、新闻单位、地方社团自愿组织起来的全国性行业组织，具有社会团体法人资格。

CFPMA的宗旨：在国家方针、政策、法律、法令的指导下，坚持为食品机械和包装机械行业单位服务，促进全行业的发展。并在政府与企事业单位之间、行业单位与用户之间、国内外同行业企事业之间发挥桥梁纽带作用。

CFPMA的职责：受政府委托，承担全行业情况的调研，规范行业行为，反映企业意见和要求，制定行业标准，行业发展规划，对重大设备技术改造、引进、投资与开发项目进行论证；为政府宏观决策提供信息、统计数据、分析报告，为企业提供技术咨询；举办国际性食品加工和包装机械展览会、展示会、信息发布会、研讨会、技术交流会，开展国际交流活动。

CFPMA是国际包装机械协会联盟（C.O.P.A.M.A.）成员，同美国、英国、德国、法国、意大利、日本、韩国、西班牙、荷兰、瑞士、捷克、俄罗斯、澳大利亚十三个国家的同行业协会建立了双边或多边的合作关系。共同商讨行业中的国际性问题。

CFPMA现有团体会员600余家，下设机构有：包装机械委员会、食品机械专业协会、专家委员会、肉类加工机械专业委员会、薯类食品加工机械专业委员会、纸浆模机械及制品分会、冷食机械分会、纸容器机械分会、方便食品机械分会、饮料灌装机械分会、果蔬保鲜加工机械分会、自动售货机分会等。

CFPMA办事机构有：秘书处、财务部、对外联络部、企业发展部、会员管理部、展览部、信息部（编辑部）。

CFPMA愿与海内外热心发展食品和包装机械行业的各界人士、各国同行业的制造业人士、有关团体和经销代理商建立广泛联系，为生产、技术和贸易方面的交流与合作提供各项服务。

网址：www.chinafpma.org

电话：010-68518589　64883972　64883974

传真：010-68533077

邮箱：cfpma@263.net

地址：北京市朝阳区北沙滩一号48信箱

中国轻工机械协会

中国轻工机械协会（China Light Industry Machinery Association，简称 CLIMA）成立于 1989 年，是经国家轻工业部（现中国轻工业联合会）批准、在国家民政部注册登记的跨地区、跨部门的全国性轻工机械行业国家级社团组织，具有社会团体法人资格。

中国轻工机械协会的会员来自中国境内从事轻工机械（主要包括：制浆造纸、酿酒、饮料、乳品、制糖、罐头、制革制鞋、日用玻璃、工业洗涤等）行业的企事业单位、大专院校、科研院所、地方行业协会、新闻媒体和其他相关机构等。

协会主要职责：宣传贯彻国家政策和法律法规，接受政府主管部门的委托，参与制订并组织实施行业发展规划；为政府制定行业相关政策和法规提出意见和建议，对行业发展进行调研，开展行业信息统计工作；为行业企业做好服务，开展国内、国际间经济技术合作与交流活动，举办专业技术及设备展览会；组织轻工机械行业技术标准和管理标准的制修订和宣贯实施工作，推动轻工装备行业高质量发展；协调和沟通轻工机械行业与轻工各行业的横向联系，协调轻工机械行业各地区间和各企业间的关系；反映会员要求，维护其合法权益，加强行业自律，规范企业行为，维护公平竞争。

中国轻工机械协会下设食品装备分会、制浆造纸纸制品装备分会、洗涤装备分会、制革制鞋毛皮皮件装备分会、科学教育分会、精酿啤酒技术及设备专业委员会、科学技术工作委员会等。

地址：北京市西城区阜成门外大街乙 22 号

邮编：100833

电话：010-68396008

网址：www. clima. org. cn